Super ET

Corrado Augias

Le ultime diciotto ore di Gesú

Einaudi

Le ultime diciotto ore di Gesú

Introibo

Qualche anno fa il teologo cattolico dissidente Hans Küng, nel suo saggio *Essere cristiani*, si chiese quale raffigurazione potesse meglio avvicinarsi a Gesú di Nazareth, il giovane profeta giustiziato su un patibolo romano a Gerusalemme in un anno convenzionalmente datato 33 della nostra èra.

«Quale immagine è quella autentica? Il giovane imberbe, bonario pastore dell'arte catacombale paleocristiana, oppure il barbuto trionfante imperatore cosmocratico della tarda iconografia relativa al culto imperiale aulico, rigido, inaccessibile, minacciosamente maestoso sullo sfondo dorato dell'eternità? È il Beau Dieu di Chartres o il misericordioso salvatore tedesco? È il Cristo re, giudice del mondo troneggiante in croce sui portali e nelle absidi romaniche? Un uomo dolente raffigurato con il crudo realismo del Cristo sofferente di Dürer e nell'unica raffigurazione superstite di Grünewald? È il protagonista della disputa di Raffaello dalla impassibile bellezza o l'umano moribondo di Michelangelo? È il sublime sofferente di Velázquez o la figura torturata dagli spasimi del Greco? Sono i ritratti salottieri impregnati di spirito illuministico di Rosalba Carriera o di Unfrich, in cui si muove un elegante filosofo popolare, oppure le edulcorate rappresentazioni del cuore di Gesú nel tardo barocco cattolico? È il Gesú del XVIII secolo il giardiniere o il farmacista che somministra la polvere della virtú, o il classicistico Redentore del danese Thorvaldsen, che scandalizzò il suo compatriota Kierkegaard eliminando lo scandalo della croce? È il Gesú mite ed esausto dei nazareni tedeschi e francesi o dei pre-raffaelliti inglesi o è il Cristo calato in ben altre atmosfere dagli artisti del XX secolo, Nolde, Picasso, Matisse, Chagall?»

L'elenco potrebbe continuare considerate le migliaia di variazioni che la figura di Gesú ha ispirato nel corso dei secoli: benevola, drammatica, ammonitrice, regale, straziata, piena di speranza, di fiducia, amichevole, fraterna, annichilita dalla morte. All'elenco di Küng si potrebbero aggiungere i film che lo hanno raccontato: Pier Paolo Pasolini, Zeffirelli, Scorsese, Mel Gibson, la sterminata bibliografia che si occupa di lui.

Due cause spiegano questi infiniti ritratti cosí diversi l'uno dall'altro. La prima è che Gesú è una di quelle figure sacre che ognuno è libero di immaginare secondo i suoi desideri e le sue speranze. La seconda è che sappiamo cosí poco di lui che nessun ritratto, nessuna fantasia, può essere considerata lontana dalla realtà poiché una «realtà» semplicemente non esiste; su di lui non sapremo mai piú di quanto già non sappiamo, cioè poco o niente – i testi che lo raccontano sono frutto piú della fede che della storia.

Neanche questo però è del tutto vero. C'è una realtà che trascende il resoconto dei fatti storicamente accertati; può essere immaginata sorretti dalla fede, se c'è; altrimenti dal fascino della sua figura che riguarda tutti, siano o no credenti secondo la fede. Nello sfuggente profilo storico del personaggio resta comunque un elemento di solida certezza: Gesú non s'è limitato a dettare un messaggio, lo ha incarnato con la sua intera vita – e con la morte.

Negli anni in cui visse, e in quelli che seguirono la sua fine, di lui s'è parlato pochissimo: brevi e rari tratti in alcuni testi, accenni frettolosi per lo piú connotati dall'indifferenza quando non da giudizi negativi sui suoi seguaci. Tacito scrive che erano detestati dalla plebe a causa delle loro nefandezze, considerati «portatori di una malefica superstizione». Poche righe, non c'è granché d'altro. Uno dei tanti enigmi che circondano questa figura è infatti come mai da un repertorio cosí scarno e non sempre positivo sia potuto scaturire un culto diffuso nel pianeta che, dopo piú di venti secoli, conta ancora milioni di seguaci.

Anche in questo caso si possono indicare almeno un paio di ragioni. Una è certamente legata alle circostanze della sua morte cosí come i seguaci l'hanno divulgata. La morte umiliante di una grande personalità, l'assassinio di un innocente vittima di un'ingiustizia, diventa spesso premessa per una memoria duratura e commossa. Caratteristica comune a molti eroi tragici è di non poter dominare la propria vita, anzi di esserne travolti. L'altra ragione riguarda non piú lui ma un uomo di straordinari volontà e ingegno, Paolo di Tarso, capace di trasformare gli sparuti e spauriti seguaci di una delle tante sette ebraiche nei fondatori di una delle grandi religioni dell'umanità.

Le molte incertezze che circondano lo svolgimento del dramma hanno sempre suscitato interpretazioni controverse, nei secoli passati e oggi. Nel luglio 2013 Dola Indidis, avvocato keniota ex portavoce della magistratura di quel paese, ha fatto ricorso alla Corte internazionale dell'Aia per chiedere l'annullamento della sentenza di condanna a morte di Gesú. A suo giudizio il verdetto di Ponzio Pilato è frutto di un «processo selettivo e malevolo» che ha violato i diritti dell'imputato. L'avvocato Indidis ha citato in giudizio l'imperatore Tiberio, gli anziani del Sinedrio ebraico, re Erode, la Repubblica italiana e lo Stato di Israele.

Fra i motivi del ricorso: scorrettezza giudiziale, abuso d'ufficio, parzialità e pregiudizio. Per la cronaca: il tribunale dell'Aia si è dichiarato incompetente a prendere in esame il ricorso.

Di parere opposto il professor José María Ribas Alba (insegna Diritto romano all'università di Siviglia) che, sempre nel 2013, ha pubblicato un saggio ampiamente documentato, *Proceso a Jesús* (Almuzara editore), dove, sulla base degli elementi noti, sostiene che nel procedimento, nono-

stante si intrecciassero nell'accusa colpe di tipo politico e
altre di natura religiosa, venne sostanzialmente rispettata
la procedura romana applicabile in una provincia occupata.

Se i fatti di tanti secoli fa, alonati di leggenda e coperti
dal pesante mantello della teologia, accadessero ai nostri
giorni, è probabile che ne leggeremmo in dispacci d'agen-
zia piú o meno di questo tenore:

JERUSHALAYIM - *All'imbrunire del giorno 14 del mese primaverile
di Nisan, antivigilia della festività di Pesach, un reparto della polizia
del Tempio ha arrestato il profeta Joshua ben Joseph Ha-Nozri, artigiano e guaritore, in base ad accuse non interamente note che paiono
alludere a un comportamento nocivo all'integrità e alla sicurezza del
paese. L'arresto è avvenuto in un orto collocato sulla collina detta degli ulivi, al di là del fiume Cedron. Uno dei seguaci ha ferito con un
colpo di spada un servo del sommo sacerdote ma la resistenza è stata
debole. I seguaci, favoriti dall'oscurità, si sono rapidamente dileguati.*

JERUSHALAYIM - *Voci insistenti davano per certo già da giorni che ci
sarebbe stata una qualche forma di repressione nei confronti dell'artigiano e profeta Joshua Ha-Nozri – Gesú di Nazareth. All'inizio della
settimana costui aveva fatto ingresso in città attraverso Porta Susa, accolto da manifestazioni di tripudio tali da impensierire sia le autorità del
Tempio sia i funzionari romani. La folla dei manifestanti, forse infiltra-
ta da estremisti, lo ha accolto con entusiastiche grida di incitamento. I
sostenitori piú ferventi sono arrivati a gettare i mantelli lungo la strada
perché il profeta potesse incedervi; altri gridavano «Osanna»; alcuni
imprudenti lo hanno addirittura invocato come «un re venuto nel nome del Signore». Gli eccessi non sono sfuggiti ai numerosi informatori
infiltrati tra la folla, è possibile che proprio quel tipo di accoglienza sia
tra le cause del recente provvedimento. Secondo altre fonti, vicine alla
dirigenza del Tempio, ha anche suscitato scandalo il comportamento del
sopraddetto Ha-Nozri il quale, sulla spianata del Tempio, ha dato in
escandescenze rovesciando alcuni banchi dei cambiavalute e dei venditori di animali per i sacrifici. Nello scompiglio, oltre a ingenti danni, si
sono avuti, stando a fonti attendibili, tre feriti e una dozzina di contusi.*

ULTIMA ORA - *Apprendiamo, da fonti vicine alla presidenza del Tempio, che l'arrestato sarà interrogato nel corso stesso della notte.*

URGENTE - Apprendiamo che, alle ore 15 del 15 Nissan 3793, ha cessato di vivere l'artigiano ribelle Joshua ben Joseph Ha-Nozri, condannato a morte secondo la procedura romana della crocifissione. Non ancora del tutto precisate le motivazioni della condanna.

I dispacci sarebbero formulati in termini schematici simili a questi. Poche righe confuse nel cumulo di notizie che scorrono senza sosta sugli schermi dei computer in ogni angolo del pianeta e che raramente arrivano alle prime pagine. Ennesima riprova, se mai ce ne fosse bisogno, dell'inconoscibilità del presente.

In realtà, l'arresto avvenuto in un angolo periferico del Mediterraneo era uno «scoop» mondiale. Il fatto avrebbe avuto enormi ripercussioni, cambiato la percezione che una larga parte del genere umano ha di se stessa, del rapporto con gli altri e con la trascendenza. Come quel trascurabile evento abbia potuto suscitare un'eco durevole di tale portata, ecco un altro aspetto sul quale vale la pena di riflettere se si prescinde da una comoda spiegazione di tipo «provvidenziale».

Tutto s'è svolto in un pugno d'ore, come dicono i cronisti, tra diciotto e venti. Dal tramonto di un giorno al primo pomeriggio del successivo. In modo affrettato, per lo piú nottetempo o alle prime luci del mattino, in almeno tre sedi diverse.

Un processo celebrato in base a quali accuse? Secondo quale rito? Chi aveva ordinato l'arresto e perché? Soprattutto: chi aveva il potere di convalidare il provvedimento emettendo la sentenza finale? Tutto è molto incerto. I pochi testi che parlano dell'evento, già confusi in partenza, sono stati in seguito piú volte manipolati; per di piú sono privi di intenti biografici o storici, anche perché nessuno dei testi è stato scritto da testimoni diretti dei fatti. Il loro scopo è tessere le lodi del personaggio, non farsi specchio della sua vita secondo criteri attendibili.

I pochi dati disponibili ci permettono solo di sapere
che il condannato era un uomo pio, di forte fede, tenden-
zialmente mite anche se, in alcune occasioni, ha ceduto a
scatti d'ira o gridato frasi minacciose. Un uomo del popolo,
figlio di un modesto artigiano e di una casalinga, autodi-
datta, pervaso d'amore per tutte le creature, per la natura
e per la divinità. Come molti altri profeti della sua epoca,
si diceva certo che fossero imminenti la fine dei tempi e
il giudizio finale.

Al centro di questa fitta e confusa trama c'è ovviamente
la sua figura. Insieme a lui però, c'è un altro uomo che merita grande attenzione: il procuratore romano per la Giudea Ponzio Pilato. È lui il motore dell'azione. Con un sí o
con un no avrebbe potuto arrestare il corso degli eventi,
o indirizzarlo verso un esito diverso. Agí invece come agí
per cui l'arresto, brutalmente eseguito come accade sempre
in questi frangenti, si concluse con una condanna a morte.
Debolezza? Pavidità? O al contrario senso dello Stato
e del diritto? Oppure somma indifferenza per la sorte di
uno dei tanti facinorosi di quella piccola provincia ribelle
cosí lontana da Roma?
Ecco un'altra serie di domande che chiedono risposta prima di arrivare al cuore della storia, rappresentato
dall'uomo che si lascia prendere senza opporre resistenza,
quasi presagisse, o auspicasse, ciò che sarebbe accaduto.

Nemmeno il procuratore di Roma ha lasciato molte tracce di sé. Gli scarni riferimenti che lo riguardano narrano
di un uomo rozzo, autore di gesti inutilmente provocatori,
segnati dall'arroganza, o dalla stupidità. Invece, può gettare una qualche luce supplementare sulla vicenda descrivere – o immaginare – ciò che accadde in quelle poche ore
dal punto di vista delle autorità romane.
Il procuratore disponeva di una piccola corte, di consiglieri giuridici e militari, di una sia pur modesta forza

militare. Soprattutto dopo i primi gesti avventati non si sarebbe mosso senza aver consultato i suoi esperti. Tanto piú che i rapporti con il legato di Siria Lucio Vitellio, suo superiore diretto, erano pessimi e doveva cercare di non aggravarli ulteriormente; era concreto il rischio di mettere a repentaglio la permanenza in una carica che dobbiamo presumere fruttuosa.

Sicuramente emise una sentenza di morte in base a valutazioni complesse, soppesando cioè rischi e convenienze, le ragioni del diritto e quelle della politica, misurando gli esiti che la decisione poteva avere sull'ordine pubblico e sui rapporti con le autorità imperiali.

In una storia raccontata mille volte nessuno ha mai dato il giusto peso a questo aspetto, che merita invece maggiore attenzione, se non altro per illuminare alcuni passaggi altrimenti inspiegabili.

Un ultimo elemento che merita una piú accurata valutazione è il clima che regnava in quei giorni nella città santa di Gerusalemme, le circostanze in cui l'arresto venne eseguito, alla vigilia dell'importante festività di Pesach, che celebra la liberazione del popolo ebraico dalla schiavitú d'Egitto. Giorni di forte tensione spirituale ma anche politica, di nervosismo, di pericoli resi piú acuti dall'immensa folla concentrata in città e nella spianata del Tempio.

È possibile raccontarla questa storia? Il termine inglese *fiction* lo traduciamo in genere con narrativa; è una definizione povera; *fiction* deriva dal latino *fictio*, il quale è a sua volta legato al verbo «fingere», che offre numerosi significati: figurarsi, immaginare, supporre, ipotizzare. Scrive Cicerone nel *De Oratore*, «animo et cogitatione fingere», ovvero «raffigurarsi nella mente e nel pensiero». Con parziale arbitrio se ne può ricavare l'estensione «sognare». Anche perché qualunque storia è almeno in parte una bugia – o un sogno.

I

Nei giorni che precedono la festività, Gerusalemme e il Tempio sono gremiti di pellegrini venuti da ogni parte. Considerato che l'affollamento può facilitare il gesto inconsulto di qualche fanatico, che non ci vuole molto a mobilitare le folle mediterranee, il procuratore ha ritenuto opportuno lasciare l'abituale, piacevole residenza di Cesarea sulle rive del Mediterraneo per salire in città. Ha preso alloggio nel palazzo di Erode il Grande, passa una buona parte della giornata nel quartier generale della fortezza Antonia, dove sono acquartierate le truppe. La massiccia torre si erge a ridosso del Tempio, in pratica dominandone il lato nord-occidentale.

Come accade sempre quando grandi masse di persone si concentrano in un luogo, si nota in giro eccitamento e nervosismo, un ininterrotto viavai da e verso i vasti cortili che circondano l'edificio centrale dedicato alla divinità. Due file ininterrotte di pellegrini si accalcano e si urtano, nel caldo intenso, nella polvere sollevata da centinaia di piedi in movimento. I venditori di animali per sacrifici, piú numerosi del solito, hanno aperto i loro banchetti, disteso strati di paglia dove le bestie attendono legate o impastoiate che qualcuno le acquisti per immolarle. Colombe, tortore, agnelli emettono ciascuno il suo verso in una caotica implorazione pietosa. I loro lamenti si mescolano all'alto vociare della folla. Un rombo continuo, un brontolio sopra il quale si levavano gridi o gemiti improvvisi.

Ogni mattina e ogni sera si sacrifica un agnello, il suo
sangue viene sparso dai sacerdoti, si rinnova il patto, si obbedisce a quanto ordina Esodo 29, 38-39: «Ecco ciò che tu
offrirai sull'altare, due agnelli di un anno ogni giorno, per
sempre. Offrirai uno di questi agnelli al mattino, il secondo al tramonto».

Il caldo si fa opprimente, con il lento avanzare del giorno il disagio è accresciuto da una luce divenuta abbacinan-
te, nel ronzio incessante delle mosche attirate dagli escrementi degli animali. Nonostante sia tempo di primavera, la
temperatura è cosí elevata che nemmeno il buio della notte
riesce a mitigarla. Da parecchi giorni soffia da sud-est uno
sgradevole vento caldo e umido; incolla le vesti sollevando un'impalpabile polvere che filtra ovunque aumentando
il senso di soffocamento, deposita su ogni oggetto un velo
giallastro, il colore del deserto.

È necessaria grande fermezza d'animo per mantenere
una capacità di controllo adeguata alle circostanze. Mesco-
lati in quell'immensa folla di pellegrini ci sono maghi, astro-
logi, indovini, un buon numero di profeti, alcuni assassini.

Pilato pensa di averla questa fermezza. Da dieci anni
presidia con alcuni reparti della XII Legione, Fulminata,
quello sperduto avamposto. Il grosso delle truppe si trova
in Siria, agli ordini del governatore Vitellio.

Dieci anni sono un lungo periodo, soprattutto se passato a contatto con gente che non capisce, fanatici osti-
nati che pretendono di adorare un unico Dio, come se la
complessità del mondo e dell'animo umano potessero essere affidate a una sola divinità in grado di comprendere
quell'immenso e caotico tutto; col passare degli anni ha
visto le rughe del viso diventare cosí profonde da avere
qualche difficoltà a radersi, ha anche visto invecchiare sua
moglie Claudia Valeria Procula, che però sopporta i disagi con maggiore pazienza, anche perché in quella torrida
regione il suo carattere è cambiato radicalmente; Pilato

si chiede a volte che cosa vi abbia contribuito, se l'età, la solitudine, la lontananza dall'abituale ambiente di corte.

Al suo attivo il procuratore conta il notevole aumento della fortuna personale. L'ha favorita l'esercizio oculato di una specie di diritto di saccheggio di cui ogni amministratore romano si ritiene titolare. Basta essere accorti, non commettere gli errori fatti da uno stupido pretore di Sicilia, Gaio Licinio Verre, che con ruberie esagerate e maldestre ha dato modo a Cicerone di sfoggiare una fastosa oratoria, condannandosi con la sua goffa avidità all'esilio.

Il clima e il cibo pessimo, il costante malumore gli hanno procurato un dolore allo stomaco diventato via via piú insistente; talora le fitte lo trafiggono come un aculeo, lo costringono ad alzarsi nel mezzo della notte nel tentativo di attenuarle passeggiando mentre si massaggia il ventre con lenti movimenti circolari. Non sempre funziona. Non lo consola nemmeno un po' ricordare che anche Virgilio ha sofferto dello stesso male. Il suo medico a Roma saprebbe trovare un rimedio, ammesso che sia ancora vivo. Gli ha mandato una lettera mesi prima, chiedendo consiglio, ma non ha mai ricevuto risposta.

Gli spalti della fortezza dominano il cortile del Tempio. Se s'inerpicasse fin lassú potrebbe avere un controllo panoramico sul flusso dei pellegrini, sull'andamento dell'ordine pubblico; quel caldo infernale, quella luce d'acciaio gli tolgono ogni voglia di farlo. Si dirige invece verso la sala delle udienze dove le finestre, su due lati contrapposti, facilitano la circolazione dell'aria. Lungo il percorso risponde fiaccamente al saluto delle sentinelle che presentano le armi. Invidia l'energia di quei giovani soldati che prestano un servizio di venticinque anni per la gloria di Roma, spinti anche loro dalla possibilità di un soldo supplementare che gli assicuri, alla fine, un pezzo di terra dove crescere i figli e almeno a quelli, forse, un futuro migliore.

S'è appena seduto quando entra il centurione Kyrillos, consigliere militare, con le notizie del giorno.

– Prima che apri bocca, buone o cattive?

– Buone e cattive, come sempre, non le ho pesate.

Kyrillos è di origine greca, a volte gioca un po' con le parole violando la secchezza del linguaggio militare. Può farlo perché ha condiviso con il procuratore un rischioso passato. Un giorno Pilato, al comando di una coorte, stava per essere sopraffatto in un corpo a corpo; l'intervento fulmineo di Kyrillos risultò decisivo per salvargli la vita. Da quel momento Pilato lo ha voluto con sé, considerandolo uomo di assoluta fiducia. Il centurione però nutre per lui un affetto ondeggiante; se l'obbedienza è fuori discussione, i sentimenti variano secondo i momenti, spesso incrinati dagli evidenti limiti nel discernimento politico di Pilato.

Kyrillos, per esempio, aveva sconsigliato di costruire un acquedotto utilizzando i fondi del Tempio. Il procuratore obiettava che era un'opera fatta nell'interesse della città e dello stesso Tempio, che a Roma si sarebbe fatto cosí e che tutti avrebbero approvato il progetto in nome del benessere e dell'igiene. Il centurione aveva replicato che Gerusalemme non era Roma né le priorità degli Ebrei erano le stesse di quelle dei Romani. S'era quasi spinto al limite dell'insubordinazione; solo un gesto d'imperio del procuratore aveva posto fine alla disputa. Questo intricato legame consente a Kyrillos una libertà di comportamento inconcepibile per chiunque altro. Pilato gliela concede perché lo considera un uomo astuto, capace di non oltrepassare i confini della gerarchia, di fermarsi in tempo.

– Dammi prima quelle cattive.

– Nella sesta coorte abbiamo degli uomini ammalati. Pare che una delle prostitute fosse infetta, ne ha contagiati parecchi. – Coglie l'occhiata interrogativa di Pilato. – È stata ammonita severamente. Credo che non la rivedremo piú. Un carro di vettovaglie in arrivo dalla costa s'è ribaltato lungo la collina, il carico è quasi tutto perduto,

il conducente e due cavalli sono morti. Un legionario in-
tervenuto a sedare una rissa è stato ferito da un fanatico,
l'assalitore è stato giustiziato sul posto.

– Reazioni?

– Nessuna, al momento. Pare che l'uomo fosse odiato
da molti.

– Queste cose in genere succedono subito, ma possono
anche covare sotto la cenere.

Pilato lancia un'occhiata al cielo là fuori, nuvole piatte
come lame, bianche, accecanti.

– Sotto la cenere ci sono tante di quelle cose, una piú
una meno...

– Un informatore ci ha fatto sapere che la polizia del
Tempio sta per arrestare un profeta particolarmente agitato.

Pilato muove con fastidio la mano come se volesse scacciare una mosca.

– Che se la sbrighino tra loro.

– L'altro giorno, quando è arrivato in città, l'hanno accolto con manifestazioni di entusiasmo.

– Ho udito le urla, sarebbe lo stesso?

– È entrato a dorso di un asino, però mi dicono che
l'apparenza umile non deve ingannare, potrebbe essere
una mossa tattica, pare che sia molto determinato.

– Abbiamo altre notizie su di lui?

– L'uomo sarebbe amato dalla plebe. Soprattutto nelle campagne.

– I contadini qui non contano niente, se è cosí...

– Però tra quelli che l'hanno accolto non c'erano solo
contadini inurbati o pellegrini venuti da fuori.

– Avvisa la guardia, prometti un po' di soldi alle spie.
Voglio essere informato, sono giorni complicati.

La noiosa routine del comando, le miserie di ogni guarnigione, i soldati malati e quelli in forza; due ammutinati
messi ai ferri, forse impazziti per il caldo o contagiati da
un morbo; a parte l'incidente del carro, c'è stata qualche
smagliatura logistica nei vettovagliamenti in arrivo dalla

costa; da due mesi non arrivano piú i rifornimenti di *garum*, salsa provvidenziale di cui i soldati sono ghiotti, che rende mangiabili anche i cibi piú insipidi. Ora poi c'è anche la piccola noia supplementare del ribelle acclamato dalla folla; questione aperta: potrebbe finire tutto lí o avere un seguito. I Romani non hanno mai amato l'Oriente: il lusso, i piaceri, la languida morbosità della loro vita, il culto egiziano per la morte, i fanatici religiosi.

– Siamo gente di ferro, noi, – pensa Pilato.

Si liberò di quei pensieri con un gesto, trafitto dal mal di stomaco; esercitare l'imperio, applicare la legge, riscuotere i tributi per alimentare lo smisurato ventre di Roma. Non un passo piú in là, mai piú. L'idea di far costruire un acquedotto gli era sembrata un buon gesto distensivo. Non l'avesse mai fatto.

Fuori, la luce è diventata ancora piú bianca; nonostante le grandi aperture contrapposte, dal loggiato non arriva un filo d'aria.

È possibile che Ponzio Pilato abbia avuto in questo modo la prima notizia di un fatto che tutto sommato dovette sembrargli trascurabile? È possibile. I dialoghi diretti in un racconto storico dovrebbero aggiungere un soffio di vita a eventi che potrebbero sembrare troppo lontani. Presentano il rischio di un certo artificio perché in realtà nessuno sa in che modo un centurione o consigliere militare si rivolgesse al procuratore; soprattutto nessuno sa fino a che punto i fatti narrati nelle Scritture corrispondano alla reale successione degli eventi, trattandosi di testi al servizio di un'ideologia e non, come opinione ormai prevalente, di una biografia sia pure apologetica.

Molti, comunque, considerano ancora attendibili quei testi ricavando, da questa fiducia, un senso di rassicurazione e di speranza.

La piccola provincia della Giudea gode di pessima fama a Roma, è considerata un perenne focolaio di agitazioni e di rivolte. Fra tutte le genti che le legioni hanno soggiogato, dal rovente deserto di Libia al gelo delle foreste germaniche, quel piccolo popolo è sempre stato considerato irriducibile.

Pilato deve l'incarico alla benevolenza di Lucio Elio Seiano, prefetto del pretorio, uomo ambiziosissimo. È stato a lungo il favorito di Tiberio fino a quando non è caduto in disgrazia e, per ordine dell'imperatore, strangolato. Ma queste cose accadranno di lí a qualche anno, al momento nemmeno il piú illuminato degli àuguri saprebbe prevederle.

Ci si è chiesti perché Seiano si sia adoperato per affidare a Pilato l'incarico. Una possibile risposta è che, da consumato uomo di potere, avesse capito che Pilato sarebbe stato un docile strumento al servizio della sua politica fortemente antiebraica. Anche Pilato è uomo di notevoli ambizioni, però è rozzo. Basta pensare a quali condizioni ha accettato di prendere in moglie Claudia Procula, con alle spalle una tumultuosa vita amorosa. D'altra parte è cosí che si cerca di diventare potenti, rendendosi utili a uomini che potenti lo sono già. Inviando Pilato, Seiano probabilmente contava proprio sulla sua rozzezza per assestare una lezione agli irrequieti abitanti della Giudea.

Il grande pensatore Filone d'Alessandria, contemporaneo di Gesú, nella sua *Legatio ad Gaium* dà del procuratore una descrizione assai negativa, descrivendolo «per natura inflessibile, capriccioso e scontroso»; gli rimprovera «la corruttibilità, la violenza, le rapine, brutalità e torture, ripetute condanne a morte senza processo, una insopportabile crudeltà».

I vangeli, al contrario, lo descrivono nobilmente lacerato, nel momento in cui dovrà emettere un giudizio su quel profeta. Vedremo perché il giudizio di Filone sia da preferire.

Pilato si appoggia alla protezione di Seiano anche per meglio resistere all'evidente ostilità di Vitellio, astuto governatore della Siria, suo superiore diretto, abile uomo di corte. Se dobbiamo credere a Svetonio, pare sia stato proprio Vitellio a introdurre l'uso di venerare l'imperatore come una divinità. Bisogna avere un sommo sprezzo del ridicolo per lasciarsi andare a tali eccessi. Si deve fare affidamento sull'altrettanto immensa vanità che in genere invade gli uomini di potere. Infatti succede spesso che una sconfinata adulazione si combini con un'immensa vanità.

C'era anche stato, bisogna aggiungere, l'esempio dato dal grande Ottaviano Augusto, che aveva fatto «dio» il padre adottivo Giulio Cesare (Divus Julius). Insomma, nulla è mai semplice in questa storia.

Al momento Pilato ritiene che il favore di Seiano sia una sufficiente garanzia. La sua benevolenza s'è spinta al punto da autorizzarlo a condurre con sé la moglie, contravvenendo alla radicata tradizione che vuole i rappresentanti di Roma trasferirsi da soli nelle sedi di destinazione.

Questi precedenti avranno un peso sui drammatici avvenimenti cui stiamo per assistere, fanno anzi parte delle premesse indispensabili per capire gli sviluppi della vicenda.

Le inquietudini del procuratore della Giudea non son ubbie dettate dal suo scontento o dalle crudeli fitte allo stomaco. I rapporti tra gli Ebrei e gli occupanti romani sono effettivamente pessimi da ogni punto di vista: militare, religioso, dei costumi. Gli Ebrei vedono i Romani come empi conquistatori, sensuali, dissoluti e violenti, l'incarnazione dell'idolatria. Giudicano ridicole approssimazioni del divino le loro scadenti deità che riflettono ogni umano difetto, incomparabili con il valore assoluto del loro ineffabile solitario iddio, incorporeo e invisibile, puro, benedetto, eterno spirito.

A un ebreo è proibito entrare nelle loro case, nessuno vuole venire a contatto con loro, anche il solo stringergli la mano è considerato un gesto riprovevole. In queste condizioni dover versare le imposte a chi le esige per conto degli occupanti è un dovere penosissimo. Gli esattori, chiamati pubblicani, sono considerati peccatori dal Talmud; sono Ebrei ma collaborano con i Romani, nessun vero ebreo siederebbe mai a tavola con loro, in tribunale la loro testimonianza non è ammessa.

Anche la faccenda delle imposte avrà un peso non trascurabile nella vicenda.

II

In una situazione di cosí precari equilibri, Pilato ha commesso gesti improvvidi, sia stata arroganza o superficialità. La storia dell'acquedotto non è il suo solo errore. Esodo 20, 4 ordina: «Non ti farai idolo né immagine alcuna di ciò che è lassú nel cielo né di ciò che è quaggiú sulla terra». Pilato ha sfidato anche questo precetto facendo esporre nella città santa, segretamente, di notte, gli stendardi con l'immagine dell'imperatore divinizzato. Sapeva che ci sarebbero state reazioni, sapeva che i suoi predecessori avevano evitato di infliggere un tale affronto a un popolo vinto; volle sfidare quello che riteneva un pregiudizio, senza immaginare probabilmente una reazione di tale portata. Una folla immensa marciò fino alla sua residenza di Cesarea Marittima; lo scongiuravano di rimuovere le insegne, gridavano il loro sdegno e il loro dolore. Pilato rifiutò; cedere alle richieste sarebbe stata, disse, un'offesa a Cesare. Sei giorni e sei notti i dimostranti restarono stesi al suolo. Racconta Flavio Giuseppe nelle sue *Antichità giudaiche* che al settimo giorno il procuratore «armò e dispose le truppe in posizione, ed egli stesso andò alla tribuna. Questa era stata costruita nello stadio per nascondere la presenza dell'esercito che era in attesa. Quando i Giudei cominciarono a rinnovare la supplica, a un segnale convenuto, li fece accerchiare dai soldati minacciando di punirli subito di morte qualora non ponessero fine al tumulto e non ritornassero alle loro case».

Questa scena è già drammatica, il suo finale è addirittura agghiacciante: «Quelli allora si gettarono bocconi e si denudarono il collo protestando che avrebbero di buon grado accolto la morte piuttosto che violare i precetti della loro legge». Flavio Giuseppe dice anche come andò a finire: «Pilato, stupito dalla forza della loro devozione alle leggi, fece rimuovere prontamente le immagini da Gerusalemme e le fece riportare a Cesarea».

Pilato perse dunque la sfida, stupida come tutti i gesti politici di cui non si è capaci di valutare le conseguenze. Una contesa cosí aspra sicuramente alimentò ostilità e diffidenza reciproche; per quanto lo riguarda, accrebbe certamente il suo già cocente desiderio di rivalsa. Non gli riuscí di ottenerla; al contrario, altri due gesti dissennati contribuirono ad accrescere difficoltà e risentimento.

Claudia gli era apparsa di fronte all'improvviso, di buon mattino, sola, senza ancelle, coperta solo da una tunica di tessuto leggero, i capelli pettinati alla moda greca di Alessandria, odorosa di eliotropio. Pilato la fissò stupito, solo di rado, a quell'ora poi, si faceva vedere nella sala dove sbrigava i suoi incarichi.

– Sembri spaventata, – non poté fare a meno di osservare.

– Ho sognato.

– Può un sogno procurare un tale spavento? Non lo sai che i sogni sono aria, sono nulla. Vanno e vengono, al mattino scompaiono e la vita continua.

– Questo sogno riguarda te –. Claudia, agitata, cercava e contemporaneamente sfuggiva il suo sguardo. Pilato fissò sua moglie sgomenta, volle rassicurarla.

– Claudia, solo i superstiziosi credono ai sogni. Quel tempo è finito. Noi siamo qui per affermare la legge di Roma, fondata sulla ragione.

– Non è cosí, non è cosí, – ripeteva Claudia tenendo lo sguardo a terra. – I sogni ahimè... sono capaci di svelare molte cose.

– Allora dimmi che cosa hai sognato.

– Ho sognato che mi trovavo davanti a una porta sbarrata, forse questa stessa del palazzo. Il sovrano era andato a caccia e stava inseguendo una gazzella...

Pilato scoppiò a ridere. – Ma ti rendi conto? Come fai a non vedere che non potevi trovarti in due posti contemporaneamente?

Claudia era cosí compresa del suo racconto che forse nemmeno udí la domanda.

– Quando la gazzella arriva davanti alla porta si ferma e mi guarda con gli occhi cosí espressivi, tipici di questi animali che sembrano quasi capaci di piangere. È come se volesse chiedere il mio aiuto. In quel momento, proprio quando il sovrano sta scoccando la freccia per ucciderla, tu apri la porta e compari...

Claudia s'arrestò come se rievocare il resto le desse una pena insopportabile. Pilato trattenne a stento uno sbadiglio. Non voleva offendere sua moglie ma il racconto gli pareva insensato. Stava perdendo tempo con le paure di una donnetta.

– La freccia invece di colpire la gazzella, trafigge te.

– Menomale che si tratta solo di un sogno. Puoi stare tranquilla, so come difendermi dalle frecce e anche dal resto; dovresti saperlo anche tu, che sei amica di questa gente.

Perché Pilato ha chiuso il colloquio con quell'allusione? La piú malevola diceria su Claudia Procula, certamente calunniosa, racconta un passato disonorevole. Sua madre Giulia, figlia di Augusto, aveva sposato in terze nozze Tiberio. Tale la sua dissolutezza che il padre Augusto l'aveva bandita da Roma mandandola in esilio a Ventotene anche se, a detta di alcuni, la causa del provvedimento fu di natura politica, non sessuale. In quell'isola di pietre e di sale, in una solitudine resa ancora piú crudele dalle severe disposizioni imperiali, Giulia aveva dato alla luce una bambina, Claudia Valeria appunto, avuta da uno dei suoi numerosi amanti. Quando Claudia ebbe raggiunta la pubertà, Giulia la mandò a suo marito Tiberio perché ne accompagnasse lo sviluppo e si facesse suo mentore. Che tipo di guida potesse rappresentare un uomo come Tiberio è facile intuire; secondo diffuse dicerie, già sul volto gli si leggeva «una sfrenata lussuria». Del resto anche il gesto di Giulia potrebbe avere motivazioni sordide. Mandando in «dono» a Tiberio una fanciulla in fiore come Claudia, quella donna impudica sperava di rientrare – a quel prezzo – nelle grazie dell'imperatore e marito, ponendo cosí fine all'orribile, solitario esilio in un'isola degna dimora delle capre.

Claudia era dunque cresciuta a quella scuola. Dicono che i cortigiani tremassero all'idea che un giorno, per riparare a una gravidanza indesiderata, l'imperatore ordinasse a qualcuno di loro di sposarla per salvarne la reputazione. Ogni timore ebbe però fine quando un volontario si offrí di prenderla in moglie: Ponzio Pilato. Ordinò per lei i gioielli piú ricercati e alcune indovine caldee, le piú rinomate, vennero pagate perché, al passaggio della giovane donna, gridassero che un cavaliere romano spasimava per lei, un uomo che gli astri le avevano certamente destinato per la sua felicità.

Secondo altre voci incontrollate, ebbe un peso nella vicenda anche un'influente ebrea romana di nome Anna che cominciò a parlarle della sua misteriosa religione, insegnando a Claudia che Dio, il solo vero dio, avrebbe presto mandato un liberatore per riscattare il popolo ebraico e forse l'intero genere umano, dalla sua miseria.

Voci, chiacchiere di oziose matrone o di credule giovinette, cedimenti alla superstizione, non c'è quasi nulla di certo nelle vicende di questi personaggi.

Le stesse voci riferiscono però che, una volta diventata moglie del procuratore della Giudea, Claudia avrebbe cambiato atteggiamento; quasi a compensare il comportamento brutale di suo marito, avrebbe dimostrato amicizia verso il popolo assoggettato, fosse o no frutto degli insegnamenti di Anna. Le dicerie riportano soprattutto che l'età e i disagi l'avevano trasformata. Le dissolutezze giovanili erano diventate una quieta fede nelle divinità, nella ricerca di un'intima tranquillità dell'animo. Non era raro sorprenderla china nella lettura di testi dei piú accreditati pensatori.

Claudia è scesa nel giardino interno della residenza. Ha rifiutato la compagnia delle ancelle, passeggia sola nei viali odorosi di mirto, le pietruzze di fiume scricchiolano sotto i suoi passi, le cime dei cipressi si flettono al soffio di una brezza leggera, il cielo è già velato di bianco. Riparando con una mano gli occhi dal sole, scorge due colombi che tubano sotto una gronda, evidentemente sentono anche loro la primavera. Dopo gli alberi di melograno dai bei fiori vermigli si erge, circondata a metà da una vasca colma d'acqua, la statuetta bronzea del dio Mercurio. Claudia siede sul bordo della vasca in una posa involontariamente sensuale. Ha ancora indosso la tunica di leggero tessuto, che sedendosi s'è aperta lasciandole scoperte le gambe. Si rivolge silenziosamente al dio per chiedergli qualcosa che non osa confessare nemmeno a se stessa. È capace di molte cose questo giovane iddio. Al momento di lasciare Roma, sul molo di Ostia, Pilato e lei hanno sacrificato insieme al suo altare invocandolo come protettore dei viaggi e dei viaggiatori. Il suo aiuto è stato efficace, sono arrivati felicemente al porto di Cesarea; Pilato è sbarcato accolto dalle alte note stridule delle buccine, con la coorte schierata. In quel momento Claudia s'è sentita attraversare da un moto di orgoglio e d'amore; ha dato anche lei un contributo per quell'incarico, pagando di persona.

Sono passati dieci anni e di quell'orgoglio non c'è piú traccia, forse nemmeno dell'amore. Adesso però alla slanciata effigie di Mercurio che brilla al sole chiede un altro dono, ancora piú impegnativo. Sa che il dio è anche messaggero dei sogni; se è stato lui a portarle quel presagio di morte, vuole chiedergli se davvero anticipi un possibile futuro o se debba considerarlo aria, un nulla, come ha detto Pilato.

Sotto questa domanda tutto sommato innocente se ne nasconde però un'altra ancora piú impegnativa: se debba lasciar vivere il legame cosí logoro, cosí insoddisfacente con suo marito. Sono passati dieci anni dal giorno del loro arrivo, nella luce di quella mattina con i vessilli al vento e le trombe lucenti. Quando le ancelle la pettinano e la truccano ha tempo per guardarsi lungamente allo specchio, vede lentamente sfiorire la sua bellezza, logorata piú dalla noia che dagli anni. La sola variazione di giorni sempre uguali è il trasferimento da Cesarea a Gerusalemme. Di tanto in tanto sbarca un qualche funzionario o senatore e allora riesce ad avere novità sulla vita a corte, in città, prima che ricominci l'eterno ritorno dei giorni.

Vedendola cosí scontenta Pilato le ha organizzato un giorno un viaggio verso oriente. Il saliscendi tra le colline brulle del deserto di Giudea, la vista sconfinata senza ombra di vita l'hanno terrorizzata. Al tramonto del secondo giorno, quando i soldati non avevano ancora finito di montare la sua tenda per la notte, ha imposto al centurione di rientrare, immediatamente, senza aspettare nemmeno l'alba.

Adesso però il dio è distratto o forse gli sta chiedendo una previsione troppo difficile. Prova a rivolgergli la stessa domanda variandone la forma, ma nemmeno cosí ottiene una riposta.

Gioca con l'acqua facendo correre la mano sulla sua superficie. Se il dio tace potrebbe forse chiedere consiglio all'unico uomo che sembra in grado di darle soccorso. Si chiama Caio Quinto Lucilio, è uno scrittore, almeno cosí si dice. Dovrebbe però aprirgli il suo animo, mettere a nudo i suoi piú segreti pensieri e non sa se di lui possa fidarsi fino a questo punto. Claudia ha troppa esperienza di corti e di cortigiani; era ancora una bambina e aveva già imparato a diffidare.

III

Nell'anno 2004 suscitò molte polemiche un film di Mel Gibson sulla Passione di Gesú. I tormenti ai quali lo sventurato profeta era stato sottoposto venivano narrati con il piú cruento realismo. Durante la fustigazione si vedevano brandelli di pelle e stille di sangue saltare in aria a ogni colpo di nerbo. Nel buio della sala, si trattava di un'anteprima riservata alla stampa, sedevo accanto a un ecclesiastico visibilmente, e giustamente, emozionato. A un certo punto, rivolto forse a me o forse solo per dare sfogo a un incontenibile moto dell'animo, esclamò a mezza voce: «Proprio cosí, andò proprio cosí».

Certo che andò cosí. I nostri tempi sono spietati ma quelli lo erano in misura ancora maggiore. Oggi nessuno al mondo oserebbe far combattere uomini seminudi contro belve tenute lungamente a digiuno. Anche se non ci sono dubbi sul successo che uno spettacolo del genere potrebbe avere.

Allora, in quella feroce primavera, andò cosí. La fustigazione era prevista dalla procedura, precedeva di poco il supplizio.

Il supplizio della croce, dove si finiva lentamente soffocati, è uno dei piú crudeli strumenti di morte mai inventati. Schiavi ribelli, traditori, nemici del popolo e di Roma venivano crocifissi a centinaia; interminabili file di croci fiancheggiavano le strade: su ognuna era inchiodato il corpo palpitante di un uomo che cercava disperatamente di morire per sottrarsi al tormento.

Andò cosí, dunque; quell'ecclesiastico nel suo sgomento aveva ragione. Ma perché andò cosí?

Dobbiamo tornare sulla storia dell'acquedotto. Dopo l'affronto dei vessilli con l'immagine divinizzata dell'imperatore, il procuratore aveva progettato di aumentare la fornitura di acqua a Gerusalemme. Un'idea ambiziosa, a suo modo lungimirante, attraverso la quale voleva probabilmente dimostrare la grande abilità romana che eccelleva soprattutto nella costruzione di strade, ponti e acquedotti. Nessun popolo al mondo aveva mai osato costruzioni altrettanto grandiose, e complesse. Per finanziare il progetto, l'incauto procuratore attinse ai fondi del tesoro del Tempio, una specie di confisca forzosa in una riserva considerata sacra. Non appena l'atto sacrilego divenne noto, la città venne attraversata da una fiammata di violenza. Il popolo intero sembrò rovesciarsi nelle strade in una dimostrazione di protesta senza precedenti. Pilato ordinò di schierare un numero di uomini sufficiente a reggere l'urto. Scrive Flavio Giuseppe che i soldati romani non erano in uniforme ma rivestivano «abiti giudaici sotto i quali ognuno portava un randello». Quando venne ordinata la carica molti morirono sotto i colpi, altri si salvarono fuggendo, «terrorizzata dalla sorte delle vittime, la folla ammutolí».

Se qualcuno pensa che con metodi del genere si riesca a tenere a bada una provincia irrequieta, sbaglia. Con questi metodi si riesce a reprimere una manifestazione, però si pongono anche le premesse per ulteriori e peggiori guai, si alimentano le fazioni piú estreme, si danno argomenti a chi invoca un inasprimento dello scontro.

Pilato cercò di giustificarsi per la sua avventatezza, sostenne che, insieme all'acqua piú abbondante, intendeva portare in città una dimostrazione della superiore civiltà di Roma. Quanto alla repressione, disse che le poche truppe ausiliarie di cui disponeva lo obbligavano a spegnere subito con durezza ogni moto di ribellione prima che divampasse, finendo fuori controllo.

Il governatore della Siria Lucio Vitellio era stato ad ascoltarlo con il labbro leggermente arricciato, come se godesse per quelle giustificazioni che umiliavano il suo sottoposto. Ogni tanto batteva sullo scrittoio la bacchetta d'avorio che stringeva nella destra, provocando un rumore secco, molto irritante.

– Se disponessimo in Giudea di un'intera legione, le cose potrebbero migliorare notevolmente, si potrebbero graduare meglio le azioni. La sola presenza delle truppe servirebbe da ammonimento, – aggiunse Pilato.

Il legato di Siria nemmeno accennò a una risposta.

Gesú era un uomo pio, benevolo verso gli altri, consapevole della condizione del suo popolo, attento nella sua rischiosa predicazione a evitare i tranelli che gli venivano tesi di continuo; non piace a tutti il suo tentativo di dare un volto nuovo alla religione ebraica avvicinandola ai piú miseri, alle donne, ai bambini.

Dovremmo considerarlo un agitatore? Probabilmente, al di là delle sue intenzioni, lo era nei fatti. Il ritorno a Dio, come egli lo predica, dovrebbe derivare da un moto interno di esseri umani toccati dalla grazia. Egli rispetta la Torah, ma intende completarla a suo modo e per riuscirvi non esita a scontrarsi con le gerarchie religiose e con i piú diffusi luoghi comuni. Il vangelo gnostico di Tommaso (versetto 60) dice: «Colui che non odierà il padre e la madre non potrà divenire mio discepolo, e i suoi fratelli e le sue sorelle e (non) prenderà la sua croce con me, non sarà degno di me». In Luca 12, 51 leggiamo: «Non crediate che io sia venuto a portare la pace sulla terra; non sono venuto a portare la pace ma la spada. Sono venuto infatti a dividere il figlio dal padre, la figlia dalla madre, la nuora dalla suocera». Su questo punto il vangelo di Tommaso (versetto 17) è ancora piú crudo: «Gli uomini certamente credono che io sia venuto a portare la pace nel mondo, essi non sanno che io sono venuto a portare sulla terra le discordie, il fuoco, la spada, la guerra».

È un uomo pio ma è anche un uomo aspro, difficile, come chiunque senta fin nel profondo del suo essere il senso di una missione che può arrivare a squassare i rapporti tra gli uomini e i fondamenti di una società. Predilige i poveri, lo ripetono tutti. Tommaso 59: «Beati i poveri perché vostro è il Regno dei Cieli!»; Luca 6, 20: «Beati voi, poveri, perché vostro è il Regno di Dio»; Matteo 5, 3: «Beati i poveri di spirito perché loro è il Regno dei Cieli». Ma di quali poveri sta parlando? Il testo greco dice *ptochò*, che non è l'indigente, è il mendico, il vagabondo, il miserabile, colui che non ha casa né cibo. Gli *ptochoi* sono il portato dell'ingiustizia sociale, gli scarti umani che il «sistema» (diremmo oggi) rifiuta ed espelle.
Piú si cerca nelle vicende di quella provincia e nella vita di quest'uomo, piú si scoprono possibili motivi di ostilità nei suoi confronti. La tragedia che s'è consumata in quelle poche ore diventa cosí piú comprensibile, ma anche piú complicata di come i testi edificanti tendono a rappresentarla.

Dopo la storia degli stendardi e dell'acquedotto, ci è anche nota una terza ragione di attrito fra Pilato e i Giudei di Gerusalemme. Il procuratore aveva fatto innalzare in quello che era stato il palazzo di Erode alcuni scudi dorati contenenti il nome dell'imperatore. Una delegazione guidata da uomini di spicco delle famiglie erodiane andò a protestare; questa volta però Pilato volle dare prova di fermezza e respinse le loro richieste. Secondo fonti non certe, la delegazione, delusa e irritata, fece arrivare le sue lamentele a Vitellio in Siria perché le trasmettesse a Roma. Tiberio andò in collera, irritato da queste stupide provocazioni che mettevano a repentaglio la sola cosa che gli interessasse davvero: la riscossione delle imposte.

Il riferimento alle famiglie erodiane introduce un ulteriore elemento nel nostro racconto.

Le moltitudini tumultuavano in piazza ma le delegazioni presso il procuratore o addirittura nei palazzi imperiali di Roma erano guidate da loro: i principi erodiani, discendenti ed eredi di Erode detto il Grande, re di Giudea sotto il protettorato romano.

Dopo la vittoria di Ottaviano nella battaglia di Azio, l'astuto Erode ha la prontezza di schierarsi dalla sua parte; ha capito che quel trentenne di corporatura esile, malfermo in salute, ha dalla sua l'avvenire. Vince la scommessa e in cambio d'una supina fedeltà gli si concede di restare sul trono.

Erode sarà detto il Grande, ma nulla lo accomuna a un Alessandro a un Pompeo. È un fantoccio di Roma, si muove nell'ambito dei suoi limitati poteri, attento a non irritare chi esercita il vero imperio. Sa che il minimo errore può costargli la carica. Il timore lo rende sospettoso, diffida di chiunque, si dice che abbia fatto uccidere due suoi figli temendo che complottassero contro di lui. È probabilmente la sua notoria crudeltà che fa raccontare a Matteo la strage di tutti i bambini neonati per eliminare colui che avrebbe potuto contendergli il trono. Muore a Gerico, dove ha fatto edificare un ippodromo e un anfiteatro, a settantasette anni, dopo trentasette di regno. Era l'anno 3757 per il calendario ebraico, 749 dalla fondazione di Roma, 4 a.C. secondo la datazione occidentale.

Tre figli ereditano i suoi domini e di fatto dipendono anche loro da Roma: Archelao ha il governo della Giudea e della Samaria; Erode Filippo la Batanea; Erode Antipa, con il titolo di tetrarca, ha, a soli diciassette anni, la Galilea.

Poiché è un altro protagonista dei fatti che stanno per accadere, vale la pena di conoscerlo meglio.

Durante un soggiorno a Roma Erode Antipa, nonostante sia già sposato, intreccia una relazione con Erodiade, moglie di suo fratello Erode Filippo. Quando lascia Roma per rientrare a Cesarea, la porta con sé e, una volta in patria, la sposa. Le nozze suscitano enorme scandalo, è il matrimonio di un concubino per di piú incestuoso; cosí la legge mosaica considera il connubio con una cognata che non fosse già vedova.

Un profeta di nome Giovanni, detto il Battista, denuncia questo abominio. Ad alta voce proclama l'impurità del sovrano e di Erodiade, rimasta concubina e adultera anche dopo le nozze.

Piú volte Erodiade chiede a suo marito di mettere a tacere quella voce odiosa.

Erode si limita a farlo arrestare, esita a mandarlo a morte temendone la popolarità. Cede però all'inganno. Durante una festa a palazzo, la figlia adolescente che la donna ha avuto dall'unione precedente danza seminuda in maniera cosí sensuale che Erode, vinto dalla lussuria, le promette in dono qualunque cosa chieda, foss'anche la metà del regno. Secondo la tradizione la fanciulla si chiama Salome. Non chiede oro né gioielli. Istruita da sua madre chiede la testa del Battista. Erode deve rispettare il giuramento: manda a far decapitare Giovanni. La sua testa viene portata su un piatto d'argento nella sala del banchetto. Sembra che la perfida fanciulla, nel vederla, abbia riso.

In questo covo di banditi e di vipere sta per giocarsi la vita di Joshua.

Quale infanzia era stata la sua? Miryam siede accanto al fuoco finendo di mondare le erbe che vuole mettere a bollire per il pasto serale. Fissa con occhi incantati, pieni d'orgoglio, il suo bambino che sta accanto al padre e lo osserva attento mentre sta piallando una tavola, sembra voler assorbire i suoi gesti. Di tanto in tanto Joseph solleva il legno per esaminare in controluce il drittofilo, che la superficie abbia un livello uniforme senza avvallature o fuori squadra che rendano difficile combinarla con gli altri pezzi già pronti. Sa Joseph che, secondo la Legge, il primo dovere di un padre è trasmettere ai figli la propria arte. Egli è carpentiere, sogna che quel bambino cosí attento un giorno possa impugnare gli stessi strumenti con altrettanta abilità.

Infatti alza di tanto in tanto gli occhi e lo guarda, è il piú piccolo nella tribú di quattro fratelli e due sorelle che hanno tutti nomi bellissimi e si chiamano Giuda, Iosetos, Giacomo e Simone; le due ragazze Lisia e Lidia. Joseph è contento di loro, stanno per prendere una loro strada; non nasconde però di avere per Joshua una predilezione speciale anche se, al contrario degli altri, assomiglia cosí poco a lui e una circostanza inquietante circonda la sua nascita; non è mai riuscito a parlarne con la sua sposa.

Alza allora lo sguardo verso Miryam che siede quieta accanto al fuoco; le erbe hanno cominciato a bollire insieme ai condimenti e alle spezie, la stanza si va riempiendo del buon odore di cibo che tra poco consumeranno. La guarda con amore, sente d'amarla ora che il suo volto comincia a mostrare i segni degli anni, ancora di piú di quando Miryam è giunta vergine nella sua casa ed è stata sposa obbediente, rispettosa della Torah, attenta alle faccende domestiche e alla cura del bambino che ha allattato e accudito come la piú tenera delle madri.

C'è però sempre stato un angolo della sua mente che Miryam ha tenuto chiuso, riservato a lei sola, un lato segreto del cuore al quale Joseph, nonostante gli anni e i figli, la tenerezza e le difficili prove che insieme hanno superato, non ha mai avuto accesso. Lo ha rispettato considerando un dono del cielo che a un uomo già anziano, qual era al momento delle nozze, la benevolenza divina abbia destinato in moglie una giovinetta di tale bellezza, di cosí buon carattere.

Joshua aiuta suo padre a far scivolare a terra dal banco di lavoro la tavola ormai finita. Le sue membra sono an-

cora gracili però si muove bene, bilancia con molta abilità il peso, vuole accostare con cautela la tavola al suolo in
modo che gli angoli non si scheggino.

Joshua guarda sua madre che ha seguito con ammira-
zione la manovra, Miryam lo ricambia con uno sguardo
pieno d'amore.

La mensa attorno alla quale siedono, Joseph ha voluto
costruirla con un legno d'insolito spessore. Qualche volta
ci batte sopra la mano con forza, ammirato dal suono cupo e fermo che ne trae: basta quell'onda grave a dirne la
solidità. Aveva voluto che il luogo dove siedono due volte
al giorno, insieme ai figli che si trovano in casa, rendesse
già al tatto un'idea di stabilità, quella della famiglia che
è riuscito a tenere unita nonostante il cruccio segreto che
non l'ha mai abbandonato.

Parla poco Joseph, solo le parole essenziali, prega in
cuor suo che Joshua cresca da buon ebreo rispettoso della legge stabilita dai Padri e che Miryam un giorno, o una
notte, gli poggi il capo sul petto aprendogli finalmente per
intero il suo cuore per rivelargli, sposo ormai anziano, ciò
che per tutti quegli anni ha taciuto. Attorno alla tavola di
pino cosí ben costruita, il piú delle volte siedono adesso
solo loro tre.

La minestra è cotta, Miryam ne sta riempiendo le cio-
tole. Siedono invocando sul cibo la benedizione divina,
Joseph spezza il pane, cominciano muti a mangiare.

Un altro timore angustia Joseph mentre assapora, insieme al gusto della buona zuppa preparata da Miryam, quella
scena di pace domestica; teme che quell'armonia possa non
durare, insidiata da un qualche pericolo. Fissa sua moglie
e il figlio bambino augurandosi di poter contemplare ancora a lungo quella scena prima che la luce dell'esistenza
scompaia per sempre come ora sta scomparendo dalla loro povera stanza dopo che il sole è calato dietro la gobba
della collina. L'asino nella stalla emette un raglio breve e
irato, angustiato forse da un sogno o dalla fame. Ridono

insieme di quella inquietudine; il fieno è già pronto, appena avranno finito di mangiare Joshua andrà a portarglielo.

Gli uccelli della notte hanno cominciato i loro richiami
cupi e sommessi, tutto va riempiendosi di ombre.

– Vuoi che accendiamo una lucerna, Joseph? – chiede
con premura Miryam.

IV

Un giorno che passeggiava lungo la riva luminosa del
Mediterraneo, le caviglie lambite da una debole risacca,
Caio Quinto Lucilio s'era chiesto quanto a lungo sarebbe
rimasto in quell'esilio in parte imposto, in parte suggerito dalla prudenza. Non era la prima volta che si poneva la
domanda. Aveva lasciato Roma, finché era in tempo, dopo
essere stato coinvolto in un'intricata storia di amori legati
al talamo imperiale. Cesarea non era certo l'inospitale or-
rida Tomi dove il poeta Ovidio, pochi anni prima, aveva
penosamente chiuso i suoi giorni. Cesarea al confronto era
una città scintillante; il suo, ufficialmente, era un incarico decoroso. In teoria sarebbe potuto rientrare a Roma in
ogni momento dopo aver assolto i vaghi compiti che gli
erano stati affidati. La prudenza suggeriva però di pazien-
tare fino a quando l'atmosfera politica non fosse cambiata
e del suo errore fosse impallidito il ricordo. Questo faceva
sí che alla domanda tante volte ripetuta: per quanto ancora? Rispondesse cauto tra sé: ancora un po'. Provava a
volte una nostalgia quasi dolorosa per Roma: certi angoli
della città, certi amori o amicizie, gli anni lontani dell'infanzia con la profonda pace che li aveva accompagnati; un
sentimento che però si mescolava spesso a un senso di repulsione per i cambiamenti brutali che si erano succeduti
dopo la morte di Ottaviano Augusto.

Anche per rimediare a queste spinte contrastanti e all'inquietudine, aveva aggiunto all'approssimativo incarico di
far eseguire rilievi topografici all'interno e lungo le coste,

una ricerca sua personale. Cercava di approfondire quale fosse il rapporto di quel popolo con la fine della vita, vale a dire con la possibilità che parte di un individuo sopravvivesse all'ultima scintilla dello sguardo, all'estremo respiro. Gli avevano riferito opinioni contrastanti.

In un antichissimo libro, pregno di una misteriosa saggezza, da loro chiamato *Koheleth*, ovvero il predicatore, aveva letto parole terribili che dicevano: «Il destino degli uomini e quello delle bestie è identico: come muoiono queste muoiono quelli; c'è un solo soffio vitale per tutti. Non esiste superiorità dell'uomo rispetto alle bestie, perché tutto è vanità. Tutti sono diretti vero un'uguale dimora: tutto viene dalla polvere, tutto ritorna nella polvere».

Anche la sapienza è vanità diceva l'anonimo autore del testo; anche la sapienza è «come inseguire il vento», chi accresce il sapere, accresce il dolore. Su questo Lucilio non era molto d'accordo; vero che una maggiore sapienza di rado porta una piú grande serenità, ma vero altresí che una ragionevole saggezza può aiutare a vivere con dignità, senza l'aiuto degli dèi, contando sulla propria retta coscienza. Questo pensiero per la verità non l'aveva mai davvero completato poiché lo portava inevitabilmente a ripensare al suo comportamento e alla precipitosa partenza da Roma, cosí simile a una fuga. Sarebbe dovuto restare? affrontare le conseguenze del suo errore? S'era ripromesso piú volte di ponderare meglio le sue idee sull'argomento.

Intanto però era molto attratto da ciò che andavano predicando i numerosi profeti che si aggiravano per i villaggi, coperti di pelli d'animale o semplicemente di stracci, che gridavano nelle piazze con la voce arrochita dallo sforzo, gli occhi arrossati dalla mancanza di sonno, magri da far paura. Aiutandosi con quel po' di aramaico che aveva imparato e con i suggerimenti del suo giovane amico Shimon, era andato talvolta ad ascoltarli. Vestito di abiti anonimi, il volto semicoperto da un cappuccio, attento a non aprire bocca, aveva cosí potuto vedere la forza di parole che spingevano l'uditorio alle lacrime o alla furia, gesti di pietà e altri come scagliati in aria, spinti dall'ira. Un ribollire di passioni dove si mescolavano motivi politici e civili ad altri di pura, disincarnata spiritualità. Entrambi però sospinti da una forza di cui a Roma non aveva mai visto l'eguale. In quel tumulto capace di infiammare gli animi, sempre piú spesso, con sorpresa, aveva udito la parola «resurrezione». Dov'era finito l'insegnamento del *Koheleth*?

Shimon metteva a repentaglio la vita per andarlo a trovare, quasi sempre di notte, furtivo. A Gerusalemme non avrebbe osato farlo ma anche a Cesarea era rischioso frequentare la casa di un pagano come Lucilio; i veri Ebrei disprezzavano chiunque fosse troppo accondiscendente con gli occupanti, compresi i sacerdoti del Tempio che molti consideravano pronti a chinare la schiena pur di mantenere il posto: c'era chi arrivava a chiamarli servi di Cesare. Il rapporto tra loro era diverso, quale interesse poteva avere Shimon a frequentare uno sradicato intellettuale in disgrazia, spedito con compiti imprecisi presso una ridicola corte di provincia?

La verità è che amavano entrambi quei colloqui notturni, in pratica clandestini, i gesti affettuosi che si scambiavano conversando, mangiando piccoli dolci intrisi di un miele squisito. Incontri interrotti al termine della notte; la prudenza costringeva Shimon ad allontanarsi prima che facesse giorno.

Il giovane parlava greco, del latino conosceva solo le espressioni correnti udite in strada dai soldati, spesso deformate dai loro accenti barbarici. In compenso, sillabando lentamente, aveva preso a insegnare a Lucilio la sua lingua cosí strana: suoni gutturali, aspri, che potevano diventare d'improvviso dolcissimi, un fruscio lieve sotto il palato. Ridevano insieme quando Lucilio, cercando d'imitarli, sbagliava pronuncia alterando il significato di una parola. A volte bastava una minima sfumatura nel tono per ren-

dere un termine irriconoscibile. Shimon però approfitta-
va di quei momenti anche per spiegargli qualche aspetto
di una fede che affondava in un remoto passato, maturata
nella sofferenza e nell'esilio, ostinatamente tramandata
di generazione in generazione, ritualizzata in gesti ormai
immutabili. Un giorno che Lucilio lo interrogava sul peso
dato alla sopravvivenza, Shimon aveva risposto che nella
sua religione solo pochi in realtà credevano a una possibile
vita al di là della morte. Si trattava per lo piú dei seguaci
di una setta chiamata dei Perushim, i separati, i farisei.

– Per me io penso piuttosto a una possibile prosecuzione
delle idee, degli affetti, alla vita e alla memoria dei figli e
dei nipoti. Nessuno è mai davvero morto, – aveva concluso
timidamente, – fino a quando qualcuno serba il suo ricordo –. In definitiva aveva lasciato Lucilio con i suoi dubbi.

Shimon non aveva mai accettato denaro né altre ricom-
pense. A poco a poco Lucilio aveva cominciato ad amarlo;
era chiaro che nessuno dei due avrebbe mai ricavato un
vantaggio da quel rapporto, il solo piacere stava nel mettere a confronto due vite che sembravano correre per piú
di un aspetto parallele.

Un pomeriggio, nel suo alloggio che apre sulla sconfinata distesa del mare, influenzato da quanto ha udito nel
pomeriggio in una piazza di mercato, Lucilio ha cominciato a scrivere una lettera a un amico.

«Che cos'è la morte? È davvero la fine o è un passaggio? Io non temo di finire, perché sarebbe come non aver
mai cominciato, né di passare, perché in nessun luogo sta-
rò in uno spazio piú angusto di quello presente. Quando
mi sembrerà opportuno, taglierò il vincolo che mi lega a
questo corpo...»

Arrivato a questo punto, però, getta via la lettera, infastidito dall'ipocrisia che sente aleggiare sulle sue stesse
parole. Si può mentire con tutti, anche con un amico, ma
non con se stessi. Scrivere è come svolgere un dialogo in-

teriore, è necessaria la piú assoluta trasparenza – in quelle righe mancava. Di quale coraggio stava parlando? Era fuggito da Roma e non aveva animo bastante per farvi ritorno. Temeva che cosa? Il laccio del boia stretto alla gola, la perdita dei privilegi, un compromesso umiliante? Poteva uno come lui evocare il coraggio?

Lucilio si alza dallo scrittoio, turbato dai suoi pensieri, esce sulla terrazza che affaccia sul mare. Il sole sta scomparendo nell'acqua, affiora la metà del disco, come la bocca di una fornace che sarà presto spenta. Dall'ala del palazzo dove alloggia Ponzio Pilato comincia a venire molta luce, nota un concitato movimento di servi che stanno accendendo le ultime torce di resina, ci saranno ospiti a cena. Non è stato invitato, non sa se deve rammaricarsene. Partecipare a un interminabile banchetto, nel suo stato d'animo, sarebbe stato penoso; il fatto che nessuno gli abbia chiesto di prendervi parte però è un brutto segnale. Pilato non lo ama, quando si incontrano nessuno dei due sa mai di che parlare. Scambiano poche frasi convenzionali e si allontanano con reciproco sollievo.

A chi credere, al *Koheleth*, predicatore del nulla, o ai Perushim che alla fine dei giorni prevedono la resurrezione? La morte è una fine o un transito? O addirittura un «ritorno» ai segreti luoghi da cui tutto proviene e dove tutto torna? Quella terra e quel popolo stanno scuotendo le sue certezze, gli stessi insegnamenti avuti dai maestri epicurei. Da loro ha imparato ad apprezzare la serena bellezza del mondo, a non temere gli dèi preferendogli un amore profondo per la natura dove uomini, donne, animali, piante, pietre fanno parte di un tutto che non ha confini né scopo per cui la vita va vissuta con gratitudine, finché c'è, senza temere la morte. Non c'è nulla, dicevano i maestri, al di là di quella soglia fatale dalla quale nessuno ha mai fatto ritorno.

La verità è che l'edificio sul quale ha cercato di poggiare la sua esistenza è diventato pericolosamente instabile. Gli tornano in mente le parole di un poeta morto da pochi anni e assai rimpianto. Il suo nome era Quinto Orazio Flacco e aveva scritto che chi attraversa i mari cambia il cielo che ha sopra la testa, ma non l'animo. Nonostante lo abbia molto amato, pensa che in questo caso il poeta avesse torto. Attraversare il mare per lui ha voluto dire cambiare sia il cielo sia l'animo.

Caio Quinto Lucilio resta però, nonostante i suoi turbamenti, un cittadino romano. La sua idea è che la religione come l'ha vista e sbadatamente praticata nella prima giovinezza è anch'essa parte dell'identità civile; i riti sono collettivi, il loro fine è di garantire la benevolenza degli dèi verso lo Stato e i suoi cittadini. Molte persone hanno bisogno di questo tipo di rassicurazioni. Tiene a mente le parole di Cicerone, che nel suo *De Natura deorum* (2, 8) scrive: «Se vogliamo confrontare la nostra cultura con quella degli stranieri, risulterà che per parecchi aspetti siamo uguali o forse anche inferiori. Molto superiori invece per quel che riguarda la religione, cioè il culto degli dèi».

Il corteo trionfale che attraversa il Foro e sale al Tempio di Giove capitolino è una cerimonia nello stesso tempo religiosa, patriottica e politica. Celebra la vittoria di un condottiero su un popolo nemico i cui re, e i cui soldati sconfitti, seguono in catene il carro del trionfo, a capo chino, rassegnati alla morte imminente o alla schiavitú. Quale contrasto con le file ordinate dei legionari acclamati da tutti, fieri nelle loro armature; avanzano con pesante passo cadenzato lasciando sventolare i vessilli, le aquile d'oro brillano al sole, si levano argentini squilli di trombe.

Il fremito che percorre la folla è anch'esso religioso e civile; la patria è forte perché gli dèi la proteggono, i riti sono uno strumento perché la protezione continui.

Una parola che racchiude questi complessi stati d'animo è *pietas*. Sarebbe sbagliato tradurla con «pietà». La *pietas* allude a un sentimento di venerazione che include la patria, gli dèi, la famiglia. Enea che lascia Troia in fiamme avendo sulle spalle il vecchio padre Anchise e per mano il figlioletto Ascanio ne è l'immagine appropriata. Soprattutto se si pensa al destino che li attende, in quelle tre figure si vede simboleggiata la *pietas*.

In terra d'Israele, a Cesarea, Lucilio ha trovato una religiosità profondamente diversa. Alcune fasi dei riti e dei sacrifici possono sembrare simili ma le analogie sono solo apparenti. Diverso è il grado di partecipazione degli individui, diversi i sentimenti che i riti sono in grado di suscitare. La vecchina romana che accende una fiammella sotto l'immagine dei lari sicuramente accende nello stesso tempo una forte speranza dentro di sé; cosí la giovane sposa che si scopre incinta e si reca in un qualche tempio a implorare dalla dea protezione per il nascituro. Anche questi sono aspetti della spiritualità romana. A Roma però Lucilio non ha mai visto folle di due o trecento persone fremere alle parole di un uomo che parla invasato dal dio e sembra pazzo. Non si può troppo contare sulle religioni per incivilire il cuore degli uomini; tanto piú che non ha visto qui il connotato civile che si dà invece a Roma alla religiosità delle masse. I profeti parlano a volte della liberazione di Israele senza però dargli il significato politico che potrebbe avere a Roma. Questo scollamento tra la spiritualità individuale e la religiosità collettiva spiega l'apparente paradosso di un paese che è stato facile conquistare, ma che poi ha dimostrato un'insospettabile, indomabile, capacità di resistenza. Altri popoli hanno contrastato con piú efficacia le legioni di Roma; una volta sconfitti, però, si sono trasformati in tranquilli soggetti dell'impero. Non qui. Alla vittoria militare e all'esercizio del dominio non ha corrisposto una vittoria sulle coscienze degli individui. È stato occupato un territorio, non le menti dei suoi abitanti. Questo popolo non possiede un apparato militare che possa impensierire Roma, ma i singoli individui hanno dato prova di una tale ostinata resistenza da non avere l'uguale nelle altre province. È la loro spiritualità, quasi unica nel mondo, a renderli nello stesso tempo meno forti e piú tenaci. È un paradosso che Ponzio Pilato, ragionando da soldato, non ha mai capito. Lucilio ha pensato che gli sarebbe piaciuto discuterne con lui, esporre queste idee, sottolineare queste diversità, aiutarlo. La contraddizione però è sottile, estranea alla mentalità di un soldato. Si spiegano cosí gli errori che ha fatto, gli altri che certamente farà.

Claudia scorge Caio Lucilio intento a leggere le sue tavolette all'ombra del porticato. Le torna in mente che potrebbe chiedere a lui un parere sui sogni che l'hanno inquietata. Non vuole scendere troppo nei particolari, parlerà di sogni, in generale. È un uomo curioso Lucilio. Un giorno, parecchi anni prima, appena disceso da una nave, s'è presentato a Pilato mostrando le credenziali di geografo rilasciategli dal Senato. Lo hanno incaricato di sovrintendere ad alcuni rilievi sulla costa, a nord e a sud di Cesarea, di far eseguire misurazioni topografiche delle alture che circondano da tre lati Gerusalemme. Cosí ha cominciato. Lo si poteva vedere, poco dopo l'alba, avviarsi con due o tre muli carichi di strumenti, alcuni collaboratori, gli schiavi. In genere è vissuto appartato, controllando le mappe dei luoghi, di tanto in tanto aggiungendovi con grafia minuziosa le sue osservazioni, qualche disegno. Ha preso parte ai banchetti ufficiali mostrandosi un discreto conversatore anche in greco, appena appesantito da una certa inclinazione alla pedanteria: lunghe risposte, eccessivi dettagli, incurante della noia sempre piú evidente sul volto degli interlocutori. Claudia lo giudica un uomo tutto sommato affascinante; un tipico intellettuale romano, formalmente ossequiente però attento a lasciarsi margini di libertà; soprattutto sulla sua vita privata, a dispetto dei pettegolezzi che le ancelle le riferiscono. Il suo lavoro, però, da un po'

di tempo sembra essere cambiato. La partecipazione alle
spedizioni con i muli e gli attrezzi è andata diradandosi, i
geografi partono da soli, Lucilio si limita a vistare i risul-
tati. Lo si vede spesso confabulare con i sapienti gerosoli-
mitani, spesso dalle navi postali sbarcano libri e carte che
evidentemente aspettava.

Anche lui deve averla vista. Ha alzato gli occhi dalle
tavolette rimanendo un attimo immobile, come se fosse
ammirato dalla sua grazia: Claudia indossa una veste di
seta raffinata, i capelli intrecciati girano piú volte intorno
al capo come una corona, i piedi esili sono chiusi in calzature leggere che paiono d'oro.
Lei fa un cenno di saluto che sembra un invito.
– Che stavi leggendo con tanta intensità Lucilio?
– La lettera di un amico. Mi informa sulla condizione
del teatro a Roma.
– Buona?
– Tutt'altro. È successo che, nonostante le esortazioni
di Augusto a ridare vigore alle commedie, il teatro langue
e le commedie non divertono piú nessuno.
– Il teatro non obbedisce agli ordini, è questo che vuoi
dire?
– L'intento di Augusto era come sempre politico, vedeva nel teatro un mezzo per trasmettere velocemente messaggi a grandi masse. Ma al teatro il contatto col potere
non fa bene.
– È la famosa libertà degli artisti?
– Se vuoi, sí. Guarda l'*Eneide*. Dove può volare liberamente Virgilio è immenso; quando deve servire l'idea imperiale... è passato quanto, mezzo secolo? Ci sono versi
che sono già illeggibili.
Hanno cominciato a passeggiare attenti a non uscire
dall'ombra amichevole del porticato.
– Non ti nascondo di essere turbata, Lucilio.
– Dall'*Eneide*?

– Non ancora, da un sogno.

Lucilio s'arresta fissandola. Sembra incuriosito.

– Sono materia scivolosa i sogni, – aggiunge. – Vanno maneggiati con cautela.

Claudia espone per sommi capi il sogno che ha fatto, la scena di caccia che coinvolge Pilato. Intanto sono arrivati nel patio interno con il piccolo giardino ben curato, al centro li accoglie il chioccciolio rassicurante della fontana con la statuetta di Mercurio. Un folto cespuglio di mirto offre la sua ombra.

– Pilato come ha reagito?

– Lo ha definito una sciocchezza.

Lucilio scuote il capo, dissente.

– Sarei di parere diverso. I sogni possono anche essere sciocchezze ma non li si può liquidare in fretta. Un grande studioso li distingue tra sogni profetici e semplici proiezioni di angosce che il sonno lascia affiorare.

Si volge a guardare Claudia, coglie il suo sguardo smarrito.

– Non sto cominciando uno dei miei sermoni. Divento noioso solo con le persone insopportabili, lo faccio apposta.

Claudia sorride, dunque la pedanteria di Lucilio cosí temuta da tutti in realtà è solo un gioco di difesa.

– Ti racconterò alcuni sogni senza secondi fini, diciamo per curiosità. Un tale ha sognato di vedere il proprio volto riflesso nella luna; un altro d'imboccare il proprio membro con pane e formaggio come se fosse un animale, una donna ha sognato di avere un occhio nella mammella destra. Sono curiosi i sogni.

– E il mio da dove verrà? Sarà forse un suggerimento degli dèi?

– Su questo non farei troppo affidamento. Gli dèi, ammesso che davvero ci siano, hanno altro cui pensare. Considera che la nostra mente non esiste né prima della nascita né dopo la morte. È nel breve tratto della vita che devi trovare una spiegazione.

Senza rendersene conto Lucilio ha tagliato netto i dubbi sulla morte che l'avevano assillato pochi giorni prima. Quella frase è uscita per conto suo: niente prima della vita, niente dopo, ha scelto l'idea del *Koheleth*, è tornato ai maestri.

– Quello che dici vale anche per i sogni profetici? – chiede Claudia.

– Le profezie sono il tentativo di gettare un lampo di luce verso l'avvenire ricavandolo da ciò che è già accaduto. Piú o meno un gioco di prestigio.

– Non credi nemmeno alle sibille, agli oracoli?

– Diffido, Claudia, quando si esce dalle quattro cose che bene o male padroneggiamo, è cosí facile darla a bere.

– Non mi piace quello che dici. Tingi tutto di nero, non alzi mai gli occhi al cielo, fai tutto troppo semplice.

– Ma è semplice, Claudia.

– Le assurdità delle religioni non sono semplici, né lo sono le illusioni d'amore.

– Di quale amore parliamo?

Claudia lo guarda, si rende conto di colpo che la domanda fa scivolare il dialogo su un tema che non ha voglia d'affrontare.

– Ci sono aspetti della vita che la tua «semplicità» non riesce a contenere.

– Può darsi. Del resto gli dèi sono stati inventati proprio per dargli un po' di senso, io però non riesco a vederli.

– Nemmeno quando ti si presentano nel folle disordine di un sogno?

– Nei sogni immaginiamo di rivivere le situazioni che ci hanno impegnato durante il giorno; che ci danno piacere o, al contrario, ci preoccupano. Anche gli animali sognano; ho visto cavalli ansimare come se fossero impegnati in una gara, cani da caccia fiutare l'aria, guaire inseguendo da fermi prede immaginarie. Gli adolescenti sognano una coetanea e bagnano la veste notturna e il letto. Non mi chiedere da dove vengano i tuoi sogni e se preludano a un qualche evento. Tieni anche conto che viviamo in un paese che non ci fa bene.

– Hai ragione, gli abitanti sono ostili. Siamo a Gerusalemme ma in realtà viviamo chiusi tra queste mura, con la paura di uscire. Non vedo l'ora di tornare a Cesarea.

– Intendevo dire l'aria di questi posti, la temperatura, il senso della spiritualità. È tutto cosí lontano dalla nostra vita religiosa cosí solare, cosí ingenua, al confronto.

– Adesso devo rientrare. Che delusione, hai parlato molto ma sui miei sogni non mi hai detto praticamente niente.

– È una responsabilità che non so affrontare. Abbi cura di tuo marito, lo vedo titubante in una carica e in un momento che non ammettono incertezze.

Claudia gli stringe la spalla alzandosi, è quasi una carezza.

– Mio marito cose cosí non me le ha mai dette, Lucilio.

V

Un corteo disordinato percorre il sentiero sassoso che scende dal monte, disseminato di cipressi e di ulivi contorti, supera su uno stretto ponte il fiume Cedron, risale sul versante opposto fino alla città bassa di Gerusalemme. Qualche ragazzo s'è mescolato agli uomini, tutti sono preda della medesima agitazione. Alcuni roteano i bastoni, qualche lama balena nell'aria bruna che verso il fondo della vallata diventa ancora piú oscura. Alzando lo sguardo si possono distinguere gli ultimi riflessi del sole morente che lambiscono la sommità del Tempio traendo deboli bagliori dalle lastre d'oro che ne ricoprono il tetto; del corso d'acqua invece, già invaso dall'ombra, si ode solo lo scroscio sul fondo diseguale e pietroso del letto. Qualche grido si leva di tanto in tanto senza poter capire se esprima ostilità o serva da richiamo. Al centro delle prime file, stretto tra alcuni guardiani del Tempio, c'è un uomo dal viso affilato, una corta barba ne accentua il pallore. Gli hanno legato alla vita una grossa corda da mandriano, i due che lo affiancano ne stringono le estremità tirandole ora da un lato ora da quello opposto, sembrano pervasi da un certo orgoglio per l'importanza del compito, certi di esercitare un giusto dovere. Da sotto l'orlo della tunica, sporca di sangue, escono le gambe nude e magre dell'uomo che cerca di mantenere un'andatura dignitosa; lo ostacolano i sassi del sentiero che la costrizione della fune non sempre gli permette di scansare.

Per passare la strettoia del ponte si devono assottigliare le file, molti spingono per avere la precedenza, il vocio aumenta, uno delle ultime file, respinto brutalmente, scivola lungo la ripa gridando delle ingiurie, agitando il pugno. Ora l'uomo dal viso affilato è solo con i suoi due guardiani, guarda dritto davanti a sé la fiancata del colle che dovranno risalire, le case basse, i sentieri cosparsi di rifiuti, i ricoveri degli animali, il fumo che esce dai comignoli e sparge nell'aria l'odore dei cibi che cuociono per la cena della vigilia. Dalle porte socchiuse filtra un po' di luce, nell'aria senza vento gli odori ristagnano mescolandosi a quelli delle stalle e degli escrementi. Da qualche porta s'affaccia una donna con le mani e gli avambracci bianchi di farina; il passaggio del sinistro corteo l'ha sorpresa mentre sta preparando le *matzah*, focacce di farina tonde e piatte senza lievito che devono bastare per tutta la settimana a venire. Dice il Deuteronomio per la festa di Pesach: «Non mangerai con essa pane lievitato, per sette giorni mangerai gli azzimi, pane di afflizione perché sei uscito in fretta dal paese d'Egitto».

Chi si è fatto sugli usci fissa muto il prigioniero, i guardiani, il corteo vociante che segue; illuminati di taglio da fiaccole e lanterne i volti si deformano assumendo sembianze spettrali. Qualcuno, un vecchio, riconosce il prigioniero, lo indica alla moglie venuta sulla soglia mentre s'asciuga le mani.

Le chiede se non assomigli a quello che due giorni prima ha rovesciato i banchi dei cambiavalute nel cortile del Tempio. La donna non sa che rispondere, dice solo: – Non lo riconosco, è pallido come un morto.

Un cieco, portato per mano da un ragazzetto, urla al passaggio, la bocca indurita dalla collera, il volto contratto: – Profeta di sventure!

Seminascosto nell'angolo di una stalla c'è un uomo pio; s'è tirato sul capo un lembo del mantello, flette ritmicamente il busto mentre bisbiglia tra sé i versetti dell'Esodo dedicati a Pesach, la festa per la liberazione che si sta per celebrare: «Quel giorno sarà per voi un memoriale, e lo celebrerete come festa del Signore: nelle vostre generazioni lo festeggerete come prescrizione perenne».

Anche se l'uomo ha parlato a voce molto bassa, come tra sé e sé, il prigioniero sembra aver udito: per la prima volta da quando è stato catturato il suo sguardo rassegnato s'accende, volge gli occhi verso di lui, il volto si apre a un timido sorriso. Uno dei guardiani tira bruscamente la corda per richiamarlo facendolo cadere, l'uomo punta una mano a terra, prontamente si rialza. Il guardiano però non è soddisfatto. Ferma la marcia, estrae una pezzuola e gli benda stretto gli occhi, ha scambiato il sorriso per un segno di complicità. Poco prima, al momento dell'arresto, ha visto che i compagni dell'uomo sono fuggiti ma pensa che il suo dovere sia d'impedire ogni segno d'intesa con possibili sostenitori. C'è già stato un ferito, uno dei seguaci del prigioniero, prima di fuggire, ha staccato l'orecchio a un guardiano con un colpo di spada.

Davanti all'ulteriore castigo della benda sugli occhi, legata cosí stretta da solcare la pelle, un uomo si fa avanti, ferma il corteo, stringe il mento del prigioniero fissandolo attentamente. Bisbiglia: – Ma tu non sei quello che è entrato a Gerusalemme e noi abbiamo steso i mantelli al tuo passaggio e gridato «Osanna»?

Un guardiano vorrebbe allontanarlo, lo minaccia con il bastone.

– Va' via, libera la strada, imbecille, non vedi che abbiamo fretta?

– Aspetta, lascialo rispondere.

Il prigioniero però non parla. – Dimmi, eri tu?

– Se anche ti dicessi... – non può continuare, i guardiani lo strattonano, è bendato e non vede piú il sentiero, barcolla, l'intruso viene ricacciato, gli assestano due colpi di bastone mentre già s'allontana.

La salita si fa aspra, il vociare s'è placato, bisogna risparmiare il fiato, il buio è piú fitto, le torce servono a poco. Come se fosse passato un ordine silenzioso, gli usci delle case ora sono chiusi, non c'è piú nessuno che assista al passaggio del corteo, due cani si contendono ringhiando un brandello di carne pescato nelle immondizie. Dall'interno di un abituro arriva il lamento di una donna. Chiede: – Perché, perché? – Una voce virile le risponde: – Non ti mescolare, donna. La giustizia passa sopra le nostre teste.

Gli uomini delle prime file si fermano a un bivio, confabulano, incerti sulla via da prendere. Uno di loro che sembra il capo indica con autorevolezza la strada di sinistra che porta alla residenza del sommo sacerdote.

Si deve cercare di capire perché i compagni dell'uomo sono fuggiti. Chi sono quei compagni? Perché si fanno sorprendere addormentati e subito fuggono? Sono galilei di umile condizione: operai, pescatori, artigiani. Lui li ha incontrati mentre erano intenti al loro lavoro, li ha guardati, ha detto: «Venite con me». Di getto, senza riflettere, vinti dal suo fascino, hanno abbandonato ogni cosa e lo hanno seguito. Ai pescatori ha detto: «Vi farò diventare pescatori di uomini». Ha dato una grande speranza a quegli uomini, ha fatto balenare davanti ai loro occhi un cambiamento totale, superiore ai disagi ai quali sarebbero andati incontro, al dolore procurato alle loro famiglie, che hanno abbandonato di punto in bianco. Non è solo questione di affetti ma anche di sopravvivenza pratica, soldi che vengono a mancare, il sostegno di un uomo che d'improvviso non c'è piú, in casa restano le donne, i genitori anziani che non sanno come si potrà andare avanti. Uno di loro risponde all'invito: «Sí, ti seguo, ma fammi prima salutare quelli di casa». Risponde: «Nessuno che ha messo mano all'aratro e poi si volge indietro è adatto per il Regno di Dio». La frase è strana, misteriosa, nello stesso tempo lampante, e crudele: o con me subito senza esitazioni, o niente.

Un giorno che invita un giovane a seguirlo, quello ri-

sponde: «Signore, fammi seppellire prima mio padre».
Glielo chiede tremando, le mani giunte, suo padre è morto da poche ore, a casa le donne piangono attorno alla
salma. La risposta è di durezza disumana: «Lascia che i
morti seppelliscano i morti. Tu va' e annuncia il Regno
di Dio». L'uomo non ha il coraggio di farlo, l'amore fi-
liale e la Torah gli impediscono di abbandonare il corpo
insepolto di un padre. La folla si allontana, l'uomo resta
in lacrime sul ciglio della strada, vorrebbe seguirli ma
non può. Occhi attenti hanno assistito alla scena. Quando un agitatore di anime riesce a raccogliere un così gran
numero di persone l'impero sente la minaccia, le spie cominciano il loro lavoro.

Joshua Ha-Nozri – è di lui che si parla, è lui il prigioniero che scende bendato il monte degli Ulivi – spacca le
famiglie, separa i figli dalle madri, i mariti dalle spose. C'è
una missione da compiere, nessuna attività umana, nessun
legame, nessun amore è più importante. Bisognerà tornare
su questa visione globale della missione da compiere, sarà lui
stesso a chiarirne il senso, l'urgenza, nel corso di un drammatico colloquio notturno che siamo in grado di riferire.
Nei mosaici bizantini questi discepoli, strappati a umili
lavori e alle famiglie, sono raffigurati come principi romani, rivestiti di abiti sontuosi e di gioielli. Il realismo crudo
di Caravaggio (*La morte della Vergine*, 1604) li ritrae invece vecchi, coperti di poveri abiti sudici, quasi cenci. Quel
quadro fece scandalo, ma aveva ragione Caravaggio. Così
dovevano essere nella loro vita raminga, sorretti solo dal
fascino dell'uomo che li guidava, dalla speranza dell'avvento di un mondo nuovo, Regno di Giustizia.
Qualcuno che conosceva le origini di quel *rabbi*, che
aveva visto i genitori e la casa, diceva sottovoce, puntan-
dosi un dito alla tempia, che quel figlio era diventato pazzo. Sua madre gli correva dietro per riportarlo a casa. Un
giorno che parlava in una sala, al centro di una grande fol-

la di persone, certi amici di famiglia si fanno largo fino a
lui e lo avvertono: «Guarda che fuori ci sono tua madre e
i tuoi fratelli che ti cercano».

Lui gira lo sguardo sulla folla che gremisce la stanza
rendendo l'aria irrespirabile e annuncia: «Siete voi mia
madre e i miei fratelli. Chiunque fa la volontà del padre
mio che è nei cieli, egli è per me fratello, sorella e madre».

In termini di spoglia umanità viene da dire che nessuna
fede giustifica una simile durezza. Ma l'umanità ha limiti
che talvolta devono essere superati, anche se superarli può
comportare notevoli rischi.

Il primo è che una speranza di tali dimensioni, quando venga delusa, si trasformi nel suo opposto, una cocente delusione, una sfiducia totale, la tentazione di lasciar
perdere. Ha promesso grandi cose a uomini che gli hanno
affidato la loro vita. Non hanno avuto niente, vedono accendersi e poi allontanarsi speranze simili alle loro, cam-
minano raminghi, mangiano quando possono, attraversano
i villaggi dormendo dove capita, di tanto in tanto il rabbi
impone le mani e chi era ammalato sente di essere guarito. Loro però si aspettano altro per un cambiamento cosí
faticoso della loro vita. Pensano alle famiglie lontane, a
Israele che langue sotto un odioso dominio pagano, al Regno che non arriva, ai rischi che corrono. Giovanni, quello che battezzava con acqua, è stato giustiziato, ha avuto
la testa mozzata, brutto segnale. Hanno paura. Per questo
sono fuggiti quando hanno visto arrivare quelli con spade
e bastoni per portare via il rabbi.

Un giorno che insegna nella sinagoga di Cafarnao si
lascia andare a frasi che a molti sembrano folli, suicide.
Dice che bisogna mangiare la sua carne e bere il suo sangue per avere la vita eterna. Quando odono quelle parole si guardano smarriti, bisbigliano tra loro, si chiedono
che cosa mai stia dicendo. Qualcuno dice che è uscito di
senno, che i suoi compaesani lo chiamano il pazzo. Joshua

legge sui loro volti lo sgomento, sa da dove viene, li ammonisce e li rimprovera. Da allora però, riferisce Giovanni (6, 66), «molti dei suoi discepoli si tirarono indietro e non andavano piú con lui». Solo un'enorme fede o un estremo bisogno tollerano simili eccessi. Ma tutto ha un limite; nella notte decisiva, quando sono arrivati per arrestarlo, quelli che s'erano addormentati sfiniti dalla stanchezza e dall'angoscia si sono risvegliati di colpo, hanno capito che l'avventura è finita e con essa la speranza. Si sono riscossi dal sonno e sono fuggiti a perdifiato, correndo giú per le balze sassose del monte, in preda al terrore.

Testimonianza di Caifa, sommo sacerdote.

Nella mia qualità di sommo sacerdote del Tempio di Gerusalemme, genero del vecchio sommo sacerdote Anna, intendo riferire come si sono svolti i fatti quella notte; la piú penosa vigilia di Pesach mai affrontata, non solo da me ma dall'intero Sinedrio, dal popolo e dalla terra d'Israele.

Avevo dato ordine che il profeta Joshua figlio di Joseph, nato a Nazareth in Galilea, dopo i gravi disordini provocati al Tempio il giorno precedente, venisse portato al cospetto mio e del Sinedrio. L'amore per il Santo Benedetto non consente a nessuno di superare certi limiti. Joshua aveva rovesciato i banchi dei cambiavalute, fatto fuggire gli animali per i sacrifici, messo a soqquadro il cortile spaventando i numerosi pellegrini arrivati da ogni parte nella città santa per la festività. Gesti privi di ragione. Senza cambiavalute e senza animali per i sacrifici il Tempio non può funzionare, i fedeli giustamente direbbero che si è violata la Legge. Gesti inutili: scacciare i mercanti oggi significa vederli tornare domani perché cosí la Legge impone.

Avevo ordinato dunque che venisse portato al mio

cospetto. Contavo di poterlo ridurre alla ragione mostrandogli l'insensatezza di quanto aveva fatto. Purtroppo il mio ordine si è potuto eseguire solo al tramonto e non nelle ore del mattino come speravo. Il profeta s'è attardato con i suoi seguaci, poi ha consumato con loro una cena comune. Non volevo suscitare scandalo con quella convocazione, volevo anzi che l'ordine fosse eseguito con la discrezione massima. Solo nel tardo pomeriggio, quando il sole già inclinava verso le lontane acque del mare, il profeta s'è finalmente diretto in una località isolata, un orto detto Getsemani, seguito da un ristretto gruppo di persone. Il responsabile della polizia del Tempio m'informò subito che queste condizioni consentivano finalmente di eseguire la convocazione. Lo pregai di trattare il prigioniero con ogni cautela evitando eccessi o maltrattamenti. Il suo organismo era robusto, dava anzi prova di una grande energia quale solo una profonda fede nel Signore può spiegare; i ripetuti digiuni però e le faticose peregrinazioni attraverso il paese lo avevano ridotto a una spaventosa magrezza per cui si poteva escludere ogni pericolo di violenze.

Invece ci furono. Uno dei suoi seguaci, prima di fuggire, recise con un colpo di spada l'orecchio di uno dei miei uomini. Questo attacco creò ovviamente ulteriori tensioni in giornate già di per sé molto agitate che innervosiscono chi deve garantire ordine e sicurezza. Quando il prigioniero arrivò al mio cospetto vidi che aveva la tunica sporca di sangue. C'erano stati maltrattamenti? Il capo della squadra mi rassicurò, quel sangue non era il suo, era schizzato macchiandogli la veste durante i confusi scontri con i seguaci.

Era intanto scesa la notte. Nonostante la convocazione fosse stata fatta in gran fretta, nell'aula del consesso erano arrivati molti sinedriti e anche mio suocero Anna, che ha ricoperto a lungo la mia stessa carica. Non feci controllare il numero, non c'era il *plenum* ma di sicuro era presente la grande maggioranza dei settantuno membri. Ci eravamo riuniti in condizioni di urgenza dato lo stato di necessità dettato dalle circostanze.

La mia prima preoccupazione fu che si evitassero divisioni per correnti soprattutto tra sadducei e farisei, considerate le numerose diversità di opinione tra i due gruppi. Dovevamo valutare liberamente il caso ma restando uniti davanti al procuratore di Roma, rappresentante di una potenza straniera, un pagano estraneo ai nostri costumi e alla nostra santa religione.

Sapevamo che il profeta sarebbe dovuto comparire anche davanti al procuratore di Roma, per questo volevamo capirne le intenzioni, condurre una specie di inchiesta preliminare e in fin dei conti metterlo in guardia. Dovevamo accertare ciò che egli aveva fatto e detto al Tempio, con quale scopo percorresse i villaggi imponendo le mani e predicando cose che la Legge non prevede e anzi condanna. Volevo chiedergli, io personalmente, fino a che punto avrebbe portato queste provocazioni dottrinali. Questi aspetti del suo comportamento interessavano noi, certo non il procuratore, ma il procuratore avrebbe comunque potuto toccarli, se vi avesse ravvisato un riflesso in qualche modo politico.

S'è detto che abbiamo agito con precipitazione eccessiva, alla vigilia di un giorno festivo, in ore notturne. Non si tiene conto che Pilato era salito a Gerusalemme dalla sua abituale residenza di Cesarea, per controllare di persona la situazione nei giorni di festa; che presto, forse addirittura la mattina seguente, sarebbe ripartito e che tutto sarebbe diventato piú difficile e ancora piú pericoloso. Non eravamo certo in condizione di dettare al prefetto i tempi dei suoi spostamenti. Il mio dovere era difendere la potestà del Sinedrio. Questa e solo questa era la mia, la nostra, intenzione. Ne reclamo la congruità e l'innocenza.

Se i Romani avessero sospettato una nostra debolezza nei confronti dell'autore di cosí gravi disordini ne avrebbero approfittato per limitare ulteriormente la nostra residua autorità imponendo la loro legge; il tallone di ferro sotto il quale tenevano la nostra nazione sarebbe diventato ancora piú pesante.

Somma sciagura! Con quali forze, se questo fosse avvenuto, avrei potuto difendere il mio popolo dalla loro arroganza? Ecco perché a un certo punto gridai: «È meglio che un solo uomo muoia, piuttosto che tutto un popolo». Non è saggezza questa? Non è il compito di ogni uomo responsabile della vita di altri? Chi avrebbe il coraggio di contraddire un tale principio?

Ma devo prima raccontare alla fine di quale tormentoso percorso arrivai a quel grido.

VI

Il piccolo porto fenicio, detto Torre di Stratone per via dell'alta torre in cima alla quale il fuoco notturno orienta i naviganti, è diventato, per volontà di Erode il Grande, un grandioso scalo, il migliore della costa mediorientale, degno del nome col quale il sovrano vuole intitolarlo: Cesarea. Nell'anno 728 dalla fondazione dell'Urbe (25 a.C.) Ottaviano Augusto è al culmine del suo potere. Sei anni prima, ad Azio, ha sconfitto le flotte riunite di Antonio e di Cleopatra, regina d'Egitto. A nemmeno quarant'anni celebra il trionfo, chiude il Tempio di Giano ponendo termine alle guerre civili. Avrà il titolo di *imperator*, relegando nel passato la storia repubblicana, poco dopo prenderà anche quello di *Pater Patriae*. Nessuno prima di lui ha mai avuto di piú. Che un reuccio orientale gli intitoli una città e un porto per garantirsene il favore è, visto da Roma, un gesto che strappa un sorriso di compatimento.

Ci vogliono poco meno di dieci anni per completare i lavori. Opere grandiose: il grande molo protegge le navi all'ormeggio, un doppio acquedotto capta le sorgenti del monte Carmelo e rifornisce in abbondanza ippodromo e teatro, palazzi e fontane. Alla morte di Erode, Cesarea diventa capitale della Giudea, residenza dei procuratori romani, una città di costumi liberi, come sempre quelle di mare, di molteplici mescolanze: il porto affollato di imbarcazioni, le taverne invase dai marinai. Nelle stradine ristagnano gli odori forti delle spezie e dei pesci, la pece delle gomene e gli aromi dei cibi, abiti sudici e umanità accaldata; fin dalle prime luci sono gremite di Romani, Greci, Persiani, Assiri, neri dell'Africa, Babilonesi che si mescolano agli animali da soma, asini e cammelli. I loro escrementi sono rapidamente polverizzati dall'incessante scalpiccio. Una città frenetica che solo nelle ore centrali della giornata sembra rallentare quando, illanguidita dalla calura, pare rinchiudersi all'interno delle case e delle taverne, nell'oscurità del suk coperto dove i venditori di datteri, olive e fichi sonnecchiano davanti alle loro merci.

I lupanari sono numerosi ma le prostitute si offrono, seminude e a ogni ora, anche all'aperto: nelle strade e sul molo, sotto le arcate dell'acquedotto, negli ambulacri delle terme. I barbieri radono i clienti in mezzo alla strada, i cambiavalute fanno risuonare su una tavoletta le varie monete traendone un incessante allegro crepitio, i mendicanti mostrano piaghe e mutilazioni per impietosire i passanti, davanti a una taverna una cieca canta accompagnata dalle note aspre di un flauto suonato da una giovinetta. Né di giorno né di notte la città sembra avere tregua.

A Gerusalemme, i fedeli osservanti piangono su Cesarea, pregano perché la città del peccato sia incenerita dall'Onnipotente.

Nikephoros si fa largo nella folla, però con prudenza, attento che un qualche urto troppo brusco non gli strappi di dosso il mantello nel quale s'è avvolto. Non desidera essere riconosciuto, non per sé ma per la carica delicata che ricopre. La sua posizione eminente, dalla quale ricava privilegi, nella circostanza diventa un impaccio. È diretto alla casa dove si concede Fillide, famosa per assecondare ogni capriccio, cosí bella che può scegliere invece d'essere scelta, cosí ricca che dispone di un locale tutto per sé nel quale non deve mescolare il suo corpo a quello di altre cortigiane, quelle che si contendono i clienti gareggiando in oscenità. Da Fillide si fa anticamera prima di essere introdotti da una guardiana che sa chi deve far passare, chi

respingere. Un eunuco colossale venuto dall'Alto Nilo ga-
rantisce che l'ordine sia rispettato; dicono che possa pie-
gare una moneta con la forza delle dita.

Fillide dice d'avere vent'anni e forse non s'allontana
troppo dalla verità; è nata in Macedonia ma ha trascorso a Roma gli anni della prima giovinezza; il suo latino è
raffinato, un leggero accento lo arricchisce di un'eco eso-
tica. Anche questo si paga, Fillide costa cara. Nel minu-
scolo giardino che si apre sul retro della casa fa crescere
un mandorlo, lo mostra solo a chi sa apprezzare il vecchio
mito della figlia di Sitone, re di Tracia, che aveva il suo
stesso nome. Nikephoros entra e può finalmente liberarsi
del mantello. La guardiana lo prende, tende la mano fa-
cendogli cenno d'attendere. L'uomo guarda il pallido cielo
senza stelle, anche l'attesa fa parte del rito.

La vecchia torna, prende il denaro per la sua padrona
e lo invita finalmente a entrare, è possibile che un'ombra
furtiva sia appena sgusciata via.

La stanza è immersa nella semioscurità, dei tizzoni ardo-
no in un braciere esalando un profumo intenso, quasi nau-
seante. Quando Nikephoros si è sbarazzato degli abiti quel
profumo lo ha già stordito, barcollando s'appoggia a una
parete. Fillide appare, una sottile riga rossa le solca il pube
rasato, sparisce tra le gambe. Ama mostrarsi con la nudi-
tà di una statua, i seni pesanti dondolano nel movimento.

La ragazza prende una cetra e intona con soffice voce
dei versi: – Che vuoi? Dillo. Se occorre venderò gli ultimi
gioielli affinché una schiava premurosa colga ogni desiderio
dei tuoi occhi, ogni lascivia delle tue labbra –. È bello che
lo dica anche se non è vero. Trae un ultimo accordo, tace.

Nikephoros s'inginocchia e china il capo, lei sa come
muoversi, siede a cavalcioni su di lui e gli preme il duro
manico d'uno scudiscio sul collo, d'improvviso lo colpisce
con violenza; l'uomo geme e si prostra, i colpi si abbat-
tono con ritmo diseguale. Ora sul collo ora sulle natiche,
alcuni leggeri e veloci che striano appena di rosso la pelle,

altri pesanti, dolorosi, che aprono un solco. Fillide lo incita, gli percuote i fianchi con i talloni, aggrappata ai suoi capelli in un assurdo galoppo immobile. Il corpo di Nikephoros ora disteso sul pavimento è scosso dai sussulti, un rantolo strozzato gli sale alla gola, cerca di soffocarlo mordendosi la mano stretta a pugno. Lo assale il mal caduco, si rotola sul pavimento, schiumando, getta delle urla basse, come rantoli.

Fillide batte due volte le mani, entra il colossale nubiano, lo afferra saldamente fermandolo supino al suolo, lo percuote sul volto a mano aperta, colpi sonori. Attende che i sussulti si plachino prima d'allentare la presa ferrea su di lui. Nikephoros resta immobile, ansimante, col cuore che gli batte nelle tempie. Nessuno saprebbe dire quanto tempo è passato, nemmeno Fillide è rimasta indifferente al supplizio di cui è stata protagonista e spettatrice.

La donna si sdraia sul letto, ha caldo, l'esercizio l'ha stancata, ansima leggermente. Chiama la vecchia perché asciughi e pulisca. Nikephoros siede, la vecchia gli ha portato un panno tiepido col quale terge il sudore dal volto e dal petto, si netta il ventre.

– Vuoi possedermi, vuoi baciare la mia bocca? – gli chiede.

L'uomo non risponde.

Fillide ride, la diverte umiliare un potente che viene da lei per essere cosí duramente punito. Apre le gambe provocandolo, gli indica il luogo segreto dove la linea rossa affonda nella carne; poi di colpo si alza, gli si avvicina e prende a coccolarlo come un bambino avvicinandogli i capezzoli alla bocca.

– Vuoi bere? – chiede, – vuoi bere? – Accarezza i capelli madidi, bacia la sua fronte, si mostra intenerita, materna.

– Se vuoi possiamo galoppare ancora.

Nikephoros non reagisce, sembra esausto, allora lo costringe ad alzarsi, lo trascina sul letto, si stende su di lui, gli accarezza il sesso sussurrandogli: – Sento dire che Pilato vorrebbe attingere ancora una volta al tesoro del Tempio. Ne sai qualcosa?

Testimonianza di Caifa, sommo sacerdote (segue).

L'interrogatorio del profeta fu causa di enorme pena. Sgombero subito il campo da un'obiezione rituale. S'è detto che quella notte venne applicato il diritto secondo quanto prevedono i sadducei, corrente alla quale io stesso appartengo. Noi ci ritenevamo vincolati esclusivamente dai precetti della Torah scritta. I farisei, al contrario, attribuivano autorità divina anche alla Torah tramandata oralmente. La legge scritta impone che per un delitto capitale la colpa dev'essere suffragata da due o tre testimoni. Cosí infatti stabilisce Deuteronomio 19, 15: «Non si leverà un testimonio solo contro un uomo per una qualsiasi colpa o peccato; qualsiasi peccato uno abbia commesso, il fatto sarà stabilito sulla parola di due o di tre testimoni».

Alcuni testimoni vennero uditi quella notte ma risultarono inattendibili e furono respinti, questo esclude che si potesse provare l'eventuale colpa di quel profeta in base alla procedura dei sadducei. La verità è opposta. Del Gran Consiglio dei settantuno facevano parte sia sadducei sia farisei, ma la procedura adottata fu proprio quella dei farisei per la buona ragione che, altrimenti, essi non avrebbero partecipato e anche perché il popolo non avrebbe tollerato un comportamento diverso.

Ma c'è una questione preliminare che va considerata. Al momento della convocazione non si contestò un delitto al profeta Joshua. Al contrario, aprimmo la seduta cercando dei testimoni per esaminare insieme la possibilità che un qualche delitto fosse stato commesso.

Sapevamo che il giorno successivo il profeta sarebbe dovuto comparire di fronte al prefetto romano per essere giudicato sulla base della loro legge. A noi interessava chiarire altri aspetti, un possibile delitto punibile secondo la legge ebraica. Volevamo sgomberare il campo da questa eventualità proprio per alleggerire la sua posizione.

Quando lo interrogammo e parlammo con lui, nessuno contestò alcunché che avesse a che fare con il diritto dei Romani. La domanda diretta, brutale, su quel piano gliela pose Pilato, non noi.

Ci occupammo invece di ciò che aveva fatto e detto al Tempio, il nostro scopo era uno solo: impedire che i Romani mandassero sull'atroce patibolo della croce un ebreo, in particolare quell'ebreo cosí amato dal popolo. La seduta di quella notte ebbe lo scopo di tentare *in extremis* di salvarlo.

Perché salvarlo? Joshua era uno dei tanti nostri figli diventati precoci maestri di dottrina, nutriti di sogni messianici, certi dell'imminente fine del mondo. La nostra missione era importante oltre che per motivi umanitari, per concreto realismo nei rapporti con i pagani. Non dimenticate il mio grido! Noi dovevamo mantenere il favore e la fiducia del popolo, dovevamo impedire che il profeta venisse crocifisso, per questo lo interrogammo.

Al momento del suo ingresso a Gerusalemme, la folla lo aveva accolto con grida di giubilo eccessive. S'era gridato: «Benedetto colui che viene nel nome del Signore, il re d'Israele». Alcuni farisei s'erano avvicinati a lui esortandolo a calmare un entusiasmo che stava diventando pericoloso. Re d'Israele, sotto gli occhi delle spie romane disseminate ovunque, il comportamento della folla può facilmente diventare irresponsabile. Da quella dimostrazione di entusiasmo per un profeta venuto dal popolo avevamo capito che il giovane rabbi meritava il nostro sostegno, la nostra protezione: nonostante la sua imprudenza e i suoi eccessi non potevamo contrastare un cosí forte sentimento popolare. Per questo lo feci condurre alla presenza del Gran Consiglio: volevo metterlo in guardia. Respingo con tutta la mia forza che saremmo stati proprio noi a consegnare il profeta ai Romani. Un tale gesto, oltre che disumano, sarebbe stato un errore, avremmo ammesso la nostra incapacità di mantenere la legge e l'ordine tra gli Ebrei. Avremmo avuto tutti contro: il nostro popolo e i Romani.

Noi invece dovevamo convincere Gesú a collaborare con noi, distoglierlo dall'intenzione di rispondere con arroganza al prefetto romano condannandosi per cosí dire con le sue stesse parole. Volevamo che capisse che le sue aspirazioni religiose e messianiche contrastavano con la politica generale d'Israele e del Sinedrio in quei drammatici frangenti. Io personalmente volevo indurlo, quando si fosse trovato alla presenza del prefetto romano, a garantire a quel barbaro che avrebbe mantenuto una buona condotta – a costo di mettere da parte, temporaneamente, qualcuno dei suoi principî.

Per tutto il tempo in cui i testimoni deposero contro di lui il profeta restò silenzioso: taceva e non rispondeva alle domande.

Io in persona a un certo punto l'ho interrogato sui suoi discepoli e sulla sua dottrina. Mi ha risposto: «Ho parlato apertamente al mondo. Ho sempre insegnato nella sinagoga e nel Tempio dove si radunano tutti i Giudei, non ho mai detto nulla di nascosto. Perché dunque mi chiedi? Interroga coloro che hanno ascoltato, chiedigli che cosa ho detto. Tutti conoscono le mie parole».

A questo punto si è verificato l'incidente piú odioso della seduta. Una delle guardie s'è avvicinata al prigioniero e lo ha colpito al volto. A quel gesto inconsulto Gesú ha risposto dicendo: «Se ho parlato male dimostra dov'è il male. Se ho parlato bene perché mi percuoti?»

Gli chiesi: «Se sei tu l'unto del Signore, il Cristo, diccelo». Rispose: «Anche se ve lo dico non mi crederete, se vi interrogo non mi risponderete. Ma da questo momento starà il Figlio dell'uomo seduto alla destra della potenza di Dio».

In quel momento capii che era perduto, nulla lo avrebbe fatto recedere dalle sue posizioni, non i nostri ammonimenti, non il timore del supplizio. In un moto di scoramento e d'ira mi sono stracciato le vesti. Ho gridato con disperazione: «Avete sentito come bestemmia?» Già immaginando dove avrebbe potuto condurlo una tale ostinazione se l'avesse ostentata anche davanti al procuratore di Roma. Non fu la bestemmia a portarmi a quel gesto ma il fallimento dei miei sforzi per preservare quell'uomo dal destino che con le sue mani si stava preparando.

Avevo ordinato alla polizia del Tempio di prenderlo sotto la propria custodia, convocato il Consiglio in piena notte, dedicato un lungo tempo a sforzi che si rivelavano inutili. Io mi stracciai le vesti, quel poliziotto vinto dagli stessi impulsi lo colpí con uno schiaffo. È stato punito per quel gesto ma io posso capire quali sentimenti lo agitavano, non è facile rimanere padroni di sé in simili frangenti.

La stessa cosa si può dire del grido che si levò da molti dei partecipanti: «È reo di morte!» Non era una condanna, tanto meno un'esortazione. Era una constatazione. Intendevano dire che, agendo in quel modo, si condannava da sé a morte. Le parole che aveva detto suggellavano il suo destino, nessuna salvezza sembrava piú possibile.

La sola prova che posso dare a sostegno di ciò che affermo è la nostra lealtà: quando il profeta venne portato davanti al prefetto romano, nessuno di noi, ripeto nessuno, rivelò a quel pagano i fatti accaduti durante la notte.

Fin qui l'autodifesa di Caifa. Abile, indubbiamente. Illumina di luce diversa situazioni e momenti di dialogo, riuscendo spesso a rovesciarne il senso. Per secoli quelle frasi sono state lette come una condanna preventiva emessa dal Sinedrio prima ancora che Gesú comparisse, poco dopo l'alba, davanti a Ponzio Pilato.

Caifa le capovolge facendole diventare una precauzione presa nei confronti del profeta, diventato sospetto agli occhi delle autorità romane. Il sommo sacerdote è parte interessata, sente ovviamente il peso della riprovazione che da molte parti è stata avanzata nei confronti del Sinedrio e suoi in particolare. Ciò che dice va quindi preso con cautela e sottoposto, nei limiti del possibile, a verifica.

Non è facile. I testi che riportano quelle frasi sono stati piú volte manipolati; per di piú già in origine sono stati scritti con l'evidente scopo di alleggerire il piú possibile le responsabilità di Pilato e dei Romani, addossando il peso (l'onta) della condanna alle autorità giudaiche.

Quei testi, i vangeli, sono stati scritti negli anni Settanta, dopo la distruzione del Tempio, lo scempio dei sacri arredi, il furto della Menorah, quando i Romani sembrano confermarsi vincitori assoluti. Nei fatti non è cosí, ci saranno altri focolai di ribellione in Israele, ma ci vorrà piú di mezzo secolo perché divampino; un'altra guerra condotta da un altro generale. Non piú Tito ma Adriano. Per Israele sarà la catastrofe. Di Gerusalemme non resterà pietra su pietra, il suo stesso nome sarà cancellato per volontà di Adriano. Non piú Gerusalemme ma Aelia Capitolina.

C'è tempo perché tutto questo avvenga. Se restiamo al 70 e ai testi di cui parliamo, è evidente che gli estensori dei vangeli hanno tutto l'interesse ad accaparrarsi la benevolenza dei vincitori.

Dal suo punto di vista Caifa non ha tutti i torti a volersi difendere.

Tuttavia nella sua arringa c'è piú di una contraddizione. Ci sono fatti che non collimano; non con i testi, che possono essere stati alterati, ma con la verosimiglianza.

C'è modo di accertare meglio come sono andate le cose? Se rinunciamo a quel tanto di metodo storico che i testi ci consentono e poniamo mente alle parole di Cicerone citate all'inizio, «animo et cogitatione fingere», ovvero «raffigurarsi nella mente e nel pensiero», un modo – anche se con notevoli limiti – c'è.

VII

Testimonianza di Nicodemo, fariseo.

Mi chiamo Nicodemo, fariseo. Non nascondo le difficoltà che ha avuto Caifa nel presiedere un'assemblea cosí complessa. Ma non nascondo nemmeno che egli non ha detto l'intera verità. Potrei dire che l'ha adattata alle drammatiche circostanze di quella notte. Il Sinedrio è l'organo che rappresenta il nostro primato religioso, supremo amministratore di giustizia, in una parola incarna l'orgoglio nazionale ebraico. Presiederlo in quei giorni non era facile. Attorno al Tempio di cui il sommo sacerdote è il capo supremo si muoveva la vita di un popolo.

I Romani ne erano consapevoli, infatti – per garantirsene la fedeltà – si erano arrogati il diritto di nominare o di rimuovere dalla carica i sommi sacerdoti. Tenendogli sospesa sul capo la minaccia di una possibile rimozione si assicuravano tra l'altro una possibile fonte di lucro.

Caifa era stato scelto dal predecessore di Pilato, il prefetto Valerio Grato, nel 18. Pilato lo mantenne nel posto. Perché lo riteneva obbediente? Perché Caifa segretamente lo compensava? Perché suo suocero Anna aveva garantito per lui? Semplicemente per pigrizia? Non conosco la risposta. Posso addirittura pensare che sospetti del genere sporchino senza motivo la figura di Caifa. In un paese occupato brutalmente qual era la Giudea in quegli anni, gli animi si scaldano facilmente, i sospetti con altrettanta facilità corrono. So però, per certo, che Caifa conosceva bene la precarietà della sua posizione; serviva a poco essere nominati dai Romani se il popolo non ti riteneva degno dell'incarico. Sapeva che molti lo consideravano con sospetto, pronto cioè a collaborare con gli occupanti, un traditore; per un altro verso sapeva però di essere un punto di passaggio obbligato per il contatto con i Romani. Uno stretto sentiero ai due lati del quale s'aprivano incognite piene di pericoli.

Incombeva su di lui anche una seconda ragione d'insicurezza. Il titolare della piú alta carica religiosa e giurisdizionale era scelto per antica tradizione tra le piú nobili famiglie dei sadducei, una corrente spirituale che costituiva una specie di aristocrazia, per nascita o per denaro. Come accade in ogni paese occupato, i ricchi sono i primi a essere sospettati di connivenza con il nemico. Noi farisei invece ci sentivamo ed eravamo considerati piú vicini al popolo; la nostra aristocrazia, se posso chiamarla cosí, si fondava non sul denaro ma sulla conoscenza delle Scritture, eravamo intellettuali uniti da un amore cosí forte per la cultura da chiamarci tra di noi *chaverím*, cioè compagni. Da questo punto di vista potevamo davvero essere visti come *perushím*, separati.

Uno degli iniziatori della nostra dottrina era stato sotto il regno di Erode il Grande il pio maestro Hillel, rabbi sapientissimo, di venerata memoria. Conoscevamo bene i precetti della Legge ma eravamo anche tolleranti nella loro applicazione, umanizzandoli. Questo ci faceva amare dal popolo che amava anche il profeta Joshua, venuto anch'egli dal popolo, vicino non solo ai poveri ma anche ai peccatori. E alle peccatrici.

Sbaglia chi rappresenta noi farisei come ottusi osservanti ciechi a ogni umana esigenza. Quando si pose il problema se la Legge consentisse di fare il bene di sabato che cosa rispose Joshua? Rispose che salvare una vita vale piú del precetto che impone il riposo assoluto in quel giorno. Salvò e guarí e nessuno osò criticarlo perché il sabato è fatto per l'uomo, non l'uomo per il sabato.

Mi sono allontanato dal cuore dell'argomento. Volevo solo far capire quanto difficile fosse la situazione del sommo sacerdote per tentare di spiegare le ragioni del suo comportamento.

La seduta fu drammatica già prima che si arrivasse a chiuderla. Non avevo mai visto il Sinedrio in un tale stato di nervosismo: capannelli, voci alterate, volti contratti. Quando entrammo nell'aula, non ero nemmeno sicuro che mi avrebbero consentito di parlare, date le mie posizioni a difesa del profeta già manifestate nei giorni precedenti, ancora prima che si verificassero i gravi incidenti del Tempio. Come ho detto, noi farisei godevamo di vasta popolarità ma i sadducei, alleati e rivali nella maggioranza, avevano il controllo politico del Sinedrio e, quel che piú conta, controllavano il tesoro del Tempio nonché la maggior parte dei banchi dei cambiavalute e dei venditori di animali per i sacrifici. Sono elementi ai quali si pensa di rado che invece bisogna conoscere per capire che cosa accadde.

Prima di arrivare a questo devo però riferire un antefatto scusandomi per la digressione. Ho incontrato segretamente il rabbi Joshua dopo averlo visto in piazza in mezzo a una grande folla che lo acclamava. Mi condussero in una casa quando stava già annottando, la luce all'interno era fioca ma lo riconobbi ugualmente. Mi salutò con un sorriso che mi colpí profondamente. Dopo che ci fummo scambiati alcune frasi, ebbi l'ardire di chiedergli quale fosse la sua missione, se credeva davvero che fosse imminente l'arrivo del Regno che i Giudei aspettavano tra cento patimenti e con tanta ansia. Il rabbi dette una risposta che non capii. Disse: «Se uno non nasce nuovamente, non può vedere il Regno di Dio». Gli chiesi allora: «Come può un uomo nascere quando è vecchio? Può forse entrare di nuovo nell'utero di sua madre?» E il rabbi: «Se uno non nasce da acqua e da Spirito, non può entrare nel Regno di Dio. Quel che è nato dalla carne è carne e quel che è nato dallo Spirito è Spirito. Il vento soffia dove vuole e ne senti la voce, ma non sai di dove viene né dove va: cosí è di chiunque sia nato dallo Spirito».

Parole misteriose, sussurrate con una voce che si faceva sempre piú bassa. Lí per lí pensai che fosse un espediente per aggirare l'aspetto politico sul quale lo avevo con troppa brutalità interpellato. Poi ho riflettuto meglio e ho capito che lui non vedeva altro che l'amore di Dio; con quelle sue parole mi aveva reso partecipe della sua concezione del mondo, dello spirito del mondo, il suo Regno non era fatto di politica e di eserciti, di confini e di tasse. Lui parlava alle anime, non agli uomini in carne e ossa.

Anche se il senso del messaggio non mi era stato del tutto chiaro, ero certo di aver incontrato una grande anima; gli abitanti delle Indie hanno una parola per esprimere questo concetto: *mahatma*. Quella notte, dall'incontro, uscii trasformato.

Al Sinedrio avrei parlato in sua difesa a costo di trovarmi in minoranza all'interno stesso del mio gruppo.

Dovetti chiedere la parola con insistenza prima che si decidessero a darmela. Appena aprii bocca cominciarono a gridare, a insultarmi, ad agitare le braccia e i pugni; mi chiedevano quanto avessi preso per vendermi alla plebe, se venivo anch'io dalla Galilea come l'altro. Dicevano ridendo che Nicodemo significa «vincitore tra il popolo», se per caso volevo fondare anch'io un nuovo partito. C'erano altri farisei che condividevano le mie posizioni. Per esempio Giuseppe, un agiato signore di Arimatea; in seguito dimostrò con azioni concrete di condividere ciò che stavo dicendo. Quella sera però, spaventato dal tumulto, non osò prendere la parola. Anche un altro fariseo, Gamaliele, era chiaramente d'accordo con me. Nemmeno lui aprí bocca ma di lui dirò meglio in seguito.

Non è facile parlare davanti a un'assemblea in subbuglio che grida parole ostili, io cercavo di sopraffare il coro di ingiurie, di mantenere la calma. Quando però uno mi gridò se intendevo fare come gli zeloti e prendere le armi contro i Romani, ho perso il controllo di me stesso. Ho cominciato anch'io a gridare. Sbagliavo, lo so, quando si fa politica il primo bene da salvaguardare è il controllo. Gridai che erano dei collaborazionisti corrotti, complici dei Romani che opprimevano il nostro popolo, gente che lucrava sulle sventure d'Israele, che avevano tradito la Legge, gridai che rabbi Joshua aveva con sé il popolo, aveva con sé Israele.

Era la verità, lo sapevano tutti. Ma in un'assemblea agitata e divisa è inutile gridare la verità. Volevo difendere il rabbi, in realtà temo di aver contribuito a perderlo e non mi basterà l'intera vita per riparare a questa colpa. Mi pare di ricordare, come in un sogno, che mentre io scioccamente mi agitavo, il sommo sacerdote mi fissava impassibile ma quelli intorno a lui si scambiavano sguardi di compiacimento, sapevano che stava diventando tutto piú facile. Quando si passò al voto, furono pochissimi quelli che si opposero alla denuncia. Li lasciarono votare perché sapevano che quell'uomo era già perduto.

Però i voti contrari ci furono, ecco un dettaglio importante che Caifa ha omesso di dire. Non l'ha fatto perché gli preme dimostrare che il Sinedrio ha votato compatto, che eravamo uniti nel mettere in guardia Gesú, come lui sostiene. Rendersi complici del prefetto romano avrebbe suscitato l'ira popolare, sarebbe stato un suicidio, non solo politico. Di una ridotta popolarità dell'assemblea i Romani avrebbero approfittato per spogliare il Sinedrio anche delle sue residue competenze.

Caifa ha taciuto anche un altro elemento di peso. Non ha detto che molti sadducei erano contrari a Joshua per i suoi insistenti proclami contro i ricchi. Alcuni di loro si erano sentiti toccati personalmente dalle sue parabole. Quando il rabbi aveva detto che era piú facile far passa-

re una gomena nella cruna d'un ago che far salire un ricco in paradiso, ho udito parole di aspra recriminazione
nelle loro file, molti s'erano sentiti colpiti direttamente.

Sarebbe stato possibile un esito diverso? Se il Sinedrio non fosse stato convocato con quella precipitazione, probabilmente sí. Molti membri erano impegnati nei
preparativi della festa e non ebbero modo di raggiunger-
ci. Avrebbero potuto modificare il risultato. È vero che
il procuratore romano avrebbe lasciato presto Gerusalemme per rientrare nella prediletta residenza di Cesarea. Ma, dal momento che della nostra riunione notturna nessuno lo ha mai informato, che differenza avrebbe
fatto? L'autorità del Sinedrio non avrebbe corso rischi,
il processo davanti a lui ci sarebbe stato comunque, con
o senza la nostra riunione preparatoria. Non era possibile
far capire a un pagano idolatra che il rabbi parlava di re
d'Israele in senso spirituale e non politico.
Anche la convocazione dei testimoni fu ridicola. Sono
stati scelti degli idioti incapaci di riferire correttamente parole che erano state udite da centinaia di persone.
Li hanno liquidati in fretta credo vergognandosi. Ma
perché il sommo sacerdote li aveva convocati? Caifa ha
detto che si voleva esaminare la possibile esistenza di un
delitto. Menzogna. Sarebbe bastato chiedere al rabbi
come poi è stato fatto: avrebbe risposto la verità, come
poi ha fatto. Quanto agli incidenti del Tempio, il turbamento dell'ordine pubblico fu minimo. Il mio sospetto
è che il risentimento di molti sadducei sia dipeso non
tanto dall'ordine pubblico compromesso ma dai danni
provocati al loro commercio, sia per gli animali fuggiti
sia per i cambiavalute che tra i banchi rovesciati non
hanno piú trovato il loro denaro.

Se Gamaliele mi fosse venuto in soccorso con la sua
raffinata dialettica, la sua sopraffina capacità tattica,

le cose sarebbero andate in modo diverso nonostante le difficoltà che ho cercato di esporre. Gamaliele, fariseo, non era soltanto un abile dottore della legge, era anche un maieuta e un maestro. Da solo è stato capace di dare una lezione all'intero Sinedrio. Questo avvenne qualche anno dopo i fatti che ho narrato. Alcuni seguaci del rabbi Joshua si ostinavano a diffondere la sua dottrina e il sommo sacerdote li aveva fatti arrestare per processarli e condannarli probabilmente a morte. Davanti al Gran Consiglio riunito Gamaliele parlò dicendo: «Uomini d'Israele, badate bene a quello che state per fare. Abbiamo già avuto parecchi casi di ribellione. C'è stato Teuda l'Egiziano che pretendeva di essere un grande maestro. Era riuscito a raccogliere quasi quattrocento uomini che s'erano dichiarati pronti a seguirlo. Fu sconfitto e ucciso, e quelli che gli avevano dato ascolto furono dispersi e ridotti a nulla. Poi abbiamo avuto Giuda di Ezechia, conosciuto anche come Giuda il Galileo, ai giorni del censimento. Anche lui aveva riunito parecchie migliaia di seguaci; anche lui venne sconfitto e tutti quelli che gli avevano dato ascolto furono dispersi. Si calcola che quasi duemila uomini di Giuda siano stati crocifissi dai Romani dopo la loro vittoria. Ora vi dico: tenetevi lontani da coloro che avete fatto arrestare; perché, se questo disegno o quest'opera viene dagli uomini, sarà distrutta; ma se viene invece da Dio, non potrete distruggerli, se non volete trovarvi a combattere anche contro Dio».

Vinto dalla forza del ragionamento, il Sinedrio lasciò liberi quegli uomini. Quella notte però Gamaliele non aprí bocca. Parlai solo io e non fu abbastanza.

Ho riportato due versioni sugli avvenimenti di quella notte drammatica; quella del sommo sacerdote Caifa e quella di un esponente di spicco dei farisei, Nicodemo, destinato a raggiungere la santità come seguace del profeta e per essersi poi adoperato a comporne pietosamente la salma. Le due versioni in parte coincidono in parte nettamente divergono. Quale delle due sia piú aderente ai fatti è difficile dire. Troppi i fattori che influenzarono stati d'animo e comportamenti; troppi anche gli episodi controversi nell'azione di Gesú che si rovesciarono su quell'evento decisivo determinandone l'andamento. Troppi, infine, gli interessi che hanno portato a manipolare piú volte i testi con aggiunte cosí devianti da falsare notevolmente il quadro.

Dobbiamo purtroppo concludere che non sarà mai possibile conoscere l'intera verità su quella seduta, anche se le due versioni ne chiariscono almeno i contorni. È però possibile aggiungere un paio di elementi. Nicodemo si prodigò a tal punto da procurarsi, dopo la morte del profeta, una miscela di mirra e aloe di cento libbre che equivalgono a circa trenta chili. In quel gesto c'è non solo pietà per il corpo straziato dell'uomo ma anche un'allusione precisa: le cento libbre di aromi corrispondono alla quantità indicata per la sepoltura di un re. Nicodemo dice che la parola «re» venne usata dal profeta solo in senso spirituale, che un pagano brutale come Pilato non avrebbe mai potuto coglierne la diversità. Però con quel gesto sembra contraddirsi: onora il morto profeta come un sovrano.

L'altro elemento è altrettanto significativo ed enigmatico. Quando Nicodemo aveva saputo che durante la seduta notturna sarebbero stati ascoltati dei testimoni a carico, s'era affrettato a cercare altri testimoni per equilibrare le prove; avrebbero potuto riferire la generosità d'animo, la profonda umanità del venerato rabbi. Era riuscito a trovare una donna che grazie a lui aveva avuto salva la vita. L'aveva ascoltata in segreto e annotato il suo racconto. Quella notte però la donna non venne convocata, comunque non comparve nell'aula. Possiamo chiederci perché ma per tentare una risposta credo comunque utile leggere

una sintesi, della stessa mano di Nicodemo, di ciò che la
donna avrebbe riferito.

Note su un'adultera.

Quel giorno al Tempio c'ero anch'io quando alcuni
banchi dei cambiavalute vennero rovesciati. Avevo una
sola preoccupazione, se fossi riuscita a toccare anche
solo le frange del suo mantello sarei stata salva. Dopo
i primi incidenti però, i soldati romani avevano chiuso
tutte le vie e non c'era modo di avvicinarsi. L'ho visto
da lontano, il viso alterato dalla collera, intorno a lui
urla, gesti concitati, polvere, i gridi degli animali usciti dalle gabbie, gente che fuggiva, bambini in lacrime.
     La mia storia è quella di tante come me. A dodici anni
i miei mi hanno promessa a un uomo che non avevo mai
visto. Si rivelò orribile, dava ordini, nell'amore era brutale. Non sono mai rimasta incinta. So di essermi attirata
per questo le maledizioni dei bigotti, io invece la ritengo
una fortuna. La vera maledizione sarebbe stata dare un
figlio a quell'uomo. Un giorno che ero impura volle prendermi con la forza, quando gli urlai i versetti del Levitico
che proibiscono l'unione in quei giorni, mi disse: «Visto
che non mi dai un figlio, servi almeno a questo». Tra la
mia gente era cosí il destino delle donne. Dalla tutela del
padre si passava a quella del marito, c'era l'obbligo dell'obbedienza coniugale e di fare figli. Per la donna che avesse
infranto il vincolo, Mosè aveva ordinato: «Il Signore faccia di te un oggetto di maledizione e di imprecazione in
mezzo al tuo popolo, facendoti avvizzire i fianchi e gon-
fiare il ventre; quest'acqua amara che porta maledizione
ti entri nelle viscere! E la donna dirà: Amen!»
     Noi allora abitavamo la regione dell'Idumea. Mio
marito era cammelliere, lavorava all'oasi e badava alle
bestie quando le carovane facevano sosta. Dalla Giudea

veniva qualche volta a trovarci un suo cugino. Povero anche lui, come noi. Quando entrava in casa mi fissava, sorridendo. Un giorno che ero sola tirò fuori dal mantello dei gigli selvatici: «Li ho colti lungo la strada», disse. Nessuno aveva mai avuto prima un pensiero cosí bello. Cominciò tutto per quei pochi fiori rimasti sulla tavola, già morti quando lui andò via. Sulla porta mi carezzò i capelli che erano neri, profumati; li avevo sciolti per lui, ricadevano lunghi sulle spalle. La sua mano era dolce, mi baciò sulle labbra e partí...

Secondo la Legge gli uomini non commettono adulterio se giacciono con una donna celibe, una straniera, una schiava. Per le donne invece la punizione è orribile: devono essere uccise a colpi di pietre. Nello stordimento avevo dimenticato di rassettare la casa e il letto. Mio marito scoprí la cosa e mi denunciò. Quando li vidi radunarsi, alcuni che già stringevano le pietre ansiosi di lanciarle, capii che ero spacciata. Tremavo al pensiero di quello che mi avrebbero fatto. Pietre né troppo piccole che non servano né troppo grandi che uccidano in fretta. Loro gli chiesero: «Maestro, questa donna è stata sorpresa in adulterio. Mosè, nella Legge, ci ha comandato di lapidare donne cosí. Che dici?» Era in trappola. Qualunque risposta avesse dato, avrebbe o reso vana la sua predicazione o bestemmiato contro la Legge. Si chinò e cominciò a segnare la polvere con il dito. Quelli insistevano, petulanti come mosche, allora alzò il capo e disse le parole grazie alle quali sono viva... Le ho incise nella memoria. Disse: «Chi di voi è senza peccato scagli la prima pietra». Poi riprese a fare segni nella polvere, come se giocasse, senza piú guardarli. Quelli lentamente se ne andarono, scuotevano la testa, qualcuno imprecava, ma sapevano che aveva vinto lui; rimanemmo soli. Finse di non essersi accorto di nulla, chiese: «Allora nessuno ti ha condannata? Neanch'io ti condanno». Fece pochi passi, si girò, fece un gesto d'addio.

Che è rimasto di Lui? Tra queste mura fredde nessuno parla piú di misericordia.

Qui finiscono le note prese da Nicodemo. Perché la donna quella notte non comparve? Si può ricostruire il mancato evento in due modi. Nicodemo non la convocò perché i testimoni d'accusa erano stati cosí imprecisi e menzogneri che quelli stessi che li avevano chiamati chiesero che fossero allontanati. La mancata comparizione della donna può dunque essere stata un calcolo di economia processuale. Era semplicemente inutile che venisse.

Ma ci può essere stato anche un altro timore. Il racconto dell'adulterio e del modo in cui Gesú lo aveva risolto avrebbe potuto essere usato contro di lui. I sadducei si tenevano rigidamente alle Scritture, non ammettevano deroghe. Il rabbi aveva letto nel cuore della donna quale disperazione aveva causato il peccato, sapeva che in quelle circostanze la Legge poteva non essere applicata. Come aveva detto nel caso del riposo sabbatico, come aveva detto a proposito dei fanciulli che considerava esseri umani e non oggetti nelle mani del capo famiglia. Data la piega che aveva preso la seduta, il racconto della donna avrebbe potuto aggravare e non alleggerire la sua posizione. Nicodemo può aver ritenuto preferibile che non parlasse.

Anche perché un'adultera scampata in quel modo alla morte aveva comunque la vita segnata, poco le restava se non vendersi sul ciglio di una strada per guadagnarsi da vivere. Forse l'aveva convocata, forse era rimasta fuori del Sinedrio, nel buio, il volto nascosto nel mantello in attesa d'essere chiamata.

Forse l'aveva visto uscire, stretto tra i suoi guardiani, e aveva pianto per lui.

VIII

Claudia ha la febbre, pare che sia alta. Didia Clara, la sola ancella che abbia portato da Roma, la piú fidata, si reca da Pilato che non è ancora spuntato il giorno; s'inchina rispettosamente all'ingresso della sala, aspetta. Quando il procuratore le fa cenno d'avanzare, si avvicina allo scrittoio, è venuta a dirgli che nel sonno Claudia ha pronunciato frasi sconnesse ma piene di oscuri presagi. Pilato impreca sottovoce ma cerca di assumere un'aria partecipe, assicura che si recherà a vederla, per darle un po' di conforto, spera.

Prima però deve sistemare una faccenda della piú grande importanza; congeda l'ancella guardandola con insistenza mentre graziosamente s'allontana. Gli informatori hanno riferito che c'è stata una riunione urgente del Sinedrio per interrogare l'uomo fermato nel giardino di Getsemani. La faccenda sta diventando seria, non si riunisce un organo come quello in seduta notturna straordinaria, alla vigilia della festa, per un ladro di polli.

– Che vogliono ancora questi fanatici? – chiede esausto al fedele Kyrillos. Lo stomaco lo tormenta, Claudia delira, lui vorrebbe dormire qualche ora se non ci fossero tutte queste beghe e quel chiasso infernale fuori delle finestre.

– Pare che l'uomo si sia proclamato Messia.

– È l'eterna credulità umana che non sopporto. Messia? Che vuol dire questa parola?

– Letteralmente vuol dire l'unto del Signore, noi Greci lo traduciamo con Χριστός, Christós.

– E poi?

– Non so altro.

– Mi aiuti poco. Fa' venire qualcuno che ne sappia un po' di piú. Io devo vedere Claudia Procula che non sta bene. È stata una notte difficile e non accenna a finire. Fa' presto.

Tre ancelle si affaccendano attorno al letto di Claudia. Didia Clara ne dirige i movimenti. Le hanno rialzato il busto per facilitare la respirazione, messo bende inzuppate sulla fronte e attorno alle tempie per alleviare l'emicrania. Devono cambiarle di frequente, il calore della febbre le asciuga rapidamente.

Quando Pilato entra nella stanza le donne si ritirano addossandosi alle pareti. Nei primi tempi veniva spesso a visitare sua moglie di notte, c'era una grande dolcezza nello stare abbracciati mentre le prime luci del mattino filtravano attraverso i tendaggi. S'udiva il chiocciolio della fontana, un vento leggero piegava le cime dei cipressi spandendo l'aroma asprigno delle loro bacche. Pilato aveva a volte l'impressione di star trascorrendo una gradevole, fruttuosa vacanza. Ora è un uomo di cinquant'anni, gli assalti del desiderio sono diventati meno impetuosi. Non è solo questione di età, s'è rotto qualcosa nel rapporto con Claudia che ora, davanti a lui, sta delirando: il volto è arrossato dalla febbre, le mani sono contratte per il dolore alla testa. Nel volto sofferente di sua moglie vede riflesso il precipitare della situazione.

– Quando è cominciato? Ieri stava bene.

– Stanotte. A un certo punto s'è risvegliata con un grido, – risponde Didia Clara. – Dormivo nell'anticamera e sono subito accorsa. Mi ha abbracciato stretta dicendo che aveva avuto un incubo. Ma era già molto calda, l'incubo lo aveva portato la febbre che stava salendo.

O viceversa, pensò Pilato. Aveva una domanda da porre senza che le altre ancelle sentissero. Si china all'orecchio di Didia:

– Non sarà incinta per caso?

L'ancella lo guarda sorpresa, fa un cenno di diniego e abbozza un mezzo sorriso, come se l'idea le sembrasse assurda. Pilato è subito pentito del tono confidenziale che ha usato con una serva. Infatti l'idea è assurda, ha giaciuto talmente poco con sua moglie negli ultimi tempi, a meno che qualcun altro non l'abbia sostituito. Nello stesso tempo si sente rassicurato. In un paio di giorni la febbre passerà, un figlio in un momento del genere sarebbe poco meno di una sciagura.

Quando fa per uscire, Claudia lo chiama a voce bassa, esitante.

S'avvicina, stringe una delle sue mani brucianti.

– Ti devo parlare, – sussurra.

– Ti ascolto, stai già meglio, domani sarai guarita.

– Devo parlarti di te. Stanotte ho sognato...

– Basta sogni, Claudia. La realtà è già cosí complicata.

– Ti ho visto in una situazione di grave pericolo.

– Me l'hai già detto.

– No, ascolta, è diverso. Avevi, avevi davanti un uomo giusto.

– Me lo dirai domani.

L'egiziano Ofir lo sta aspettando, in piedi accanto a Kyrillos, nella sala di ricevimento.

– Lui sa tutto sui Messia, – dice Kyrillos indicandolo.

Già, il Messia; aveva completamente dimenticato di aver chiesto spiegazioni sull'ennesima complicazione di quel popolo assurdo.

– Tu sei Ofir, – l'egiziano s'inchina mollemente.

Appena lo ha visto Pilato ha cominciato a pensare che l'uomo non gli piaceva; ha movenze e grosse natiche da femmina. Lo sguardo è sfuggente, gli occhi come indecisi tra la veglia e il sonno. Calza vergognose babbucce di feltro vermiglio, certo per una debolezza dei piedi. Un possibile traditore.

– Se sai tutto dimmi: Messia che vuol dire?

– Messia è un inviato da Dio che rende il mondo migliore, però è anche un guaritore ed è capace di scacciare i demoni.

– Interessante. In pratica?

– Lo rappresentano come un agnello. L'agnello prende su di sé tutti i peccati e quando viene sacrificato li redime. Nel libro di Isaia si legge...

– Lascia perdere.

– Come re unto d'Israele, il Messia sarà profeta e guerriero liberatore come David; permeato di spirito divino, saprà giudicare i vivi e i morti.

– Hai detto guerriero? Adesso comincio a capire, chiarisci meglio.

– Sarà in grado di radunare nuovamente le dodici tribú d'Israele, e di interpretare correttamente la Torah.

– Affari vostri, Ofir. Parlami della storia del guerriero.

– Le armi del Messia non sono daghe e giavellotti ma le armi della preghiera. Secondo altri però il Messia è anche in grado di combattere.

– Sei ambiguo, come tutti. E che mi dici del titolo di re d'Israele?

– Anche in questo caso non bisogna pensare a un vero re, tanto meno a un imperatore come l'uomo saggio che da Roma illumina il mondo...

Pilato è tentato di assestargli un calcio su quelle grosse natiche ma per pigrizia si trattiene.

– Re può avere un significato unicamente spirituale e allora solo gli angeli del cielo e lo spirito del Signore sarebbero in grado di valutarlo.

Pilato rivolge un'occhiata interrogativa a Kyrillos per chiedergli se quell'uomo non lo stia per caso prendendo in giro.

– Lo devo far frustare perché dica la verità?

– Temo che sia questa la verità, procuratore.

– In sostanza mi sta dicendo che questo «re» sarebbe una specie di inviato dal cielo –. L'idea gli sembra cosí assurda che è tentato di trovarla divertente.

– Spiegagli, dopo, che noi facciamo imperatore chiunque dimostri la forza e la volontà di governare.

Il divertimento s'è già esaurito. Pilato avrebbe bisogno di riordinare le idee ma non può dare segni d'incertezza davanti a quel molle evirato. Si concede solo un massaggio lento sullo stomaco per cercare di lenire il bruciore. Pensa a una domanda che possa portare l'argomento su un terreno piú concreto.

– Come si riconosce un Messia?

– Il Messia è un uomo santo. – L'egiziano s'interrompe, Pilato con un gesto lo incita a proseguire. – Non tutti riescono a vederlo.

Non caverà niente di piú da quel pagliaccio, sta per dire a Kyrillos di cacciarlo via quando gli viene in mente un'ultima questione.

– Tu pensi di averlo incontrato?

– Il Messia è un ideale, procuratore. Nessuno sa quando arriverà, sappiamo solo che un giorno arriverà, sarà festa grande e da quel momento il mondo…

– Il mondo dà a qualunque esaltato o a qualunque imbroglione la possibilità di proclamarsi Messia per seminare disordine.

Pilato è esasperato dall'uomo, dalle risposte che non capisce, dal dolore allo stomaco. Grida:

– Superstizioni! Noi abbiamo la legge di Roma. Abbiamo regole!

– Questa eterna attesa è bella, eccellenza, alimenta un'infinita speranza, ravviva le menti, dà anche a un popolo occupato la possibilità di vedere una luce.

– Portalo via Kyrillos. In fretta.

Il centurione afferra l'uomo per il braccio e fa per trascinarlo. Quello continua a parlare, allontanandosi alza il tono della voce perché nemmeno una parola vada perduta, quando arriva sulla soglia sta praticamente urlando anche lui.

– I morti usciranno dalle loro tombe, ogni infermità

sarà sanata, chi ha orecchi ascolti ciò che lo Spirito dice:
«Al vincitore darò da mangiare dell'albero della vita, che
sta nel paradiso di Dio. Ricorda come hai accolto la mia
parola, osservala e ravvediti, perché se non sarai vigilante,
verrò come un ladro ma tu non saprai quando arriverò». Il
cielo ti protegga illustre e benigno procuratore.

Se dobbiamo parlare di superstizioni, pensa Pilato, preferisco quelle che lasciano meno spazio all'arbitrio. La sola
cosa che trattiene dello sconclusionato colloquio è il riferimento che l'eunuco egiziano ha fatto al «guerriero». Nelle
condizioni esistenti la parola guerriero può voler dire una
sola cosa: ribellione contro il dominio di Roma, in ultima
analisi contro di lui. Gli tornano in mente i confusi timori
di Claudia, forse non erano solo incubi dovuti alla febbre;
i sogni, pensa, alle volte sono premonizioni.

Prende da uno stipo il rapporto di un informatore al
quale sulle prime non ha dato molto peso; intende rileg-
gerlo con piú attenzione.

Dal rapporto di un informatore.

Le violenze sono cominciate intorno alle ore undici,
quando un gruppo di uomini chiaramente arrivati dalla provincia, armati di bastoni, ha fatto irruzione nella
spianata del Tempio. Li comandava un uomo dell'apparente età di trentacinque-quarant'anni che mulinava
le braccia urlando a gran voce frasi che non sempre era
possibile comprendere. Spiccavano le parole «ladri»,
«mercanti», «Tempio» immerse in un contesto incomprensibile. L'uomo che urlava, coperto da una misera
tunica e di grande magrezza, aveva l'aspetto di un malato posseduto da un qualche demone, oppure reso insano da uno straordinario dolore; il viso era diventato
paonazzo, gli occhi roteavano con furia. Alcuni sacerdoti di servizio al Tempio hanno fatto per avvicinarsi

nel tentativo di ricondurlo alla ragione o di trascinarlo fuori. Durante le giornate piú affollate non è raro che qualche fedele cominci a dare in smanie, a urlare improperi, o tenti di penetrare nei sacri recinti. I sacerdoti sono abituati a questi spettacoli e sanno come venirne a capo. A quel punto però il forsennato ha cominciato a ribaltare i banchetti delle mercanzie. Il primo a essere colpito è stato un venditore di olio santo, le boccette sono finite in frantumi a terra, l'olio ha cominciato a spandersi sulle pietre rendendole viscide. Il proprietario ha cercato di aggredire l'uomo ma i seguaci di questo lo hanno bloccato malmenandolo. In preda a una furia che pareva aumentare a ogni banco rovesciato, l'uomo ha cominciato allora a liberare gli agnelli e le colombe pronti per essere sacrificati. Le bestie, d'improvviso libere, hanno cominciato a correre per la spianata in preda al terrore, alcuni che se le sono trovate d'improvviso tra i piedi sono stati trascinati a terra aggiungendo le loro strida a quelle degli animali. Anche alcuni tavoli dei cambiavalute sono stati rovesciati con uno spettacolo ancora piú pietoso. Quando le monete hanno cominciato a cadere tintinnando e poi a rotolare in giro, molti, soprattutto bambini, si sono precipitati a raccoglierle, cercando di afferrarne il maggior numero possibile; con quelle raccolte si riempivano le tasche inseguiti dai padroni dei banchi che tentavano di recuperarle anche con la violenza.

Quando finalmente è arrivata la polizia del Tempio, il gruppo di forsennati si è rapidamente dileguato. Sul terreno sono rimasti i banchi rovesciati, qualche cadavere di animale calpestato durante i tumulti, dei bambini in lacrime percossi dai proprietari dei banchi con i genitori infuriati che urlavano insulti nei loro confronti. Non è facile attribuire una logica all'episodio. È chiaro che i riti del Tempio sono impensabili in assenza dei cambiavalute pronti a cambiare qualunque moneta con quella locale. Altrettanto per gli animali da sacrificio. Una giovane sposa che intendeva purificarsi dopo il parto stava per acquistare una coppia di colombe quando uno dei seguaci del folle gliele ha strappate di mano. Le bestie sono fuggite, la povera donna gridava piangendo di non avere abbastanza denaro per acquistarne altre.

Non è impossibile che la spedizione avesse uno scopo politico, fosse cioè un tentativo (maldestro) di impossessarsi del Tempio; c'è chi ha udito quegli uomini gridare che i sacerdoti sono diventati servi di Roma e sacrificano alla falsa divinità dell'imperatore.

Pilato getta con fastidio il documento sul tavolo. Le notizie sono sempre molto imprecise: si dice, si sospetta, è possibile, forse. Mai nessuno che offra prove convincenti di quanto sta riferendo.

Si sente esasperato. Se solo l'urlio di quella folla si placasse. La notte è alta, un cielo di velluto sovrasta la sua residenza e la città; il crescente di luna, sottile nei giorni precedenti, s'avvia a toccare il suo culmine, se ne accorge attraversando l'atrio, basta il suo riflesso a rischiarare il cammino. Vuole passeggiare nel patio interno, placarsi al chiocciolio irregolare della fontana, al profumo emanato dall'ampia spalliera di rose, vuole allontanarsi dal vociare della folla che non conosce tregua. Lo accoglie un'aria finalmente piú fresca, illanguidita dall'olezzo dei fiori; si avvolge stretto nel mantello, va a sedersi ai piedi di un'alta palma, finalmente solo.

L'idea di un uomo che prende su di sé tutti i peccati del mondo e sacrifica la sua vita per espiarli gli sembra disgustosa. Un uomo che diventa come un animale. È mai accaduto qualcosa di simile a Roma? Gli pare di ricordare che Livio racconti di due innocenti Galati, un uomo e una donna, che erano stati sepolti vivi per vendicare le perdite arrecate da quel popolo durante una guerra. Sui due Galati erano state caricate le colpe di un intero popolo, una barbarie che rimonta a tempi arcaici. È la cosa piú simile che riesca a ricordare; i sacrifici a Roma sono decisamente un'altra cosa, un doveroso gesto di venerazione alle divinità. Nei tempi attuali, a nessuno verrebbe in mente di trasformare un uomo in un capro espiatorio. Del resto lui crede poco anche al fatto che dalle viscere di un animale o dal volo degli uccelli si possano trarre dei presagi. Quei tempi sono finiti, infatti continuano a crederci – o fingono di crederci – i sacerdoti che nel volo di uno stormo e nel fegato di una vittima sacrificale dicono di vedere ciò che gli fa piú comodo. Per il resto solo il popolino ignorante si fa incantare da tali sciocchezze. A corte si ride di quella credulità, nessun funzionario, nessun magistrato ammetterebbe di condividere simili superstizioni.

Alzando lo sguardo vede le ombre delle ancelle che si muovono nella stanza di Claudia; dovrebbe salire a chiedere notizie ma la pesantezza delle membra glielo impedisce, la posizione e lo stato d'animo piú rilassati gli hanno fatto cadere addosso tutta la stanchezza di una giornata molto faticosa, il profumo delle rose accresciuto dall'umidità notturna quasi lo stordisce. Tuttavia deve decidersi: salirà a chiedere notizie di Claudia, poi potrà finalmente dormire.

IX

Nel resoconto dell'arresto c'è un passaggio diventato fondamentale, qualunque cosa si voglia pensare del provvedimento. Voci insistenti riferiscono che a guidare le guardie del Tempio sia stato uno dei seguaci del profeta, un traditore di nome Giuda detto Iscariota. Personaggio ambiguo, autore di un gesto inspiegabile, infatti non spiegato.

Secondo Marco (14, 1-2) mancavano due giorni alla Pasqua e agli Azzimi e i capi dei sacerdoti e gli scribi cercavano il modo di catturare Gesú. Però con un inganno: non osavano arrestarlo apertamente durante la festa nel timore «di una rivolta del popolo». La spiegazione è debole. Se, considerata la popolarità del profeta, si temeva una rivolta, questa sarebbe comunque scoppiata alla notizia dell'arresto, indipendentemente dal modo e dall'ora in cui lo si fosse eseguito. Anche l'azione di Giuda è presentata in modo contraddittorio. Marco (14, 10-11) scrive cosí: «Allora Giuda Iscariota, uno dei Dodici, si recò dai capi dei sacerdoti per consegnare loro Gesú. Quelli, all'udirlo, si rallegrarono e promisero di dargli del denaro». Secondo questa versione sono i sacerdoti che promettono a Giuda una ricompensa. Per Matteo, invece (26, 14-15), accade il contrario, è Giuda a chiedere un prezzo per il tradimento: «Allora uno dei Dodici, di nome Giuda Iscariota, andò dai capi dei sacerdoti, e disse loro: "Quanto mi volete dare, perché io ve lo consegni?"». Luca (22, 3-5) non precisa di chi sia la richiesta, in compenso dà una spiegazione dello strano comportamento di Giuda: «Allora Satana entrò in

Giuda, detto Iscariota, che era nel numero dei Dodici. Ed egli andò a discutere con i sommi sacerdoti e i capi delle guardie sul modo di consegnarlo nelle loro mani. Essi si rallegrarono e si accordarono di dargli del denaro». Qui la spiegazione è che Giuda è un indemoniato, fuori di senno, il suo comportamento è un portato del diavolo.

La vera domanda che bisognerebbe porsi è perché era necessario che Giuda guidasse le guardie fino a lui arrivando addirittura a individuarlo con un bacio. Gesú era molto popolare, dicono i vangeli. Centinaia di persone lo avevano visto e acclamato al suo ingresso in Gerusalemme; l'orto degli ulivi era poco distante dalla città ed era una località nota a molti. Per un'azione cosí inutile si sarebbe addirittura arrivati a contrattare un prezzo? Il racconto, in questi termini, è poco credibile. Molti studiosi infatti hanno negato la veridicità dell'episodio, per il quale esiste una sola spiegazione ragionevole che ha poco a che vedere con un'azione poliziesca, come vedremo.

Non è nemmeno credibile che i sacerdoti temessero cosí fortemente una reazione popolare. Anche se l'animo delle folle è mutevole, come ben sappiamo, il popolo di Gerusalemme presenta contrasti francamente eccessivi. Acclama Gesú al suo ingresso e chiede addirittura che lo si faccia re; pochi giorni dopo però ne reclama a gran voce la crocifissione. Matteo scrive (27, 25) che è addirittura tutto il popolo a chiedere che Gesú sia messo a morte, quali che ne siano le conseguenze anche nel futuro. Ai dubbi di Pilato se si dovesse davvero giustiziare quell'uomo «Tutto il popolo rispose: "Il suo sangue ricada sopra di noi e sopra i nostri figli"».

L'espressione «tutto il popolo» provocherà nella storia conseguenze tragiche attirando sugli Ebrei persecuzioni e la nomea di «popolo deicida». Solo in tempi relativamente recenti si è cominciato a considerare che l'affermazione è chiaramente inverosimile; davanti al palazzo di Pilato non

potevano entrare neppure tutti gli abitanti di Gerusalemme, figurarsi un intero popolo. Volendo dare credito alla
versione di Matteo, poteva trattarsi al piú di un gruppet-
to di agitatori vociferanti. Piú probabilmente anche quei
versetti sono un'aggiunta dettata dall'intenzione dell'autore del testo di ingraziarsi i Romani dopo la loro vittoria
del 70 a opera delle truppe di Tito. Pilato è un uomo retto, gli Ebrei sono pervasi dall'odio.

Inverosimile dal punto di vista poliziesco, il «tradimento» di Giuda trova una spiegazione se considerato come
un gesto provvidenziale. Se Gesú era anche Dio, è chiaro
che non si può uccidere una divinità contro il suo volere.
Si può invece uccidere, non il Dio ma l'uomo, se questo
uomo-dio vuole essere ucciso. Cosí infatti scrivono i vangeli. Matteo (26, 55-56): «Rivolto alla folla [venuta per arrestarlo N. d. A.] disse: "Siete venuti a prendermi con spade e bastoni come si fa per un brigante. Ogni giorno ero
nel Tempio a insegnare e non mi avete preso. Tutto ciò è
accaduto affinché si adempissero le Scritture"». Segue il
malinconico finale: «Allora tutti i discepoli l'abbandona-
rono e si diedero alla fuga». Se si accolgono queste parole,
è chiaro che tutti i protagonisti della tragedia, Pilato e i
Romani, Caifa e gli Ebrei, i soldati, il popolo in tumulto,
soprattutto Giuda, altro non furono che gli strumenti di
una volontà suprema che tutto aveva predisposto affinché
questo accadesse e quel sacrificio si compisse.

Il testo attribuito a Giovanni, che dei quattro considerati canonici è il piú raffinato, dà una versione dei fatti che
ci avvicina all'ipotesi provvidenziale. Racconta Giovanni
che, durante la Cena, il discepolo piú amato si abbandona sul petto di Gesú e gli chiede di rivelare il nome del
traditore. Il rabbi risponde che è colui al quale allungherà
un boccone intinto nel sugo. Prepara il boccone e lo dà a
Giuda, cassiere del gruppo. A questo punto c'è una frase

che può far pensare a un patto esistente tra i due: leggiamo nel testo (13, 27): «E allora, dopo quel boccone, Satana entrò in lui. Gesú quindi gli disse: "Quello che devi fare fallo al piú presto"». Infatti Giuda: «Preso il boccone, subito uscí. Ed era notte».

Anche da questa frase di Giovanni, ma soprattutto da un testo denominato «vangelo di Giuda», si può inferire un diverso andamento degli eventi e delle loro cause. Andiamo avanti.

L'esistenza di un vangelo attribuito a Giuda era nota da molti secoli. Ireneo da Lione (uno dei padri della Chiesa, II secolo), per esempio, lo cita tra i vari testi scritti dopo la morte di Gesú. Del manoscritto però s'era persa ogni traccia; voci insistenti sostenevano che ne esistesse una copia negli archivi segreti vaticani. Nel 1978, finalmente, il caso volle che in Egitto, celato in una grotta, se ne trovasse una copia in lingua copta risalente al IV secolo, ora nota come *Codex Tchacos*. Dopo svariate vicissitudini e molti contrasti la National Geographic Society ha pubblicato nel 2006 una traduzione del testo. Accurate indagini hanno ipotizzato che questo vangelo sia stato scritto, in greco, fra il 130 e il 180 della nostra èra.

Appartiene, come i famosi testi scoperti a Nag Hammadi, nell'Alto Egitto, nel 1945, alla corrente «gnostica» del cristianesimo. Giuda vi figura come il discepolo prediletto, l'unico che conosca la dottrina segreta del Cristo. Egli riceve da Gesú l'ordine di tradirlo affinché si compia quanto previsto dalle Scritture, come scrive anche Matteo. Secondo gli gnostici il corpo fisico è una prigione per l'anima. La morte permetterà a Gesú di liberarsi di questo involucro caduco liberando la sua spiritualità. Ecco perché il rabbi chiede a Giuda di provocare la sua cattura e la morte. Dice a Giuda: «Tu sarai maggiore tra loro. Poiché sacrificherai l'uomo che mi riveste».

Testimonianza di Giuda di Qeriot.

Prima che ci riunissimo con gli altri per consumare insieme la Cena, m'aveva detto, fissandomi: «Qualunque cosa tu debba fare, fallo in fretta». Era commosso, turbato, sapeva quale terribile ordine mi stava dando, a quali atroci patimenti andava incontro. Io, Giuda di Qeriot, detto l'Iscariota, ero il suo discepolo prediletto. Presi su di me quel fardello sapendo che il mio nome sarebbe stato vituperato e tutti i Giudei, dal mio nome, maledetti nei secoli. Giuda il traditore, si sarebbe detto di me. Colui che ha venduto il suo maestro per trenta denari, l'oro di Satana contro il suo sangue, la sua vita. Non mi disse se aveva chiesto ad altri prima che a me di additarlo nel buio di Getsemani al gruppo di uomini mandati dal Sinedrio, armati di spade e bastoni. Ho tentato di oppormi alle sue parole. A bassa voce, nel corridoio dove ci eravamo fermati a parlottare, gli dissi che non potevo farlo, che rifiutavo l'ordine, lo implorai di chiedere ad altri. Mi guardava con i suoi occhi castani, limpidi, belli, senza dire una parola. Solo il suo sguardo, senza ombra di sorriso, muto. Alla fine dovetti cedere. Piú delle parole mi vinse lo sguardo ferito, deluso, che m'indirizzò dopo l'ennesima mia obiezione. Non potei piú oppormi. La cattura e la morte lo avrebbero liberato dal peso del corpo, quell'impuro involucro che lega alla terra, ai suoi istinti, finalmente sarebbe caduto e lui, libero, sarebbe stato restituito allo spirito. Mi disse: «Tu sarai il piú grande tra i miei seguaci perché sacrificherai l'apparenza umana che mi riveste». Voleva che fossi io a fare in modo che, spogliato della sua carne, si liberasse il vero Cristo, l'essere divino.

Durante l'Ultima Cena ebbe un sussulto, forse un dubbio, forse un cedimento al pensiero delle torture che lo aspettavano. Disse: «Uno di voi mi tradirà», svelando il nostro piano. Non aprii bocca, fedele alla consegna, ma quando aggiunse: «Meglio sarebbe che quell'uomo non fosse mai nato» dovetti ricacciare le lacrime e trattenermi dal gridare: «Sciogimi dalla promessa, Signore!» Non lo feci e questa forse è la mia colpa piú grande, la mia vera colpa. Ma se io l'avessi fatto, se il piano fosse fallito, si sarebbe trovato un altro seguace di coraggio e di fedeltà pari alla mia? Un uomo disposto a sacrificare non solo la sua vita ma la sua stessa memoria nei secoli per servire il suo Signore e far sí che si compissero le Scritture? Non avevo molta fiducia nel coraggio dei miei condiscepoli, i fatti avrebbero confermato questi timori.

La morte, per chi davvero crede, è solo l'abbandono d'una vita insensata, nessuno dovrebbe temerla. Infatti mentre parlava presi con me stesso questo impegno: lo avrei aiutato a liberarsi della spoglia caduca, subito dopo avrei fatto lo stesso con me, togliendomi la vita.

Il rabbi andò a pregare da solo nel campo; quelli che si dicevano suoi discepoli dormivano. Solo io ero sveglio e aspettavo, tremando. Ero arrivato a chiedere dei denari per convincerli che tradivo spinto dall'avidità, ho voluto umiliarmi porgendo la mano – io, esecutore della volontà divina – perché vi facessero cadere trenta monete d'argento. Quando vidi i bagliori delle loro torce in fondo al sentiero, andai loro incontro e con un bacio glielo indicai.

Non aveva piú paura e tutto si compí. Solo lo strazio degli estremi tormenti lo spinse, ormai in agonia, a gridare con l'ultimo fiato il versetto del Salmo: «Elì Elì, lamà sabactàni. Signore, Signore, perché m'hai abbandonato?»

Io ho consentito il mistero del tradimento dopo il quale tutto, in terra e in cielo, è stato sconvolto. Quando quelli irruppero nel podere qualche discepolo, mezzo addormentato, prese le armi, un breve scontro confuso, urla nel buio, qualche ferito. Fermai quel gesto inutile... non cosí. Ho caricato sulle spalle il mio destino come una grossa pietra, sono diventato l'Ebreo errante, l'eterno Ebreo, perché lui trionfasse anche della morte.

Ho lasciato memoria di questo nel mio vangelo: «Giuda disse a Gesú: "Allora, che cosa faranno quelli che sono battezzati nel tuo nome?" Gesú rispose: "In verità ti dico, questo battesimo vi segnerà con il mio nome e vi porterà a me. Ma tu li supererai tutti perché sacrificherai l'uomo che mi riveste. Già il vostro corno è stato alzato, la vostra collera è stata accesa, la vostra stella brilla intensamente, e allora l'immagine grande della generazione di Adamo sarà innalzata, per prima al cielo. La terra e gli angeli, quella generazione, che proviene dai regni eterni, esiste. Vedi, hai sentito tutto. Alza in alto i tuoi occhi e guarda la nube e la luce all'interno di essa e le stelle che la circondano. La stella che mostra il cammino è la tua stella"».

Questo era il suo comando: «Sacrificherai l'uomo che mi riveste». Questo ho fatto. Amen.

L'auto apologia lasciata da Giuda è un documento senza dubbio importante. Trapela dallo scritto una sincerità accorata che tradisce lo stato d'animo alterato del suo estensore, che annota quelle parole pochi istanti prima di darsi la morte. L'uomo sapeva esattamente ciò che stava facendo su incarico del Maestro. Il suo fu dunque un tradimento su esplicito comando. Se era scritto che il rabbi dovesse morire per riscattare il peccato di Adamo e restituire agli esseri umani la speranza tradita, era necessario che qualcuno si sacrificasse per far avverare la profezia. Quel compito glorioso e infame era toccato a lui.

Le Scritture contengono molte contraddizioni simili a questa.

Esiste però anche una possibile lettura di secondo livello del testo. Era davvero necessario che qualcuno indicasse l'Uomo ai guardiani del Tempio? Vero che l'oscurità stava scendendo sull'orto degli ulivi e che un aiuto poteva agevolare la cattura. Altresí vero però che Joshua era conosciuto anche se aveva frequentato poco Gerusalemme. Centinaia di persone lo aveva acclamato al suo ingresso in città, aveva predicato, aveva rovesciato i banchi nella spianata del Tempio. C'era davvero bisogno che qualcuno desse quel segnale?

Queste ulteriori domande non hanno risposta: racchiudono l'enigma che circonda la figura di Giuda, la piú misteriosa e la piú affascinante del racconto.

Era destino che quella notte Pilato non riuscisse a dormire. S'era appena avviato verso le sue stanze quando Kyrillos venne ad avvertirlo che il sommo sacerdote Anna desiderava conferire. Una staffetta annuncia che ha appena lasciato il Sinedrio, che però non può entrare nel palazzo per non contaminarsi.

– Contaminarsi, hai detto?

– Tu sai che questi hanno regole molto rigide sulla purità.

– Che c'entra la purità con la visita al palazzo del procuratore? Su sua richiesta? Dovrei essere io semmai ad avere paura di contaminarmi nei loro pulciai.

L'astuto Kyrillos che era greco di origine e riflessivo di carattere tentò di evitare il peggio.

– Troviamo un luogo neutro, procuratore, né dentro né fuori.

– Se è ancora in giro quel tuo egiziano, fallo venire.

L'untuoso Ofir non tardò a comparire, avanzò dimenando le natiche come una danzatrice, dopo essersi inchinato alzò lo sguardo verso il procuratore, gli occhi assonnati gli davano un'espressione melliflua.

– Che mi sai dire sulla purità e la contaminazione?

Ofir assunse un atteggiamento consapevole fingendo di dover riflettere; Pilato batté il piede impaziente per fargli intendere di non esagerare.

– Ci sono due correnti di pensiero eccellenza. La prima
piú rigorosa dice che ogni contatto con un gentile, i suoi
oggetti, la sua dimora, il suo cibo, tutto ciò che può aver
toccato, può essere causa di contaminazione e va dunque
evitato, se proprio non è possibile…

– Va' avanti, poi?

– Un'altra scuola sostiene che ciò che entra nell'uomo
dal di fuori non può contaminarlo perché non entra nel
cuore ma nel ventre e finisce – col permesso di sua eccellenza – nella fogna. Dicono che è ciò che esce dall'uomo
che può contaminare, perché dal cuore degli uomini escono
fornicazioni, furti, omicidi, adulteri, cupidigia, malvagità,
inganno, impudicizia, invidia, calunnia, superbia, stoltez-
za. Tutte queste cose vengono dal di dentro.

– Hai finito?

Pilato congedò Ofir con un cenno. Se aveva capito bene
quel vecchio volpone di Anna pretendeva di appartenere
alla corrente piú rigorosa per chissà quale suo fine. La richiesta di un colloquio nel cuore della notte doveva essere
dettata da ragioni gravi o addirittura pericolose.

– Qual era il luogo neutrale al quale pensavi?

– Il porticato tra le due ali del palazzo. Né fuori né dentro, dovrebbe bastargli.

Forse Kyrillos aveva ragione, ma era solo un militare
mentre la situazione richiedeva l'aiuto di un consigliere
giuridico.

– Fa' venire Nikephoros, – ordinò.

– Al tramonto non era ancora arrivato, mi dicono che
ha avuto delle difficoltà.

– Le puttane! Le conosco le sue difficoltà. Fa' portare
una scranna nel porticato. Voglio almeno sedermi, che in
piedi ci stia lui.

In attesa di decidere che cosa fare, avevano sistemato il
prigioniero in una delle segrete del palazzo, una cella sot-
terranea che prendeva luce da una stretta feritoia chiusa da

sbarre alla sommità d'una parete. Uno spazio vuoto, unici arredi una panca di legno e un secchio anche di legno come latrina. L'uomo sedeva con la schiena poggiata al muro, massaggiandosi una mano tumefatta e quasi deformata dai lacci, lo sguardo fisso sulla parete di fronte ricoperta da un intonaco scabro, qua e là rotto e scurito dall'umidità, attraversata da segni che assomigliavano a striature di sangue – e forse lo erano.

È notte, nell'oscura cavità della cella non arriva l'alto vociare della folla, l'unico sentore del mondo esterno è qualche saltuaria ventata che riesce a passare attraverso la feritoia talvolta carica dell'odore dei cibi che cuociono per la festa. Molti già dormono, il prigioniero non può farlo. Lo tengono sveglio la paura e l'ansia che gli torcono le viscere. Non teme le sofferenze fisiche, non solo quelle. È giovane, poco sopra i trent'anni, conosce il patimento a cominciare da quello che s'è autoinflitto sotto il sole implacabile del deserto, arso dalla sete, semidigiuno, preda di allucinate visioni demoniache e di confuse speranze. Ha paura di se stesso, teme di perdersi, teme soprattutto che vada perduto tutto ciò che ha detto, che nulla resterà dei sentimenti di misericordia che ha cercato di diffondere in quelle plebi di contadini e pastori analfabeti. Patisce l'interminabile attesa e l'angoscia assoluta di quei momenti di vuoto.

Mormora tra sé i versetti di Giobbe (16, 11): «Dio mi consegna come preda all'empio e mi getta nelle mani dei malvagi, i suoi arcieri mi circondano». Si ritrae sgomento, ha bestemmiato paragonandosi al giusto perseguitato, si percuote il petto.

Due gridi interrompono la sua fantasticheria, lo fanno sobbalzare. Ma è solo il richiamo delle sentinelle che si accertano della reciproca vigilanza. Se riuscisse a inerpicarsi fino alla feritoia, potrebbe scorgere le loro sagome nere ritagliate in controluce contro il chiarore della luna. È troppo tardi per avere rimpianti. Nei momenti dell'arresto i suoi uomini lo hanno tradito. Perfino colui che pensava potesse un giorno continuare la sua missione lo aveva rinnegato tremando. Non s'aspettava, né avrebbe voluto, una resistenza armata; ha sofferto per il gesto sconsiderato di ferire uno dei guardiani del Tempio. Il tradimento c'è stato prima, quando si è ritirato in preghiera presagendo quanto stava per accadere e quelli si sono tranquillamente abbandonati al sonno. Lo stesso sonno che ora non riesce a raggiungerlo perché almeno l'ansia dell'attesa, quella avrebbero potuto condividerla se davvero avessero dato fede ai suoi insegnamenti. Una scia luminosa attraversa l'alta apertura e scompare: la torcia di una sentinella che termina il giro di ronda, l'ha seguita con gli occhi trattenendo il respiro. Passano ancora alcuni lunghi minuti poi si ode un richiamo che sembra arrivare dall'oltretomba, un gioco di echi lo attutisce e lo sfuma. Non si capisce nemmeno in che lingua sia stato pronunciato, se in greco o in aramaico.

Sa che dovrebbe reagire, che dovrà farlo. Lo attendono ancora lunghe prove prima che tutto sia compiuto e che il dolore lo schianti.

Ha osato troppo sfidando insieme due poteri, quello di una religione sclerotizzata e quello degli occupanti romani. Aveva calcolato di poterli attaccare separatamente, mantenendoli divisi. Sapeva che, se si fossero coalizzati, su di lui si sarebbe chiusa una tenaglia che non gli avrebbe lasciato scampo. Invece è successo, la morsa s'è chiusa con una stretta piú soffocante della cella di pietra in cui l'hanno rinchiuso.

Non s'è mai sentito cosí vicino alla sua storia, intriso degli avvenimenti che l'hanno segnata. Gli ammalati che invocavano la guarigione, gli storpi, i ciechi, i lebbrosi, gli indemoniati, le donne preda di emorragie inarrestabili. Hanno tutti proteso le mani invocandolo. Il ricordo di quei momenti gli dà ora un senso di vertigine, è come sporgersi sul bordo di un precipizio, scoprire che davanti a lui è rimasto solo il vuoto, e la tenebra.

Avverte il rumore del metallo sfregato contro il cuoio, certo qualcuno sta affilando una lama per scannarlo. Ignora quale metodo abbiano scelto per ucciderlo. Forse nel segreto di quella stessa cella che sembra già un sepolcro, o pubblicamente perché serva da monito e tenga altri lontani dalla tentazione di voler troppo osare. Preferirebbe questo secondo tipo di morte, se potesse scegliere. Ciò che loro considerano un monito potrebbe essere invece l'apoteosi della sua esistenza. Il massimo riconoscimento che può sognare di ottenere, dopo la sconfitta. Lasciare il popolo d'Israele sotto il peso della maledizione originale. Alle sue spalle, nella parete contro la quale è appoggiato, continua il rumore sordo, come un cauto graffiare la pietra, gli sembra a tratti di distinguerlo nettamente. Sta delirando, si riscuote. Per il momento nessuno entrerà per sgozzarlo.

D'improvviso ogni ansia scompare, sente le membra vuote che paiono non reggere piú il peso del corpo. Scivola dalla panca, s'inginocchia sul pavimento, si prostra con la fronte a terra. Prega l'Altissimo con tutta la poca forza residua. Spera che nessuno lo stia spiando in quel momento di debolezza. Quando verrà l'ora suprema vorrebbe apparire padrone di sé, forte.

X

Pilato s'affaccia non visto. Anna lo sta aspettando in piedi nel corridoio, ma non è solo. Lo accompagna quell'imbroglione di Caifa, suo genero. Sono venuti in due per darsi man forte. Tra un paio d'ore spunterà il giorno e quelli chiedono udienza, per di piú arrivano in due.

Il procuratore torna silenziosamente sui suoi passi, s'arresta accanto a un loggiato. È inquieto, vuole fargli assaporare il peso dell'udienza, imparino ad aspettare, pazienti, prima d'essere ammessi al colloquio.

Entrando, li saluta con fredda cortesia, un cenno del capo prima di arrivare alla scranna che gli hanno preparato, dove siede immobile come se fosse di pietra. L'astuto Kyrillos ha fatto aggiungere una pedana sicché anche stando seduto Pilato riesce quasi a uguagliare i due che restano in piedi. Diffida di Caifa che conosce poco, un giovane serpente; con Anna invece ha una maggiore consuetudine, ha imparato i suoi trucchi levantini e sa anche quanto l'anziano sacerdote gli debba, quindi non lo teme. Nikephoros un giorno l'ha informato che tra i due esiste una latente rivalità. Anna ci tiene a mostrare di poter ancora guidare il corso degli eventi. Insinuare una lama nel dissidio può diventare un'arma in piú.

Anche Anna, però, deve aver fatto i suoi conti. Fa un cenno a Caifa perché sia lui a parlare. Prima che apra bocca, Pilato lo previene.

– Avete fatto eseguire un arresto illegale.

Caifa non si lascia sorprendere.

– Non era un arresto ma una convocazione.

– C'è stato spargimento di sangue.

– Sei stato male informato, procuratore.

– Mi è stato riferito anche il nome dell'uomo che durante gli scontri ha avuto un orecchio mozzato.

Fa un cenno a Kyrillos che gli porge immediatamente una pergamena. La scorre. – Ecco, leggo qui, si chiama Malco, è uno dei vostri.

– Una breve scaramuccia dovuta a un equivoco, subito sedata. Anzi nemmeno sedata, s'è spenta da sola. Quanto all'orecchio è stato riattaccato, procuratore.

Pilato lascia cadere la cosa, non ha voglia di chiedere come si faccia a riattaccare un orecchio.

– Resta che a un arresto regolare avete preferito una specie di spedizione punitiva. Per uno scopo che appare inconfessabile.

– Ti abbiamo disturbato proprio per questo. Desideriamo chiarire.

Anna è rimasto in silenzio alle spalle del genero approvando le sue parole con sobri cenni del capo, un conciliante sorriso sulle labbra.

– La storia della convocazione non regge e lo sapete. Ora però vi chiedo: se non è successo niente di grave, perché chiedete udienza a quest'ora della notte? Non si poteva chiarire in un altro momento?

– Domani o al massimo dopodomani il procuratore farà ritorno alla sua residenza di Cesarea, che l'Onnipotente la benedica. L'uomo da noi interrogato potrebbe aver detto frasi pericolose sul rapporto con Cesare e sul pagamento delle imposte dovute a Roma, addirittura, – il tono si fa insinuante, – sulla sua divina regalità. Vorremmo che quelle parole fossero valutate anche da questo alto ufficio.

Pilato si volge verso Kyrillos, sono loro che cercano d'insinuare una lama nei rapporti tra lui e Cesare. Cerca il modo di scansare quella pericolosa faccenda.

– Leggo che l'uomo si chiama Joshua Ha-Nozri, di

professione carpentiere. Dunque è un galileo. Come sapete il tetrarca di quella regione in questi giorni si trova anch'egli a Gerusalemme. Ritengo che la faccenda sia di sua competenza.

Il tono sottintende un congedo ma Caifa lo previene.

– Il tetrarca lo ha già ascoltato e non ha trovato nulla di sua competenza.

– Se è cosí, la faccenda mi sembra chiusa.

Mentre pronuncia queste parole Pilato si chiede a che serva spendere tutti quei soldi per le spie quando lui deve venire a sapere le novità da quei due gaglioffi.

Anna, che fino a quel momento è rimasto in silenzio, si riscuote, prende la parola, avendo cura di tenere leggermente chinato il busto mentre parla.

– Procuratore, la tua idea è eccellente. C'è però un dettaglio che il tetrarca Erode non ha valutato, ragionando giustamente in termini di stretta giurisdizione. A te invece dovrebbe interessare. L'uomo, il carpentiere, si è proclamato re dei Giudei.

Era quello allora il gioco delle parti. Anna aveva mandato avanti il genero a parlare di sciocchezze, s'era riservato il colpo di stiletto finale. Aveva fatto cadere le ultime parole come un piombo. Anche nella brutta storia dei medaglioni dell'imperatore quel vecchio insolente s'era attribuito un ruolo risolutivo andando a lamentarsi con il legato di Siria Lucio Vitellio. Da Antiochia la faccenda era rimbalzata fino alla corte imperiale a Roma. Quel rettile lo stava avvertendo che avrebbe potuto ripetere la stessa mossa accusandolo di trascurare un possibile delitto di lesa maestà.

Pilato sentí la fitta rovente attraversargli lo stomaco come la punta di un dardo. Kyrillos era rimasto al suo fianco con l'immobilità di una statua, quei due lo guardavano aspettando di vedere come sarebbe uscito dall'angolo nel quale lo avevano stretto.

Non aveva molte possibilità, poteva solo prendere tempo.

– Il vostro esposto è stato ascoltato. Valuteremo. Andate in pace.

– Restiamo affidati alla tua saggezza, – mormora Anna atteggiando il volto a un'espressione di profondo ossequio.

Sembrava non ci fosse piú nulla da dire, invece quello insiste.

– Un mestatore uscito dalla feccia del popolo che sobilla schiavi e prostitute rompe l'ordine su cui riposa ogni società, – aggiunge con tono strisciante.

Senza ulteriori segni di commiato Pilato s'avvia con passo deciso verso i suoi appartamenti. Il cielo a oriente comincia a sbiancare, ben presto ricominceranno il caldo, il chiasso, la polvere. A quei numerosi disagi s'aggiunge ora il pericoloso tranello che i due furfanti gli hanno steso davanti. Odiosa città, mormora tra sé mentre una fitta allo stomaco lo trafigge.

Pilato non s'era mai tirato indietro quando aveva dovuto intraprendere dure azioni repressive. La sua natura, la concezione che aveva dell'incarico, i timori derivanti dai difficili rapporti con il legato di Siria, molte cause avevano contribuito alle decisioni impopolari che aveva adottato. Ora, mentre si avvia verso le sue stanze per avere qualche minuto di respiro, ciò che piú lo irrita è di essere stato tirato dentro una bega che non riguarda né lui né Roma. La sorte di quell'uomo lo lascia del tutto indifferente. Condannati alle miniere, alle galere, al patibolo ne ha visti a decine, uomini atterriti dal supplizio, in lacrime, come morti prima ancora di essere decapitati, trafitti dai chiodi o dalle frecce, legati con catene ai banchi di voga. Ritiene che non sarà certo quell'uomo a fare la differenza in un conto destinato ad allungarsi, in parallelo con la sua carriera. Re dei Giudei, non aveva capito bene se era stato l'uomo ad attribuirsi quel titolo o se si era trattato solo di qualche grido partito dalla folla per il quale dunque il prigioniero non aveva responsabilità. Comunque avrebbe dovuto te-

nere conto anche dei confusi chiarimenti di Ofir, secondo
il quale si sarebbe potuto trattare di un titolo puramente
spirituale, privo cioè di implicazioni militari o politiche.
Forse avrebbe dovuto chiarire meglio il punto anche con
quelle due volpi. Maledisse la sua insofferenza, erano state
l'irritazione, il fastidio, la noia a impedirgli di approfondire. Con il risultato di trovarsi ora al punto di partenza.

La residenza abituale di Erode Antipa, re-fantoccio
nelle mani di Roma, crudele monarca, era Tiberiade, sulla
riva occidentale di quel grande lago che qualcuno chiamava «mare»: placide acque pescose, scintillanti sotto il sole
contro lo sfondo di alte montagne verdi. L'aveva fondata
lui stesso, dieci anni prima dei fatti che stiamo narrando.
Consapevole di dovere la sua permanenza sul trono alla
benevolenza di Roma, l'aveva intitolata al nome dell'imperatore. Non sappiamo come quell'ulteriore gesto di pla-
teale adulazione, dopo quello compiuto da suo padre Erode il Grande fondatore di «Cesarea», fosse stato accolto
a Roma: con benevolenza o con scherno.
Per le festività di Pesach era salita a Gerusalemme anche la moglie Erodiade, concubina però secondo la Legge,
fiera della sua bellezza, ambiziosa, avvezza agli intrighi
del potere, con buone amicizie alla corte imperiale. Aveva cercato di trasformare la piccola reggia periferica in un
centro di cultura ellenistica invitando filosofi da Atene,
attori e danzatori da Roma. Sfruttava l'amenità dei luoghi,
il clima temperato, le brezze serotine raffrescate dalle acque che rendevano dolci i tramonti e avrebbero riempito
di nostalgia il cuore dei suoi ospiti.
Non c'era comandante di coorte o di legione che nei
suoi faticosi trasferimenti non facesse volentieri sosta in
quell'oasi di civiltà, attorno a quella tavola, confortato dalle
premure di servizievoli ancelle. Erodiade pareva capace di
pensare a tutto, preveniva i desideri dei visitatori asseccon-
dandoli prima ancora che venissero espressi. Erano soldati

rudi, abituati ai disagi d'una vita durissima, ai rischi, agli agguati in battaglia e anche a quelli, improvvisi e feroci, dei banditi annidati sulle alture del Golan. Poteva accadere che arrivassero alla villa con ferite recenti, malamente medicate dopo l'assalto. Essere delicatamente accuditi da quelle fanciulle equivaleva a una rinascita.

La figlia di Erodiade, Salome, compariva di rado. Anche lei era consapevole della sua bellezza, ancora acerba ma forse per questo ancora piú seducente.

Sua madre offriva le grazie d'una maturità sontuosa, Salome anneriva col bistro occhi dall'espressione quasi infantile, leggeva nello sguardo degli uomini l'affascinante contrasto che era capace di sprigionare, provava un maligno divertimento nel suscitare imbarazzo, giocava con il suo corpo dalle forme appena accennate, sedeva sfrontata, aprendo le gambe come offrendosi ai loro sguardi furtivi.

Il piú delle volte preferiva però restare nelle sue stanze, pettinandosi, dando da mangiare a dei curiosi uccellini variopinti che aveva fatto accecare perché cantassero in modo piú melodioso; talvolta li estraeva dalle gabbie divertita dal loro sgomento. Avevano ali ma nel buio perenne non osavano piú aprirle, sicché restavano immobili emettendo un pigolio smarrito.

Salita dunque a Gerusalemme, la coppia regale, con la sua piccola corte, aveva preso dimora nel palazzo degli Asmonei. Erodiade aveva fatto allestire la sala piú grande con tutto lo sfarzo che era stata capace di mettere insieme frugando nel palazzo e nel bazar. Per la serata aveva indossato le vesti piú sontuose: una mitria nera sul capo tempestata di perle, i capelli cosparsi di lucente polvere azzurra.

Erode sedeva su uno scranno dall'alto schienale intarsiato con scaglie di madreperla, impreziosito alla sommità da una dozzina di penne di pavone disposte a raggiera. Un altro pavone avanzava dondolandosi sulle zampe dopo aver svuotato gli intestini; i servi s'affrettavano a rimediare. Salome aveva riso di quell'allestimento da teatro, zittita da sua madre che riteneva indispensabile l'esibizione, compreso il rischio di possibili escrementi.

Non doveva essere comodo il sedile, il tetrarca sembrava a disagio, cambiava spesso posizione ma senza osare scendere, voleva presentarsi in modo maestoso agli invitati che cominciavano ad affluire. Il trono poggiava su una pedana, tre gradini lo rialzavano rispetto al pavimento della sala.

Il vocio stava aumentando, i servi giravano offrendo bevande, tutte le lampade a olio e i bracieri erano stati accesi, il fumo tagliava un po' il respiro ma la luce era alta, resa ancora piú vivida dai riflessi balenanti sulle superfici metalliche; i volti dei presenti, leggermente madidi, apparivano arrossati da quei bagliori e dal vino.

Un ciambellano si avvicinò a Erode sussurrando al suo orecchio. Lo sguardo del sovrano si fece attento, guardò in direzione dell'atrio, assentí. Erodiade non aveva perso un movimento, si mosse velocemente verso l'ingresso ma, prima che potesse giungervi, fecero il loro ingresso quattro servi del Tempio che conducevano un prigioniero.

C'è un improvviso silenzio. L'uomo è magro, rivestito di una povera tunica macchiata di sangue, guarda dritto davanti a sé, impassibile. Erode fa un cenno infastidito e uno dei guardiani gli scioglie le mani dai lacci.

– Non voglio uomini legati in casa mia, – afferma con tono imperioso. – Tu saresti il famoso profeta. Benvenuto.

L'uomo seguita a fissare davanti a sé un punto indefinito come se Erode non esistesse.

– Sei galileo?

– Sono cresciuto a Nazareth.

Erode pare sorpreso.

– Nazareth! C'è da noi un villaggio con questo nome?

Un cortigiano lo rassicura, Joshua aggiunge:

– Non è lontano dal mare di Galilea.

– Qui siamo d'accordo, mi fa piacere che lo chiami «mare», anch'io lo considero cosí. Di chi sei figlio?

– Di Joseph il carpentiere.

– Perché ti hanno messo in catene?

– Non lo so.

Tutti avevano udito la risposta che l'uomo aveva dato a bassa voce, con rassegnazione.

Erode si rivolge alle guardie.

– Qual è l'accusa contro quest'uomo?

– Abbiamo avuto l'ordine di catturarlo ma non conosciamo l'accusa, – risponde uno di quelli.

Erode sembra perplesso, non sa come proseguire; c'è però tra gli invitati uno dei sommi sacerdoti; si fa largo nella piccola folla, si ferma ai piedi della pedana.

– Io conosco l'accusa. Quest'uomo ha bestemmiato, lo hanno udito mentre diceva di voler distruggere il Tempio fatto da mani d'uomo e di poterne costruire un altro non fatto da uomini. In tre giorni.

– Tre giorni? – Erode sembra d'improvviso divertito. Infatti, anche molti degli invitati ridono,

– Noi galilei siamo un po' spacconi ma tre giorni mi sembrano veramente pochi. Saresti davvero capace di farlo?

Il prigioniero non risponde nulla, tace guardando davanti a sé.

Alcuni invitati, annoiati dalla scena, lasciano la sala per andare a prendere un po' di fresco nel peristilio, l'aria è diventata davvero molto pesante.

In un angolo, seminascosta da un tendaggio, c'è Salome, attirata dal chiasso. Fissa il prigioniero con tale insistenza che i loro sguardi s'incontrano. Il profeta sa chi è. La perversa fanciulla che ha ottenuto la testa del suo maestro Giovanni come premio per la sua danza. Non c'è odio nel suo sguardo, forse curiosità o commiserazione, si limita a guardarla. Salome abbassa lo sguardo, poi si volta stizzita e lascia la sala.

– Non rispondi nulla? – chiede Erode. – Hai sentito che cosa testimoniano contro di te.

L'uomo volge in giro lo sguardo fissando, muto, alcuni dei presenti senza cambiare espressione.

Un altro sacerdote, dissimulato fino a quel momento nel gruppo degli invitati, si fa avanti.

– Non è quella l'accusa, tetrarca.

– Ah, no? Quale altra sorpresa abbiamo?

Il primo sacerdote accenna a un gesto di protesta, fa per esclamare qualcosa ma l'altro lo zittisce.

– La vera accusa è un'altra tetrarca, molto piú grave. Quest'uomo ha detto e ripetuto piú volte di essere il re dei Giudei.

– Avresti detto una tale enormità? – Erode adesso si sente piú sicuro. Di contese religiose capisce poco, ma se la faccenda si fa politica il terreno di discussione diventa piú solido.

– Vorresti per caso sedere qui, al mio posto? Vuoi che mi alzi e ti ceda il mio mantello? Vieni, accomodati –. Con un movimento istrionico il tetrarca accenna a togliersi il mantello dalle spalle, due servitori accorrono per aiutarlo ma lui li allontana con fastidio.

Ripete la domanda, l'uomo continua a tacere. Intanto un sospetto si fa lentamente strada nella mente del tetrarca leggermente alterata dal vino. Perché quei due volponi si contraddicono? Sono forse d'accordo per confondere le acque? O si tratta solo di due imbecilli? Ce ne sono parecchi tra i sacerdoti. Gente che quando la tiri fuori dalla ripetizione ossessiva delle formule rituali annega in un bicchier d'acqua. I motivi d'inquietudine comunque si moltiplicano. Erodiade lo sta guardando perplessa, lui teme le ire di quella donna, la sa capace di lanciare un'invettiva anche davanti agli ospiti, ci sono momenti in cui si pente d'averla sposata. Non sa piú quale decisione prendere.

Salome è ricomparsa, non si nasconde piú dietro il tendaggio, ha un abito adeguato alla circostanza che lascia scoperto l'inizio del seno, fissa il prigioniero con uno strano sorriso, muove le mani, fa ruotare le dita attorno

alle tempie come se volesse aggiustare quei suoi splendidi
capelli. Ma non è cosí.

«E se fosse solo un pazzo?» si chiede il tetrarca. Lo ripete ad alta voce, gridando.

– Quest'uomo è pazzo!

Non s'è mai imbattuto in una tale ostinazione. L'ipotesi
della pazzia comincia a piacergli, gli dà la possibilità di aggirare le contraddizioni tra quei due lasciandogli ampie possibilità di manovra, un'accusa di follia è praticamente impossibile da confutare. Un brusio della sala accoglie il grido
del tetrarca, l'ipotesi della follia sembra non dispiacere, può
essere un modo per farla finita con quella penosa parentesi
senza capo né coda e cominciare finalmente a mangiare. Le
conversazioni sono riprese, i servi hanno portato altre bevande. Il ciambellano s'avvicina nuovamente all'orecchio di
Erode che sembra apprezzarne il suggerimento.

– Mi dicono che sei capace di fare miracoli. Guarda che
cosa ti stanno portando.

Sono entrate due coppie di servitori, portano sulle spalle quattro giare ben sagomate, barcollando sotto il peso.

– Sono piene d'acqua, – fa Erode. – Ti prego di trasfor-
marla in vino, i miei ospiti bevono come spugne e siamo
rimasti un po' a corto.

Il prigioniero ha abbassato la testa. Si copre un attimo il
volto con le mani poi riprende la sua posizione, impassibile.

– Nemmeno questo vuoi fare? Mi dicono che in passato
l'hai fatto. Lo fai per i tuoi amici e non per me? È questa
la lealtà verso il tuo sovrano?

Il tono è derisorio ma vi affiora anche una percepibile ve-
na d'irritazione. Erode non si diverte piú, comincia a stan-
carsi, sa che i suoi invitati, soprattutto Erodiade, lo stanno
giudicando, ha paura di perdere il suo prestigio nel solitario
duello con quello straccione. Teme che il silenzio di quello
valga piú di tutte le sue parole. Quel manigoldo di Caifa ha
voluto farlo complice dei suoi pasticci, ma a Gerusalemme
comanda lui, che se la sbrogli da solo.

– Basta! – urla esasperato. – Toglietelo di mezzo, por-
tatelo via.

Le guardie cominciano subito a legargli le mani dietro la
schiena, il tetrarca li interrompe. Ha notato Salome che si
sta nuovamente drappeggiando dietro il tendaggio. Allora
indica un servo che dietro la pedana sorregge una fiaccola,
il volto contratto in una smorfia di dolore per il peso e la
prolungata immobilità.

– Tu, togliti il mantello e mettilo sulle sue spalle.

L'uomo obbedisce prontamente, felice di potersi muovere. Un paio di guardie lo aiutano a coprire le magre spalle
del prigioniero con la ruvida lana del mantello.

– Sei un re ma stasera ti devi accontentare di questo.

A un suo cenno le guardie del Tempio trascinano via il
prigioniero. Il brusio riprende, fa finalmente il suo ingresso
un corteo di servitori che sorreggono le portate della cena.

XI

Da quando la sua unione con Miryam è finita, il vecchio Joseph vive da solo in una povera dimora sulle alture a oriente di Gerusalemme. Ha ancora forza sufficiente per fare qualche lavoro, sospinto del resto dalla necessità; con grande rammarico ha dovuto disfarsi dell'asino e delle due pecore, però ha conservato gli utensili, esegue lavori non molto impegnativi che gli consentono di tenersi in vita. Qualche gallina gli razzola ancora tra i piedi mentre pialla il legno e quelle becchettano, un po' per gioco, i trucioli che cadono dal banco.

Il colloquio con sua moglie sul quale ha continuato per anni a sperare non c'è mai stato, anche perché lui stesso non ha mai davvero premuto affinché ci fosse. L'ombra ha cosí continuato ad aleggiare, sospesa sul suo capo, fino a quando non ha deciso di farla scomparire cancellandola, insieme all'intera sua vita precedente. Sapeva che, cosí facendo, sarebbe uscito dalla storia della famiglia, dimenticato per sempre, da tutti. Ha però preferito l'oblio all'assillo del dubbio. Il racconto di Miryam, il sogno, la misteriosa voce dell'angelo erano una ricostruzione confusa, angosciosa nella sua approssimazione. Quel giorno Miryam era andata al pozzo a prendere acqua reggendo, secondo il costume del luogo, una brocca in equilibrio sulla testa. D'improvviso aveva udito una voce senza riuscire a capire da dove venisse. Solo quando era rientrata in casa le era apparso un angelo per dirle che avrebbe avuto un figlio e che doveva chiamarlo Joshua. I vicini avevano riso al racconto di una vergine che partorisce un bambino, alcuni si erano toccati la fronte, con un gesto di dileggio che Joseph aveva a lungo patito in silenzio. C'erano state occasioni in cui non aveva avuto il coraggio di voltarsi, nel timore di scoprire che qualcuno, alle sue spalle, stava ripetendo quel gesto. Era accaduto di peggio. Gente malvagia, spinta da invidia o da rancore, aveva messo in giro la voce che il padre del bambino fosse in realtà un soldato romano di nome Pantera. Non un figlio nato come tanti per errore o per caso, ma generato addirittura da un pagano oppressore.

In un primo momento aveva reagito con furore progettando addirittura di ripudiare Miryam, magari licenziandola in segreto, senza suscitare uno scandalo pubblico. L'aveva comperata da suo padre con un contratto ed era suo diritto farlo, secondo la Legge.

Poi in un sussulto di furore aveva cambiato idea. Sapeva chi era stato a mettere in giro quella diceria malvagia; una sera aveva affilato con cura l'ascia da carpentiere, l'aveva nascosta sotto la fascia che gli stringeva la vita e s'era avviato a chiedere o a fare giustizia. Lo aveva fermato Miryam sulla soglia, abbracciandolo senza dire una parola. Aveva poggiato la propria guancia contro la sua in un trepido gesto d'amore. Intanto con la mano aveva trovato l'ascia e l'aveva fatta cadere a terra. Il clangore del ferro aveva sciolto il grumo d'ira che l'aveva afferrato. Dopo di allora ha pensato che anche l'ombra si fosse dissolta, svanendo come la collera improvvisa di quella sera.

Abitando con Miryam ha continuato a desiderarla come impone la natura, ha pregato perché un qualche indizio gli dicesse che il sospetto era infondato, ha continuato a sperare in una prova definitiva sempre oscillando in un dubbio di volta in volta tormentoso o ridicolo che però non l'ha mai lasciato.

Sono passati molti anni da quei giorni. L'abbandono della casa e della moglie non ha diminuito in nulla l'amore

che Joseph sente per quel figlio prodigioso, cosí diverso dagli altri, anche troppo diverso ha pensato qualche volta con
un misto di orgoglio e d'inquietudine. L'ha visto ansioso
d'imparare il suo stesso mestiere. Joseph, con la fierezza
del buon artigiano e del buon ebreo che trasmette la sua
arte alla discendenza, gli ha spiegato pazientemente come
preparare un incastro, come incollare due tavole in modo
che non possano piú separarsi, come costruire una seggio-
la comoda capace di reggere un grande peso. Il ragazzo lo
ha guardato con i suoi occhi brucianti assimilando velocemente anche le istruzioni piú complicate.

Poi sono cominciate le sorprese. Una notte Joseph ha
dovuto alzarsi oppresso dal mal di ventre. Per raggiungere
la latrina bisognava uscire all'esterno superando la piccola
stalla dell'asino. Mentre ne sfiorava la porta aveva visto
una debole luce filtrare dalle connessure. S'era affacciato
incuriosito e aveva scoperto suo figlio intento a leggere i
sacri testi semireclino sulla mensola, alta sulla parete, dove d'inverno riponevano il fieno per l'animale.

– Che fai alzato a quest'ora?

– Avevo cominciato a leggere e non sono riuscito a
smettere, padre.

– Dovresti dormire, domani sarai stanco, dobbiamo finire quel tavolo, siamo già in ritardo.

– Sarò pronto, padre, te lo prometto.

L'episodio piú sconcertante era avvenuto un anno dopo, quando il ragazzo aveva raggiunto i dodici anni ed era
ormai pronto per il Bar Mitzvah, figlio anche lui del precetto. Ogni anno Joseph e la sua famiglia si recavano, insieme ad altre famiglie della comunità e a numerosi amici,
a Gerusalemme per la festività di Pesach. Era un cammino allegro in mezzo alla natura risvegliata ancora una volta dal miracolo della primavera. Tutto era in fiore, i prati
verdeggiavano dopo le piogge invernali. I gruppi procede-
vano vociando e ridendo, ogni tanto qualcuno intonava un

canto al quale si rispondeva battendo le mani al ritmo dei passi e della melodia, s'intrecciavano i pettegolezzi, felici di salire alla città santa per commemorare la liberazione del loro popolo dalla schiavitú del faraone.

Nella confusione della festa e degli amici avevano perso di vista Joshua; quando avevano preso il cammino del ritorno senza riuscire a vederlo, avevano pensato sulle prime che il ragazzo si fosse unito ad un altro gruppo di amici. Solo dopo una giornata di viaggio Miryam e Joseph s'erano resi conto che il figlio prediletto non era con nessuno di loro. Col cuore pieno d'angoscia avevano lasciato la comitiva tornando precipitosamente a Gerusalemme. Dopo molte ricerche, dopo aver chiesto a decine di passanti se avevano visto quel certo ragazzo, erano finalmente riusciti a trovarlo. Joshua era in sinagoga intento a discutere con i rabbini piú anziani. Non poneva solo domande, obiettava alle risposte dei maestri, proponeva un'interpretazione diversa richiamando un argomento o un versetto che nessuno aveva ancora citato. Quelli lo guardavano stupiti ma anche diffidenti. Da dove veniva quel ragazzo nel quale sapienza e presunzione si mescolavano con tale giovanile sfrontatezza?

Miryam allora s'era avvicinata a lui col volto teso dall'ansia.

– Figlio, perché ci hai fatto questo? Tuo padre e io ti abbiamo cercato dappertutto, ti credevamo perduto.

– Perché mi avete cercato? Ormai sono grande, devo occuparmi delle cose del padre celeste.

Joseph era sobbalzato all'impudenza di quelle parole dette a una madre. Miryam, con il viso tra le mani, cercava di nascondere le lacrime davanti ai maestri che la guardavano compresi del suo sgomento. Alcuni di loro non nascondevano però un'espressione canzonatoria, quasi dicendo: te ne accorgerai, donna, quante pene ti può dare un figlio.

A Joseph le parole del ragazzo erano suonate incomprensibili. Anche ammesso che non fosse un offensivo rifiuto della sua paternità. Avrebbe voluto parlargliene, s'era ripromesso di farlo, un colloquio da uomo a uomo, una sera, loro due soli, finita la giornata, mentre si toglievano i lunghi grembiuli che usavano durante il lavoro. Gli anni però erano passati e quell'occasione non c'era mai stata. Intanto il ragazzo era diventato un uomo; anche lui, come già avevano fatto gli altri figli, aveva lasciato la casa per seguire un profeta di nome Giovanni che aveva ripreso a battezzare con acqua.

Nelle ultime luci del giorno che va morendo Joseph siede sulla soglia della sua povera casa. Passa lentamente una pietra ruvida sulla tavola per renderla liscia come avorio e piacevole al tatto. Non guarda la tavola però, i gesti sono ciechi, guidati dall'esperienza; guarda la collina degli ulivi di fronte a sé. Sa che suo figlio talvolta incontra lí i suoi seguaci. È diventato un rabbino sapiente, un profeta, un uomo molto amato e molto odiato, come tutti coloro che portano novità e infrangono l'inerzia della consuetudine. Trema per lui, come ha tremato in quel lontano giorno a Gerusalemme quando temeva d'averlo perduto per sempre. Guarda verso la sommità della piccola altura, sa che circa a quell'altezza si trova il luogo dove incontra talvolta quelli che ascoltano la sua parola.

Con l'oscurità che cresce, la sua attenzione è attirata da un confuso vociare che sale dal fondo della vallata. Una turba di persone sta attraversando il torrente, alcuni di loro sembrano armati. Joseph lascia cadere la tavola, aguzza la vista, si chiede perché, alla vigilia di una festa cosí gioiosa, quella folla sembri mossa dall'odio. Si chiede dove siano diretti, un presagio sinistro lo colma d'angoscia.

Si chiede anche se dovrebbe scendere per capire meglio di che si tratti.

Infatti si alza, ripone la tavola all'interno della stanza. Esita. L'angoscia si è trasformata in scoramento. Non sa che fare, teme, avvicinandosi, di veder confermata la sua premonizione, ha paura che il suo vecchio cuore non regga all'urto d'una conferma. Pensa anche che la sua esitazione dipenda non dai dubbi ma dalla viltà, avverte un moto di ribellione contro se stesso. Prende il bastone da viandante che lo sorregge sugli scoscesi sentieri della collina, è deciso ad andare. Poi si ferma, asciuga bruscamente una lacrima, rientra in casa per accendere il fuoco.

La febbre doveva averla abbandonata, Claudia prova ad alzarsi.

Sorretta dall'ancella Didia Clara tenta qualche passo per la stanza, barcollando per un leggero senso di vertigine.

– Forse dovresti mangiare qualcosa, – la esorta la fedele Didia.

– Meglio di no. Devo solo abituarmi al movimento. Dammi il braccio, usciamo sul terrazzo.

Il profondo blu della notte d'Oriente comincia a stemperarsi. Verso est, al di là del deserto di Giuda, affiora il profilo dei monti lontani con una piú intensa tonalità contro il cielo che accenna a schiarire. La prima brezza del crepuscolo agita le ramaglie delle palme facendo cadere qualche dattero.

– In una notte come questa m'invade una grande nostalgia per Roma.

Non sapeva perché avesse sentito il bisogno di confidare alla ragazza il suo sentimento. L'avevano forse spinta i profumi intensi che precedono l'alba, uccisi dal sole durante il giorno. Il grido lontano di uno sciacallo vagante in qualche uadi alla ricerca di cibo.

– Anche tu?

La ragazza accenna un gesto di diniego, solo quando Claudia le rivolge uno sguardo interrogativo aggiunge sottovoce: – Sono fidanzata.

Forse era arrossita, anche se nell'oscurità era difficile dirlo. Claudia sorride stringendole la mano con affetto quasi materno.

– Romano?

– È un *princeps prior*, comanda una coorte.

Anche lei aveva conosciuto il periodo in cui la presenza, la compagnia notturna di un uomo, faceva dimenticare ogni altra cosa. Quanti anni erano passati da Ventotene e poi dalla corte di Tiberio dov'era arrivata vergine non solo nel corpo ma nello spirito, ignara che le passioni d'amore possano mescolarsi cosí pericolosamente con le piú sordide lotte per il dominio su un'altra persona, per il conseguimento del potere.

Adesso si chiede, percorrendo su e giú il terrazzo al braccio dell'ancella paziente, che ruolo abbia avuto Ponzio nel cambiamento verificatosi in lei da qualche anno. Crede di poter dire che sia accaduto dopo l'arrivo in quella terra e a Gerusalemme; per l'influenza di una città che pare attraversata da ogni sorta di spiriti, compresi quelli malvagi. Le tornano alla mente le parole di Orazio citate da Lucilio: cambiare cielo forse aveva cambiato anche il suo animo.

Era passata attraverso le esperienze piú diverse. Aveva goduto il corpo di molti uomini e donne senza mai chiedersi perché. Lo facevano tutti, aveva solo imitato gli esempi che vedeva intorno a sé, il mondo nel quale era cresciuta, il solo che conoscesse. Aveva imparato a cogliere la muta richiesta di uno sguardo al quale si poteva o doveva solo acconsentire. S'era genuflessa davanti all'imperatore chiedendosi ogni volta se lui l'avrebbe mai invitata con uno sguardo a raggiungerlo nella sua stanza. Non era mai accaduto e ne era stata felice; c'erano ragazze che avrebbero ucciso per ricevere quell'invito.

Poi le avevano messo intorno Ponzio perché, prima che fosse troppo tardi, raccogliesse ciò che restava di lei ricomponendolo nella dignità di una matrona romana. Era un uomo di bell'aspetto, aveva partecipato con valore a varie imprese militari. Tra i suoi antenati c'era Lucio Ponzio Aquila, uno dei congiurati che avevano pugnalato Cesare alle idi di marzo. La prima volta che s'era spogliato davanti a lei aveva mostrato con fierezza la lunga cicatrice che gli

attraversava il petto, un colpo di daga gli aveva squarciato
la lorica durante la campagna contro i Parti.

– Ne porto ancora il segno come vedi, ma quell'uomo è
morto, – aveva aggiunto con orgoglio, ridendo.

S'era resa conto presto delle debolezze di lui: sapeva di
essere in ritardo nel *cursus honorum*, e aveva chiesto con
insistenza a Seiano di essere assegnato a quella scomoda
provincia per recuperare prima che cambiassero gli equilibri della corte e il suo protettore fosse tolto di mezzo,
destino comune a molti.

O forse no, il momento in cui aveva davvero cominciato a pensare, c'era già stato a Roma, durante i suoi primi
colloqui con Anna l'Ebrea. Le aveva rivelato alcuni segreti
della sua misteriosa religione dove si credeva che esistesse un solo dio padrone di tutto, capace di tutto. L'idea
l'aveva fatta sorridere ma la serietà con cui Anna parlava
di quelle cose l'aveva anche spinta a riflettere. Non aveva
mai visto nessuno dedicarsi ai culti con una tale partecipazione. Quel po' di attività religiosa alla quale era stata
chiamata l'aveva lasciata indifferente allo stesso modo in
cui erano indifferenti tutti quelli che aveva intorno. Gesti
e formule che bisognava ripetere per abitudine, imitando i
vicini, pensando ad altro. Qualche piccola vibrazione aveva sentito in sé o colto negli altri solo quando il culto era
dedicato alla sua città, al suo potere, alla Dea Roma che
da secoli ne assisteva le fortune.

Guardò la paziente fanciulla che accompagnava i suoi
passi, muta, mezza addormentata. Non le aveva mai chiesto quanti anni avesse, pochi sicuramente, l'età senza pensieri in cui un uomo basta a riempire per intero l'orizzonte della vita.

– Mi puoi lasciare, adesso. Posso continuare da sola.
Va' a dormire.

XII

Da che cosa si vede che un personaggio è il protagonista di una storia? Dallo spazio che l'autore gli concede? Dalla qualità delle sue parole? Dal numero di episodi che lo riguardano? Dall'intensità dei suoi sentimenti? Se la storia che state leggendo ha un protagonista questi è il prigioniero che nelle «oscure latebre», come le chiama Claudia Procula, sta assaporando il calice della sua agonia spirituale che, prima ancora di quella fisica, lo attende. Però l'autore prova un certo ritegno a dilungarsi su di lui, ne teme l'altezza dello sguardo, l'insondabilità del pensiero.

Preferisce far parlare e muovere altri personaggi, in primo luogo i dominatori romani, mostrandoli attraverso fatti accertati che li descrivono e altri che, ragionevolmente, sarebbero potuti accadere. In genere la presenza e l'atteggiamento dei Romani vengono trascurati. È un errore. Non si può capire lo svolgimento dei fatti se non si dà il giusto rilievo alle truppe che occupavano quella provincia, agli incidenti da loro o a causa loro provocati, dall'atmosfera che la loro semplice presenza in quel territorio era in grado di creare.

L'attenzione di tutti è stata sempre concentrata su Gesú, com'è giusto che sia poiché è di lui che si parla, è lui che ancora parla a noi. Trascurare altri aspetti e protagonisti impedisce però di capire quali ragioni reali – si potrebbe dire «storiche» – portarono alla tragedia del Calvario. Quell'uomo si trovò a diffondere un messaggio fortemente innovativo (rivoluzionario?) in un ambiente per alcuni aspetti impreparato ad accoglierlo, per altri apertamente ostile, per altri ancora cosí profondamente corrotto da non riuscire nemmeno a prendere in considerazione novità di tale portata.

Anche se questo racconto tenta di descrivere soprattutto gli uomini e le donne che si mossero intorno a Gesú, ci sono però nella sua vita episodi che non possono in alcun caso essere ignorati. Tra quelli che meglio descrivono quell'uomo santo c'è il suo discorso o sermone detto «della Montagna». Ne riferisce lungamente il testo attribuito a Matteo.

Gesú vede una turba di persone che vogliono ascoltarlo, allora sale su una modesta altura, si siede, chiede a tutti di avvicinarsi e prende a parlare. Annuncia che considera beati i poveri in spirito, gli afflitti, i misericordiosi, quelli che hanno fame di giustizia, i perseguitati. In poche parole capovolge le regole, mette gli ultimi ai primi posti, rovescia le categorie consuete, sovverte l'ordine abituale, si comporta come un agitatore sociale. Proclama che gli operatori di pace saranno chiamati figli di Dio, che lui stesso se ne dice figlio.

Molte altre cose dice Gesú; si è seduto su quella pietra posta in alto perché tutti possano vederlo e, vedendolo, ascoltino meglio la sua voce. Parla dell'adulterio, parla dell'inutilità dei giuramenti perché il parlare di un uomo dev'essere «sí sí, no no» e «il di piú viene dal maligno». Grida la necessità del perdono e dell'amore che deve spingersi fino al limite inaudito di amare i propri nemici. Questo vuol dire scacciare la bestia che si nasconde nel cuore di ognuno, sopprimere l'istinto ereditato da un primitivo stato ferino, trasformare chi è capace di cogliere il messaggio in un figlio prediletto dello spirito.

Molte altre cose disse Gesú quel giorno: il modo in cui si deve pregare o come si deve fare un'elemosina, perché non si debbano giudicare gli altri, perché si debba rinunciare alla vendetta e anzi offrirsi senza difesa alle percosse, che vuol dire far toccare all'umana natura la sua totale sublimazione, la sua utopia. I precetti che proclama anticipano il Regno di Dio che ritiene imminente. Ciò che dice nega la realtà di un mondo in cui dominano principî e comportamenti opposti: menzogna e avidità, ingiustizia e odio.

Tutti coloro che lo hanno ascoltato in quella memorabile giornata sono rimasti muti e perplessi, tale la forza del suo insegnamento e l'autorità con la quale affermava precetti sconvolgenti che molti ascoltavano sbigottiti; la sua infatti è una visione della vita che solo alcuni spiriti magni sono stati capaci di accogliere e hanno tentato di seguire.

Ad almeno due di questi grandi spiriti dobbiamo accennare tralasciando momentaneamente le segrete del palazzo di Ponzio Pilato, l'infelicità di sua moglie Claudia, la doppiezza di Caifa, le perplessità di Caio Lucilio, la malinconica solitudine di Joseph, che ha visto il sinistro corteo risalire lungo la collina presagendo in cuor suo la tragedia.

Anche se per prudenza Gesú aveva detto di non essere venuto per abolire la Legge e i profeti ma solo per completarla, la verità è che in quella giornata, seduto su quella pietra alta sulla folla, aveva dettato una legge nuova, ridisegnato la natura umana in un tentativo di rinnovamento che non aveva mai conosciuto l'eguale. Sublime perché irraggiungibile. E viceversa.

Solo due esempi, dunque.

Giovanni Bernardone, figlio di Pietro, è il primo di questi spiriti. Venne al mondo nel 1182 in una quieta regione di piccoli borghi e di boschi, al centro d'una penisola chiamata Italia. La sua vita avrebbe dovuto essere segnata dalla normalità mercantile del figlio maschio di un agiato trafficante di tessuti. Sua madre avrebbe desiderato che si chiamasse Giovanni, suo padre impose però il nome di Francesco, ovvero «il francese», forse in omaggio alla regione della Provenza con la quale, commerciando in tessiture, aveva edificato la sua fortuna.

Quando lo spirito di Francesco venne invaso da Dio il suo comportamento e l'aspetto mutarono cosí radicalmente che i passanti, vedendolo aggirarsi per Assisi stravolto, lacero, pallido come un morto, cominciarono a tirargli pietre e manciate di terra; lo irridevano chiamandolo pazzo.

Nel suo percorso di santità c'è un momento in cui tutto diventa irrevocabile. Una scena che lascia sbalorditi, una decisione senza ritorno.

Suo padre Pietro deve rassegnarsi: quel figlio è ormai perso per la famiglia e per il mondo. Lo denuncia al vescovo. Davanti ai giudici, Francesco si sente ordinare: «Restituisci a tuo padre tutti i denari che hai... Dio non vuole che tu spenda a beneficio della Chiesa i guadagni di tuo padre».

Francesco prende quelle parole alla lettera, restituisce tutto, non solo i soldi, tutto ciò che ha, compreso ciò che lo riveste, tutto.

Scrive il suo biografo Tommaso da Celano: «Senza dire o aspettar parole, si toglie tutte le vesti e le getta tra le braccia di suo padre, restando nudo di fronte a tutti. Il vescovo, colpito da tanto coraggio e ammirandone il fervore e la risolutezza d'animo, immediatamente si alza, lo abbraccia e lo copre col suo stesso manto. Comprese di essere testimone di un atto ispirato da Dio al suo servo, carico di un significato misterioso».

Francesco si fa nudo come al momento della nascita perché la spoliazione appaia, nel modo piú esplicito, ciò che vuole essere: una completa, totale rinascita. Lui che era nato tra i primi si fa di sua volontà ultimo. Se c'è stato un momento in cui il Discorso della Montagna ha preso forma incarnandosi in un uomo, ciò è avvenuto con Francesco, in quel lontano giorno sulla piazza di Assisi.

Un'altra figura sembra aver colto lo spirito di quel Discorso. Il suo nome è Mohandas Karamchand Gandhi ma le folle sterminate, coperte di cenci, del subcontinente indiano lo hanno chiamato semplicemente «Mahatma», grande anima. Dopo il diploma va a studiare Legge in Inghilterra, diventa avvocato, si trasferisce in Sudafrica. Un giorno, mentre è in viaggio su un treno, un controllore lo scaccia dallo scompartimento di prima classe; ha un regolare biglietto ma è un indiano. Ha solo ventiquattro anni, non tollera l'affronto. Riunisce gli indiani di Pretoria e costringe le autorità del paese a scusarsi, garantendo che episodi del genere non accadranno piú.

Quando diventa un noto e ricco avvocato, fonda un giornale, conia e lancia una parola nuova: *Satyagraha.*

Preso alla lettera quel termine vuol dire «non violenza», disobbedienza civile, resistenza passiva. Ma c'è chi dice che nella lingua di Gandhi abbia un significato piú sottile, includa concetti come forza della verità, essenza dello spirito e che la sola aura di quelle quattro sillabe permetta d'intravedere un'alternativa morale all'oppressione e allo sfruttamento.

Quando fa ritorno in India si scontra con la cocciuta mentalità che sempre e ovunque caratterizza i conquistatori coloniali: gli Inglesi in India, gli Italiani in Libia, i Francesi in Algeria, i Russi in Polonia, gli Americani nella frontiera del West, i Romani a Gerusalemme. Annuncia di voler lottare con ogni forza contro la dominazione coloniale. Terrà fede all'impegno fino alla conquista dell'indipendenza, il 15 agosto 1947. È un uomo macilento, provato dal digiuno, spesso incarcerato; ha attraversato l'India coperto da una tunica bianca annodata ai fianchi e un paio di occhiali tondi di ferro sul naso – ma ce l'ha fatta. Ha applicato il metodo della non violenza, alle micidiali mitragliatrici inglesi ha opposto l'implacabile dolcezza della sua *Satyagraha.*

Anche Gandhi è stato toccato dal Discorso della Montagna pronunciato duemila anni prima in una terra soggetta, come la sua, a una brutale dominazione. In una raccolta di suoi scritti afferma: «Mi colpí indelebilmente che Gesú fosse arrivato quasi a dettare una nuova legge benché, naturalmente, avesse negato che il suo scopo era questo e non il consolidamento della vecchia legge mosaica. In realtà Egli l'aveva cambiata al punto da farne una legge nuova: non occhio per occhio, dente per dente, ma il prepararsi a ricevere due colpi quando se ne è ricevuto uno, a fare due miglia quando ne è stato richiesto uno [...]. Fu quel sermone a farmi amare Gesú [...]. Finché rimarrà una sola bocca affamata, finché Cristo non sarà davvero nato, dobbiamo continuare ad aspettarlo».

XIII

Il prigioniero, prostrato, sfiora il pavimento con la fronte. Nell'intensità della preghiera il corpo pare vibrare. Caio Lucilio fissa la torcia di resina a un anello confitto nel muro. Il riverbero della fiamma distoglie l'uomo dal suo rapimento. Si alza, vede Lucilio appoggiato alle sbarre del cancello, un'ombra avvolta nel mantello, un lembo gli copre il capo e una parte del volto.

– Chi sei? – chiede avvicinandosi.

– Mi hanno parlato di te.

– Non è servito a molto.

Nella sua tunica sporca di sangue l'uomo appare pallido anche nell'incerta luce guizzante. Lucilio si chiede a chi possa far paura un giovane uomo di cosí spaventosa magrezza; lo colpisce tuttavia la penetrante forza dello sguardo.

– Di che ti accusano?

– Non lo so.

Lo dice con tono sommesso come per scusarsi di non poter dare una risposta piú esauriente.

– Hai provocato disordini, sobillato le folle, contestato il potere di Cesare. Questo dicono.

– Ho solo ricordato che dobbiamo tutto alla benevolenza divina, tradirla è un peccato grave.

– Hai dato scandalo.

– Ho indicato un'alternativa possibile, una vita libera dagli istinti, dal desiderio di possesso. Alta.

– Perché stavi pregando?

– Per essere forte.

– Hai paura?

– Sí.

L'uomo continua a rispondere con voce ferma e sommessa senza particolari intonazioni, come se non parlasse di se stesso. A dispetto del tono spento della voce, Lucilio sente quale forte attrazione si sprigioni da lui, non attenuata nemmeno dall'elusiva brevità delle risposte. Dice di voler essere forte ma sembra chiaro che lo è già, nonostante la paura. Ostinato sicuramente.

– Vuoi fondare una nuova religione?

– Non l'ho mai detto. Anzi, ho detto che non voglio abolire la Legge o i profeti, non sono venuto ad abrogare ma a compiere.

– Non è facile crederti, ti dico la verità. Mi hanno riferito che una volta hai addirittura detto di voler impugnare una spada, fondare un regno.

L'uomo sorride mestamente, scuotendo un po' il capo.

– Non negarlo. Me l'hanno raccontato persone sincere.

– Tu sei romano, vero? Perché sei qui?

– Mi hanno incaricato di un certo lavoro ma da qualche tempo sto solo cercando di capire.

– Se davvero vuoi capire ci riuscirai; sta' attento al punto da cui parti.

– Non lo so, è tutto molto diverso e la mia condizione di romano non aiuta. Molti di voi chiedono solo di essere liberati dalla nostra presenza.

– Piú importante che liberarsi dai Romani è liberare le anime. Il regno di cui parlo non appartiene a questo mondo. Indico un'alternativa. Totale.

– Devi spiegarti meglio, è per quella spada di cui hai parlato che adesso ti accusano. Dicono che volevi farti re.

– Guardami: mi vedi davvero seduto su un trono con una corona in testa?

Fa una pausa fissando Lucilio. Domanda elementare ma aveva colto il punto: immaginare quell'uomo seduto su un trono era impensabile.

– Chi voleva intendere ha inteso, – aggiunge.

– Avresti dovuto scegliere meglio le parole allora, le persone con cui parlare.

– Ho parlato di tutto e con tutti, questo dovevo fare: prostitute, adultere, donne invasate, malati, ciechi. Ho parlato con Dio. Ora parlo con te.

– Mi dicono che secondo te il mondo sta per finire e che tutti risorgeranno. Ci credi davvero?

– Cosí è scritto.

– È scritto anche il contrario.

– Frutto della disperazione.

– Allora ti pongo un quesito: se una donna sposata resta vedova e poi sposa un altro marito e magari un terzo, di chi sarà moglie dopo la resurrezione?

– I figli di questo mondo prendono moglie e prendono marito; ma quelli che sono giudicati degni dell'altro mondo e della resurrezione dai morti non prendono moglie né marito; e nemmeno possono piú morire, perché sono uguali agli angeli e, come figli della resurrezione, sono figli di Dio.

– Dovrei ritenere vero quello che dici, per crederti.

– Se stai cercando di capire la verità devi viverla.

– C'è un destino sopra di noi.

– Il destino non è un fato ineluttabile. È saper leggere dentro di sé, riconoscersi.

L'uomo si avvicina al pesante cancello che li divide, poggia anch'egli le mani sulle sbarre stringendole con tale forza che le nocche sbiancano. Ora il suo viso con i segni delle percosse, coperto da un velo leggero di barba, è a pochi centimetri da quello di Lucilio.

– Questa è l'ultima volta che parlo davvero con un uomo, il poco che resta saranno parole inutili, risposte già date prima ancora di chiedere.

Grazie alla sua straordinaria capacità di attrazione, Joshua riesce a creare subito un rapporto con chiunque incontri, le persone piú umili e le piú elevate, mendicanti e dignitari, lebbrosi e intellettuali. Con ogni tipo di donna anche: le prostitute, le adultere, la donna invasata dai demoni, la samaritana al pozzo nonostante i difficili rapporti tra Samaritani e Giudei. Che cosa lo muove? Che si propone di fare? Un episodio dei piú illuminanti racconta come un giorno il fariseo Simone lo invitò a pranzo a casa sua. Joshua ha appena cominciato a mangiare quando entra una prostituta che, saputo della sua presenza, vuol rendergli omaggio. Infatti si presenta con un vasetto di unguenti profumati, si getta ai suoi piedi, comincia a bagnarli di lacrime per poi asciugarli con i suoi capelli che ha lunghi e sciolti sulle spalle. Bacia i piedi di Joshua e li cosparge di unguento. Il padrone di casa si risente per quella scena. Pensa tra sé: se quest'uomo fosse davvero un profeta saprebbe che la donna che lo sta toccando è una peccatrice. Non permetterebbe un contatto cosí impuro. Joshua intuisce i pensieri dell'uomo, sa che la Legge proibisce un contatto cosí intimo con una donna pubblica. Lo guarda e gli dice: «"Simone, sta' a sentire. Un tale aveva due debitori, uno gli doveva cinquecento shekel, l'altro cinquanta. Dato che i due non avevano di che restituire, decide di abbonare il debito a entrambi. Ti chiedo: chi dei due lo amerà di piú?" Simone risponde pronto: "Immagino quello cui ha condonato di piú". "Bravo Simone". Poi indicando la donna aggiunge: "Vedi questa donna? Sono entrato nella tua casa e tu m'hai dato acqua per i piedi; lei invece me li ha bagnati con le lacrime e li ha asciugati con i capelli. Tu non mi hai dato un bacio, lei invece me ne ha dati molti. Tu non mi hai cosparso il capo di olio profumato, lei mi ha cosparso i piedi di unguento. Per questo Simone ti dico: le sono perdonati i suoi molti peccati perché ha molto amato. Invece quello cui si perdona poco ama poco"».

Joshua afferma qui un principio di vita grandioso ma che le gerarchie di una qualunque Chiesa possono vedere come un pericolo. Il monaco ribelle Martin Lutero lo riprenderà piegandolo ai suoi fini. «Pecca fortiter, – afferma, – sed fortius crede». Pecca anche molto, ma credi ancora di piú. Dal peccato ci si riscatta dunque senza fare ricorso a chiese o sacerdoti, basta un rapporto diretto con la divinità che sa come leggere nel cuore di ognuno. La forza dell'amore e la forza della fede. Joshua apre anche questa strada senza troppo preoccuparsi se la terapia dell'amore da lui indicata viola la Legge e irrita i sacerdoti del Tempio; dimostra anche in questo una totale libertà incurante dei nemici potenti che giudicano intollerabile una tale predicazione e vanno accumulando prove contro di lui. Sa che potrà pagare cara quella libertà, ma non se ne cura.

L'episodio della prostituta che chiede aiuto ha dato origine a una distorsione di prospettiva per un'altra donna anch'essa bisognosa d'aiuto. Si chiama Maria e viene da Magdala, cittadina sul lago di Galilea, infatti la conosciamo come Maria Maddalena o semplicemente «la Maddalena», una delle figure piú misteriose e seducenti delle Scritture.

Chi fosse in realtà non lo sapremo mai, anche in questo caso le notizie sono scarse e vaghe, si prestano a numerose interpretazioni – infatti sono state interpretate nei modi piú diversi. Si è arrivati a dire che Maddalena sia stata la vera autrice del vangelo detto di Giovanni, che fosse lei quel discepolo amato piú degli altri di cui ripetutamente si parla. Secondo il vangelo gnostico di Filippo, Joshua baciava spesso Maddalena sulle labbra. Scrive: «La compagna del Salvatore è Maria Maddalena. Cristo la amava piú di tutti gli altri discepoli e soleva spesso baciarla sulla bocca. Gli altri discepoli ne furono offesi ed espressero disapprovazione. Gli dissero: "Perché la ami piú di tutti noi?"».

Nel famoso romanzo di Dan Brown Maria Maddalena diventa addirittura la sposa del profeta, madre dei suoi figli. È possibile? Tutto è possibile in una storia cosí frammentaria. È anche possibile che quei frequenti baci non avessero carattere erotico ma fossero baci rituali o santi che denotavano fratellanza e comunione di fronte a Dio; o addirittura che non di veri «baci» si trattasse ma solo di metafore che alludono, nella visione gnostica, all'unione di due eoni, spiriti.

Secondo una corrente cristiana di minoranza, Maddalena sarebbe stata a capo di una delle prime comunità, ipotesi fortemente contrastata da altri anche se la sua presenza ai piedi della croce dimostra che aveva sicuramente un peso nel piccolo gruppo dei seguaci di Joshua.

È inutile inseguire certezze tra queste numerose possibilità sulle quali gli specialisti continuano a dividersi; ognuna di queste poggia su poche frasi, interpretabili alla lettera o come metafora. La sola certezza è che nelle Scritture Maria Maddalena ha una rilevanza addirittura maggiore di quella della stessa madre di Gesú.

Alla sua importanza, testimoniata anche dall'abbondante iconografia che la riguarda, ha contribuito la sua identificazione con la prostituta che lava e asciuga i piedi di Gesú. Le due donne, verosimili protagoniste di episodi diversi, sono state fuse in un personaggio unico, si potrebbe dire per attrazione narrativa. Una donna che passa a una vita di santità dopo aver a lungo peccato nella carne è un personaggio seducente che può essere di notevole aiuto in una moralità sessualmente repressiva.

– Che vuol dire che io posso vivere la verità? – chiede Lucilio. Quelle parole gli sono sembrate importanti ma non riesce a coglierne il senso.

L'uomo lo fissa, gli afferra una mano, la stringe. Da quelle dita scarne che paiono già morte emana un calore di febbre.

– Conosco la tua vita, – risponde. – Le tue esperienze, le amicizie, i dubbi. Questo vuol dire. Devi affondare in te come una lama.

Joshua si allontana nel buio della cella, il passo è come svuotato, con una mano si sorregge alla parete.

– Aspetta, non te ne andare, – esclama Lucilio senza

rendersi conto dell'assurdità di parole come quelle rivolte a un prigioniero.

– Ti ascolto, – ha appoggiato la schiena alla parete, chinato il capo a terra, esausto.

– Mi hanno detto che hai parlato anche delle famiglie dicendo cose terribili: che volevi dividere il figlio dal padre, la nuora dalla suocera.

– È vero, l'ho detto, ma non nel senso in cui l'hanno inteso –. La voce suona di nuovo stanca, il tono impersonale come se stesse parlando di altri.

– Ora lo so, avrei dovuto spendere piú parole, farmi capire meglio, come hai detto tu. Quando ho affermato: «Colui che non odierà il padre e la madre non potrà divenire mio discepolo»; quando ho detto: «Non crediate che io sia venuto a portare la pace sulla terra, non sono venuto a portare la pace ma la spada»; quando ho detto: «Nemici dell'uomo saranno quelli di casa sua», intendevo che non voglio una fede chiusa nell'ambito di una famiglia dove spesso ci si perde nell'egoismo dei piccoli interessi e dei piccoli rancori: i figli, la terra, gli animali, gli schiavi, le lotte per la spartizione dei beni. Volevo sottrarre i giovani a questa logica oppressiva. Non voglio una fede che si limiti ai riti della sinagoga, alla ripetizione meccanica dei versetti, all'obbedienza formale della Legge con il cuore vuoto, senza spirito, senza slancio, senz'anima. Le strutture religiose diventano spesso uguali alle istituzioni politiche, creano gerarchie, poteri, interessi, circola denaro, si mercanteggiano favori, si parla e si scrive troppo. Io non ho mai scritto una parola – o forse sí, una volta l'ho fatto, ma una sola. Volevo che le mie parole fossero come il vento che in primavera porta con sé i semi e li deposita dove capita, i semi cadono, dove trovano terreno fertile attecchiscono e cresce la pianta e dove c'era il deserto può crescere una foresta. Al centro della mia religione, che è la religione dei padri e del libro santo, non c'è piú il Tempio ma la forza dello spirito, l'amore che muove il mondo e l'altre stelle. Sono stato acclamato dalle turbe ma i pochi che davvero mi seguivano cercando d'intendere la mia parola erano uomini poveri e semplici, hanno lasciato il poco che avevano per una vita raminga. Attraversavamo i villaggi, dormendo dove ci ospitavano, mangiando ciò che ci veniva offerto. Ma potevamo anche dormire sotto la tremula fiamma delle stelle uniti da una tale fiducia nel Santo Benedetto da non patire il freddo né la fame, invocando il suo nome e nel suo nome cercando di dare un po' di serenità agli afflitti.

Lucilio fissa sgomento il volto scarno ora leggermente arrossato dalla passione che ha messo in quelle parole. Si trova davanti a un pazzo che ha fatto di tutto per finire nella condizione in cui ora si trova.

– Ti rendi conto di che cosa hai fatto?

L'uomo lo fissa perplesso come se non capisse la domanda.

– Hai costruito la tua rovina. Ti sei messo contro tutti i poteri del tuo paese… e anche del mio. Non puoi demolire l'idea della famiglia o l'ordine sociale. È necessario che ci siano i ricchi, i meno ricchi e i poveri, i mercanti, i sacerdoti, i soldati, i filosofi e i ladri, di tutto questo vivono una città e un paese.

– Non il mio, Lucilio. Non quello per il quale vale la pena vivere, uomini consapevoli di che cosa voglia dire l'esistenza umana, compresi i bambini e le donne, i poveri, gli esclusi. Io voglio che i sani e gli ammalati, i poveri e i ricchi siedano uno accanto all'altro alla stessa mensa, spezzando lo stesso pane.

– Tu vuoi la tua rovina.

– Perché lo dici? Io voglio che il mondo si regga sull'amore. Se io non sono per me, chi è per me? E se io sono solo per me stesso, cosa sono? E se non ora, quando?

Anche Lucilio per la prima volta parla con tono concitato.

– Ma non ti rendi conto che dicendo queste cose metti

in pericolo equilibri complicati, rompi abitudini e convenienze? Ti contraddici: l'hai detto tu che le strutture religiose tendono a diventare uguali a quelle della politica. Come vuoi che reagiscano se ne comprometti l'esistenza?

– Voglio che le strutture religiose, proprio perché religiose, riscoprano la ragione profonda del loro stare nel mondo e si redimano.

– Ma com'è possibile che lo facciano se sono come tu le descrivi?

– Io ho rotto le loro catene, aperto una via.

– Joshua Ha-Nozri, lo ripeto: tu hai segnato la tua rovina.

– Ti racconterò una storia. I campi di un uomo molto ricco avevano dato un ottimo raccolto. L'uomo si chiese come fare per mettere da parte una tale abbondanza. Rispose: demolirò i miei magazzini, ne costruirò di piú grandi e vi raccoglierò tutto il grano e tutti i miei beni. Poi dirò a me stesso: anima mia, adesso possiedi molti beni per molti anni. Riposati, mangia, godi con gioia la vita. Ma ecco che gli appare Dio e gli dice: «Stolto, questa notte stessa la vita ti sarà tolta. A chi andrà quello che hai preparato?»

Lo fissa con quel suo sguardo acceso, dimentico della miseria, del destino che incombe su di lui, perso nella sua visione.

– Perché mi racconti questo? – chiede Lucilio.

– Perché la fine è vicina in ogni caso. C'è chi accumula tesori per sé e non arricchisce la sua vita davanti a Dio. La vita non vale per quanto è lunga ma per come viene vissuta. A nessuno è dato sfuggire alla morte poiché tutto ciò che è stato creato prima o poi perirà. Anzi, è la morte che dà valore alla vita, la rende nobile, consapevole.

Lucilio scuote il capo, ha capito finalmente il senso dell'apologo ma adesso sa anche che quell'uomo è davvero perduto.

– Non so se potrò fare qualcosa per te. Il poco che posso fare lo farò.

– Non ti dare troppa pena. Mi hai chiesto se ho paura.

Sí ho paura ma non delle sofferenze, di un'altra cosa. Temo che tutto ciò che ho fatto, il po' di bene che ho cercato di diffondere, sparisca con me. Ho paura di essere stato inutile perché parlare in nome dell'amore è piú difficile che vincere una guerra spietata.

S'erano uditi dei passi e il clangore di lame che cozzavano contro le armature, Lucilio s'affretta a soffocare la torcia in un bacile pieno di sabbia. Dalla sottile fessura posta sull'alto della parete filtra ormai la debole luce dell'alba.

Anche il profeta si volta a guardarla.

– Il giorno è spuntato, poche ore ancora.

Lucilio vorrebbe trovare una formula di congedo che comunichi la fratellanza, il desiderio di allontanare il destino che sente avvicinarsi insieme al passo ritmato dei soldati, amplificato dalle basse volte. Non gli riesce di trovare le parole, vengono alle labbra espressioni spente e confuse.

L'uomo capisce, sorride.

– Va' in pace Lucilio, tutto è compiuto.

XIV

Due ombre percorrono affiancate gli stretti vicoli della città vecchia. Devono coprire un buon tratto di strada prima di separarsi, ognuna diretta verso la sua dimora. Bisbigliano perché il silenzio della notte non dia eco alle loro parole portandole lontano. Anna dice a suo genero Caifa che il colloquio con il procuratore della Giudea gli è sembrato positivo, l'altro debolmente annuisce. Anna è contento della mossa finale che si è riservato. Sa di aver mentito: si è trattato di un arresto, non di una convocazione; circostanza innegabile: l'uomo è sotto custodia in una cella nel palazzo del procuratore. Lo stupido Pilato avrebbe potuto smentirlo immediatamente, non lo ha fatto, peggio per lui.

I confusi motivi religiosi esposti da Caifa erano solo colpi d'assaggio, una mossa per prendere tempo. Il punto cruciale era quello politico.

– Lo abbiamo stretto su un possibile crimine di lesa maestà, – sussurra Anna, – ora non può tirarsi indietro.

– Anche i motivi religiosi andavano presi in considerazione. Parliamo di uno straccione che frequenta i peccatori, senza autorità.

– Non la cerca, sta cercando di fare della povertà una forza.

– Se non hai autorità, carisma, come puoi guidare quelle pecore matte degli uomini? Un movimento senza un vero capo può creare solo turbamento. La nostra fede è diversa.

– Queste cose loro non le possono capire. Hanno una

religione grossolana fatta di divinità grottesche e oscene. Pensa a quella Venere, una prostituta. Pensa al capo degli dèi, Giove, un libertino che ogni tanto si trasforma in un cavallo o in un toro o in una pioggia d'oro per mettere incinta una donna terrestre. Sono cose per noi inconcepibili, è alta la nostra idea del sacro. Il Santo Benedetto, sia lode al suo nome, guarda lontano.

Caifa resta in silenzio sentendosi scavalcato, il vecchio ci tiene a far notare la sua superiorità. Prova a obiettare.

– Potrebbe ignorare il punto costringendo noi a denunciarlo pubblicamente. L'aureola del martirio spesso fa crescere la popolarità di un profeta.

– Quella fase è superata, ora è nelle sue mani, deve sbrigarsela lui.

– Potrebbe provocare reazioni di massa, giocando sul favore di cui gode.

– È una popolarità soprattutto rurale, in città non mi pare che sia cosí vasta.

– Non dimenticare l'accoglienza che ha avuto.

– I fanatici contano poco, si accendono e si spengono con la stessa velocità; aggiungo, con la stessa facilità.

– In ogni caso se il procuratore non cede alla nostra richiesta...

– ...Se non cede ricorriamo al governatore di Siria come abbiamo già fatto. Pilato lo sa, anche per questo starà attento. Se dovesse ripetersi l'incidente dei medaglioni, questa volta correrebbe un rischio estremo.

– Potrebbe farcela pagare.

– Lui conta poco. A Roma questa provincia non piace, se togliamo di mezzo qualche fanatico ce ne saranno riconoscenti, il resto è secondario.

Schermaglie. L'argomento principale che Anna teneva segreto, tacendone anche con suo genero Caifa, era un altro.

Durante la riunione notturna del Sinedrio aveva studiato con la piú grande attenzione l'atteggiamento dei presenti. L'accusa di tipo religioso o rituale chiaramente non funzionava, l'assemblea s'era divisa; qualcuno aveva parlato a favore del profeta ma anche tra coloro che avevano taciuto Anna sapeva per antica esperienza che se ne contavano parecchi favorevoli alle sue assurde tesi di rinnovamento; se le circostanze fossero peggiorate, se non avesse tenuto la situazione ben stretta nel pugno, sarebbero usciti allo scoperto. Dividere il Sinedrio voleva dire rischiare di perdere il controllo della maggioranza. La ragione per la quale aveva tirato in ballo la storia del «re dei Giudei» era dunque doppia. Da una parte scaricava su Pilato l'iniziativa, dall'altra metteva in campo un argomento che, trasferendo l'accusa dal campo religioso a quello politico, diminuiva le possibilità che il Sinedrio si dividesse.

Caifa rimugina tra sé le ultime parole; la mossa del suocero non lo ha convinto, soprattutto non gli è piaciuta; teme che, spiazzandolo in quel modo, abbia leso la sua immagine davanti al procuratore romano compromettendo la sua permanenza alla testa dell'istituzione. Non si governa un organismo cosí complicato senza avere le spalle ben coperte dal potere di Roma.

– Sono meno ottimista di te sull'esito dell'incontro, – sussurra ad Anna con un filo di voce, avvicinando addirittura la bocca all'orecchio dell'altro.

– Lascia lavorare il tempo.

– Anche questo mi preoccupa, tra poche ore spunterà il giorno, il tempo è poco.

– È tutto quello che ci serve.

Per il resto del tragitto non ci furono altre parole, solo il silenzio, spesso come un mantello di feltro. Con un rapido cenno di saluto, presero, poco dopo, ognuno la sua strada.

Nel buio della sua stanza, appena scalfito dalla tremolante fiamma d'una lucerna, Lucilio, reclino sul letto, è intento a leggere il proemio de *La natura delle cose* di Tito Lucrezio Caro. I versi di un autore morto da pochi decenni gli sembrano avere già una dimensione classica.

È una strana notte, abitata dalla presenza del prigioniero; la consueta quiete notturna è interrotta dall'eco di passi affrettati, qualche richiamo a voce troppo alta, un servo che attraversa correndo il patio interno;

> Madre degli Eneadi, voluttà degli uomini e degli dèi,
> alma Venere, che sotto gli astri vaganti del cielo
> popoli il mare solcato da navi e la terra feconda
> di frutti, poiché per tuo mezzo ogni specie vivente si forma,
> e una volta sbocciata può vedere la luce del sole.

Legge un'invocazione e una preghiera. Non ad Apollo però, a Venere, dea benigna che dispensa agli uomini il piacere e permette a tutto ciò che si muove sotto gli astri vaganti del cielo di continuare a vivere e a perpetuarsi. Lucilio sente in quei versi la forza della primavera, epifania divina, miracolo che ogni anno si ripete, a Roma, a Gerusalemme e in ogni angolo del mondo. Com'è preferibile, pensa, soggiacere alle leggi immutabili della natura invece che alla capricciosa volontà degli dèi. È Epicuro l'autore di questa rivoluzione. Mentre la vita umana giaceva oppressa dal grave peso della religione, lui per primo ha osato levare gli occhi sfidando il cielo, per primo s'è levato contro i fumi velenosi con i quali i celebranti ammantano i presagi, i loro incerti oracoli, le minacce di un eterno castigo.

Legge proprio questi versi nell'immenso poema, se ne sente partecipe soprattutto qui, in una città in cui si leva da ogni pietra il senso del divino con la seduzione e gli oscuri turbamenti che lo accompagnano.

Nel tepore della notte, Lucilio avverte acuta la nostalgia di Shimon dagli occhi di velluto che per prudenza è rimasto a Cesarea. «Israel, – gli ha spiegato una volta, – richiama l'idea di uno che lotta con Dio; questo caratterizza il mio popolo, la lotta con Dio, l'obbedienza e il contrasto con una divinità inconcepibile e ignota che ci impedisce la rassegnazione, ci porta alle divisioni e alla polemica, forzati a essere diversi, quindi mal tollerati per una fede che fuori di qui nessuno capisce».

Epicuro è contrario alla religione e ai suoi ministri, non però alla spiritualità. Il filosofo sente il respiro del mondo, Lucrezio invoca Venere perché la conoscenza della natura è capace di dissipare le vane paure agitate da sibille e oracoli, sacerdoti e indovini.

Che cosa resta quando si rinuncia al sacro? Dispersi quei fumi, non c'è il rischio di trovare solo un deserto? Senza l'incombente minaccia d'un castigo chi può contenere la furia animalesca degli esseri umani?

Confusi pensieri che ancora una volta lo rendono inquieto. Lucilio si alza, va alla finestra; alto nel cielo brilla un crescente di luna, in lontananza echeggiano i richiami degli animali selvatici che nel buio della notte vagano in cerca di cibo sulle colline intorno a Gerusalemme.

È tentato di prendere nota dei suoi dubbi per poterli forse chiarire; il pensiero delle cose gravi che stanno per accadere lo distoglie. Se potesse spiegare a Pilato con quale animo bisognerebbe amministrare un popolo cosí difficile, le cose potrebbero migliorare, per tutti. Sa però che è inutile perfino tentare. È anche possibile che abbia ragione lui; un comandante militare, un amministratore di uomini e di beni, un percettore d'imposte per la città che tutti li nutre non può lasciarsi distrarre da inquietudini cosí sottili.

In una notte che sembra non avere fine né riposo, Pilato ripercorre le varie fasi del colloquio avuto con i due lestofanti cercando di lenire le fitte allo stomaco con i consueti, lenti massaggi circolari. Rimedio inefficace, avrebbe bisogno di maggiore tranquillità d'animo non di massaggi. Oppure del suo bravo medico a Roma. Percorre il lungo ambulacro tra i due palazzi; lo stesso nel quale, al piano sottostante, ha appena ricevuto il capo del Sinedrio e suo suocero. Quando si trova in questo stato d'animo, tra dubbio e irritazione, tende a considerare la possibilità di porre fine a una trasferta cosí faticosa, chiedere di rientrare a Roma. Chiederà l'aiuto di Seiano; può facilitare il rientro nello stesso modo in cui, dieci anni prima, ha favorito la partenza.

Non subito comunque, deve prima risolvere in un modo o nell'altro la spinosa faccenda che di colpo s'è abbattuta sulle sue spalle. Tornare a Roma dopo una sconfitta, aggravata dai precedenti contrasti, equivarrebbe a un suicidio, forse non solo politico. Deve trovare una soluzione, scansare la trappola, ribaltare il colpo a suo vantaggio. Deve trovare un punto di equilibrio, il piú vantaggioso, tra la persona che tra poco dovrà interrogare e la riottosa comunità che ha intorno. Teme solo di essere spinto ad accettare la soluzione piú facile, per convenienza o per pigrizia. Prova un leggero senso di disgusto verso se stesso.

Vede Claudia che, stringendosi addosso il mantello nel freddo dell'alba imminente, attraversa in diagonale il cortile diretta ai suoi appartamenti. Anche sua moglie lo inquieta. Dov'era andata a quell'ora, appena liberata dalla febbre che l'ha afflitta? Non si fa troppe domande, Claudia l'ha abituato a comportamenti inaspettati. Il passo affrettato lo induce a sospettare che voglia lasciarsi velocemente alle spalle una colpa. Non indugia a guardarla, è concentrato sulla soluzione del problema e non riesce ancora a scorgerla.

Anche il passo di Nikephoros è affrettato. Ha trascorso parte della notte presso amici dei quali condivide le predilezioni. Torna sovrappensiero, stretto nel mantello che lo ripara dal freddo pungente dell'ora, sa che la situazione è complicata e che sta a lui, consigliere giuridico di Pilato, escogitare una soluzione. All'altezza del Tempio siriano, un'ombra si stacca dal muro e lo affianca. È un uomo colossale che lo supera di tutta la testa. Nikephoros porta la mano al pugnale, lo sconosciuto sembra avergli letto nel pensiero.

– Mi manda Fillide, – bisbiglia.

Continuano a camminare. Adesso sa che si tratta dello schiavo nubiano che sorveglia casa e clienti dell'etera di Cesarea. Lo ha visto per lo piú immobile nel suo angolo, due grossi fermagli d'argento alle orecchie, l'espressione concentrata, il torso possente, una lama ricurva alla cintura. Non ne ha mai udito la voce che è stridula, scopre. Contraddice la forza che emana dalla figura.

– Fillide ti saluta, – insiste.

– La saluto anch'io.

– Vuole tue notizie.

– Ho lasciato Cesarea tre giorni fa, non c'è molto da dire.

È evidente che c'è un messaggio nelle pieghe di quelle domande.

– Fillide vuole sapere se ci sono novità a palazzo.

– Quelle di cui m'ha parlato?

– Quelle o altre...

Nikephoros cerca di camminare piú rapidamente, la residenza del governatore non è lontana, vorrebbe liberarsi da quella che sta diventando una minaccia.

– Non mi pare che ci siano novità di rilievo.

L'uomo lo afferra d'improvviso per una spalla con la sua mano di pietra. Gli stringe l'omero, costringendolo a entrare insieme a lui nell'ombra di un'arcata, due gatti fuggono miagolando. Alle loro spalle si apre un vicolo fetido, a quell'ora sembra deserto. La voce dell'uomo, abbassandosi, s'è arrochita.

– Fillide dice che non devi mai mentire con lei.

Nikephoros annuisce, vergognandosi. Sa che il suo gesto è una resa. Reagisce, prova a rispondere con baldanza.

– Pago i servizi della tua padrona. Entro nella sua casa ed esco. Mi stai facendo violenza, ti farò appendere a una croce.

– Fillide dice che farà sapere a tutti le cose che le hai rivelato, che hai tradito i segreti e la fiducia di Pilato, che sulla croce ci finisci tu.

In fondo l'aveva sempre saputo che sarebbe potuto accadere, anche mentre parlava con lei, stordito dalle essenze, senza piú volontà né controllo, fantoccio nelle mani di una prostituta.

– Fillide vuole sapere se ci sono novità a palazzo, – l'uomo ripeté la domanda con tono di aperta minaccia.

– Ci sono sempre novità, ma come si può...

– Il galileo.

Nikephoros non può evitare di sobbalzare, allora è del galileo che adesso vuole sapere; si toglie di dosso la mano dell'eunuco che lascia correre, con la sua mole lo schiaccia contro il muro.

– È un affare di Ebrei, dí a Fillide che noi ci entriamo poco.

Mentre risponde cerca di capire quale collegamento possa esistere tra una prostituta d'alto bordo di Cesarea e un povero straccione che va predicando la penitenza e il digiuno. Nel buio non riesce bene a distinguere il volto dell'uomo, coglie solo il bianco degli occhi, il mobile balenio argenteo dei fermagli alle orecchie.

– Fillide dice che devi fare una cosa per lei, cosí lei ti ama e tu puoi stare tranquillo.

– Che vuole da me?

– È scritto qui –. L'uomo estrae dal corpetto un documento, glielo appoggia sul palmo poi gli stringe la mano a pugno. – Non lo mostrare a nessuno. Ti aspettiamo a Cesarea. Sii prudente, sta' sano.

Il buio e la volontà di allontanarsi il piú in fretta possibile impediscono al consigliere Nikephoros di leggere subito il messaggio, questo accresce la sua ansia. Se si escludono le sue debolezze sessuali è un uomo di coraggio, capace di ragionamenti sottili come si addice a un esperto di leggi. Il gigantesco nubiano si è dissolto nel nero della notte. Riprende il cammino ripetendosi la domanda: che cosa può legare una ricca prostituta a quel misero galileo? Nel documento che nasconde sotto il mantello e di tanto in tanto palpa può nascondersi la sua condanna.

Camminare in fretta gli ha restituito parte della lucidità. Tenta di darsi una risposta pescando nel libro santo del popolo ebraico che conosce bene. Nei secoli ci sono state numerose prostitute, o donne licenziose, che hanno determinato o preso parte a episodi fondamentali della politica, in forza del loro sesso, sfruttandolo. In anni remotissimi Tamara si è fatta passare per meretrice per giacere con suo suocero Giuda. Ha contrattato il prezzo prima di andare a letto ed è rimasta incinta di lui. La meretrice Raab si prostituisce in casa propria a Gerico; salva la vita agli esploratori di Giosuè, permette agli Israeliti di conquistare la città; Ruth, la moabita, antenata di David, riesce a prendere un secondo marito, Booz, dopo averlo sedotto grazie ai consigli licenziosi della madre del primo consorte: «Tu lavati, ungiti, mettiti il mantello e scendi nell'aia, non farti vedere da lui fino a che non abbia finito di mangiare e di bere, quando si sarà coricato, va', scoprilo dai piedi e coricati accanto a lui». Betsabea: la sua relazione con David comincia con una scena di concupiscenza e di adulterio: «Un pomeriggio David, alzatosi dal letto, passeggiava sulla terrazza della reggia, quando vide dall'alto della terrazza una donna che si lavava. La donna aveva un aspetto molto bello. David mandò a prendere informazioni su di lei e gli fu risposto: "È Betsabea, figlia di Eliàm, moglie di Uria l'Ittita". David mandò un messaggero per prenderla. Ella andò da lui ed egli dormí con lei...» Il testo dice perfino che le erano appena finite le mestruazioni. Dalila, prostituta, si sacrifica per scoprire dove risieda la forza smisurata di Sansone. Giuditta si concede a Oloferne per poterlo uccidere nella sua ubriachezza salvando cosí la città di Betulia.

E Fillide? Possibile che la molle cortigiana di Cesarea, gelida maestra di turpitudini, voglia aggiungersi a quella lista? Non le basta la ricchezza che ha raggiunto vendendosi? È implicata in qualche intrigo? Non era per amore del pettegolezzo che gli ha carpito quelle notizie, c'era uno scopo nella nuova richiesta cosí urgente, sta eseguendo un incarico. Per conto di chi?

Nikephoros cammina in fretta come non ha mai camminato, se Pilato avesse solo il sospetto di una sua indiscrezione o leggerezza, lo farebbe giustiziare su due piedi. Non la croce però, è un cittadino romano. A lui toccherebbe sentire sul collo la spada del carnefice.

Arriva a palazzo, la sentinella lo saluta aprendo il pesante portone. Raggiunge il suo alloggio, la lucerna è stata accesa dallo schiavo, il letto è pronto.

Nikephoros apre finalmente il messaggio con mani che leggermente tremano; leggendolo impallidisce.

XV

Quando il giorno è appena spuntato, Lucilio vede Claudia accompagnata da due ancelle. Si dirige verso il piccolo giardino interno; ha annerito le sopracciglia, truccato il volto cancellando le tracce della fatica e della febbre, profuma di eliotropio e di menta. Quando lo scorge gli sorride passandosi con mossa leggiadra il dorso della mano sulla fronte per ricacciare una ciocca.

Lucilio si avvicina, prendendola sottobraccio la porta lontano dalle ancelle che hanno cominciato a concimare le rose.

Passeggiano muti. Claudia si chiede che voglia adesso da lei quell'uomo per tanti aspetti enigmatico.

– Ho parlato con il prigioniero, l'ho interrogato, mi ha risposto, – dice lui.

– Gli hai detto del mio sogno?

– Non era opportuno.

– Ti ha convinto della sua innocenza?

– Non abbiamo parlato nemmeno di questo. Tutti si dichiarano innocenti anche quando il carnefice sta piantando i chiodi. Lui mi ha raccontato il senso di ciò che intendeva fare.

Claudia lo interroga con lo sguardo.

– Non lo so, – risponde Lucilio. – Molte cose giuste, molte confuse. Dice di aver voluto rendere gli uomini liberi. Dai riti, dalle forme, dai sacerdoti. Libero ognuno con la sua coscienza davanti a Dio.

– Quando è arrivato in città l'altro giorno sembrava

avere il popolo dalla sua parte. Gli gettavano fiori agitando le fronde degli ulivi, gridavano «Osanna».

– Sarebbe un ingenuo il tuo profeta se scambiasse questo entusiasmo per un vero appoggio. Con lo stesso entusiasmo quel popolo lo manderebbe dritto al patibolo.

– Sbagli, Lucilio. Proprio l'entusiasmo di tanta gente ha convinto i capi del Tempio a denunciarlo. Hanno avuto paura.

– Non dimenticare la plebe di Roma dopo l'uccisione di Cesare. Sono bastate poche abili parole di Marc'Antonio per ribaltarne il giudizio: i tirannicidi che un attimo prima erano acclamati come liberatori sono diventati assassini da mettere a morte.

– Qui parliamo di cose molto diverse, parliamo della fede.

– Qui parliamo della libertà, Claudia. È pericolosa. Chiedi a chi era sottoposto a una tirannia cieca che noi abbiamo liberato. Mi ha detto uno di loro: prima non avevamo la libertà ma avevamo il pane, e latte per i nostri piccoli. Che me ne faccio di una libertà senza pane? Riduceteci in schiavitú ma sfamateci!

– È abietto quello che dici, Lucilio. Il segreto dell'esistenza umana non sta solo nel vivere, ma in ciò per cui si vive. Lui ha insegnato ad amare gli altri, lo bruciava il sole dell'amore, ha aperto le braccia, li ha benedetti, li ha guariti.

– Non è abietto, è realistico. Non puoi predicare un tale cambiamento a un popolo di pastori analfabeti legati a superstizioni vecchie di secoli, l'unica bussola di cui dispongono, il metro che regola ogni gesto della vita, dalla cottura dei cibi alle mestruazioni delle donne.

– Forse ti ho dato troppa fiducia, Lucilio. Col tuo metodo ogni essere umano resta legato al destino che ha avuto nascendo. Se dovessimo applicare quello che dici toglieremmo ogni speranza di poter guardare piú lontano. È nelle tue parole la vera prigione, non nelle sbarre di ferro di un carcere.

La conversazione aveva assunto un tono teso, Lucilio preferí non replicare subito. Alcune rondini, con i loro pazzi voli sghembi, si lanciavano a rasentare l'acqua della fontana col petto, era il loro modo di bere o di giocare.

– Ti sbagli tu, Claudia. Quando insegnavo ai ragazzi nulla mi piaceva di piú di una giovane mente che s'apriva alla comprensione delle cose, lo sguardo dell'adolescente che per la prima volta vede ciò che fino a quel momento gli pareva inspiegabile e che magari attribuiva al volere di un qualche dio. Bisogna essere cauti, quando si toglie agli uomini la tranquilla, umile felicità dei deboli. Lentamente, Claudia. Gradualmente.

– Questo lentamente può anche voler dire: mai. Lui invece vuole cambiare le cose, smuoverle con la forza dell'amore.

– Non esistono società fondate sull'amore. Molti non sanno che farsene della libertà, anzi la temono.

Infervorati nella discussione non si sono resi conto che il giorno è avanzato, le ancelle sono rientrate negli appartamenti, nel loro girovagare sono tornati davanti alla statuetta di Mercurio. Ritta su un solo piede, si leva slanciata al di sopra della fontanella, capolavoro di grazia e di equilibrio; il giovane dio sembra sorridere ironico dei loro affanni.

– Mi è dispiaciuto quello che hai detto. Speravo di chiedere il tuo aiuto.

– Per che cosa?

– Adesso ho perso la speranza.

– Dillo ugualmente.

– Provare a convincere Pilato a lasciar andare quell'uomo. È un povero predicatore, fa solo del bene.

– Non sono convinto che faccia del bene, però avevo pensato la stessa cosa; proverò, per ciò che posso.

Pilato è sempre tormentato dal suo dubbio, oltre che dal suo male. Starebbe ancora peggio se sapesse che la situazione è piú complicata di come la immagina. Gli equilibri a Roma sono profondamente cambiati da come li ricorda e da come gli ultimi tardivi messaggi glieli hanno rappresentati. Ha preso una decisione: non appena si sarà sbarazzato della fastidiosa faccenda del galileo, intende rientrare in patria confidando nella benevolenza di Seiano.

Ancora non sa che il suo piano è irrealizzabile.

Lucio Elio Seiano aveva applicato con tale sopraffina abilità la tecnica del cortigiano da non far mai trapelare che, mentre serviva con ostentato zelo l'imperatore, preparava in realtà il suo personale avvenire. Una delle mosse decisive, appena nominato prefetto del pretorio, era stata di concentrare a Roma i reparti della guardia per i quali aveva fatto predisporre un grande acquartieramento all'estrema periferia della città, ai confini della campagna: i Castra Praetoria. Siamo nel 21, Tiberio siede da sette anni sul trono, da quel momento Seiano controlla buona parte delle forze armate.

La sua ambizione non ha limiti, contando sull'appoggio dei legionari progetta addirittura di succedere a Tiberio. Come spesso accade, all'inesausta attività politica ne affianca una amatoria non meno intensa. Voci di corte gli attribuiscono varie amanti tra le quali Claudia Livilla, sorella di Germanico. Arriva a chiedere a Tiberio di poterla sposare ma non gli viene concesso. Secondo certe voci, nell'elenco figura anche Claudia Procula, di cui poi si sbarazza brigando per darla in moglie a Ponzio Pilato. Sempre lui convince nel 27 l'imperatore a trasferirsi a Capri. Tiberio, arrivato ormai alla soglia dei settant'anni, accetta di buon grado contando di poter meglio soddisfare i suoi vizi, minuziosamente raccontati da Svetonio.

Seiano ha una tale libertà di governo che le sue manovre diventano evidenti. Le critiche su di lui s'intensificano, in particolare quelle secondo le quali tramerebbe per la successione imperiale.

Tiberio organizza una raffinatissima trappola. Nomina Quinto Nevio Macrone nuovo prefetto del pretorio affidandogli segretamente la missione di eliminare Seiano. A costui fa invece arrivare la notizia di avergli conferito la potestà tribunizia. Ignaro di ciò che si prepara, Seiano arriva giubilante in Senato per ricevere l'investitura. Lo accoglie Macrone, ma nello stesso momento i pretoriani di guardia vengono sostituiti con altri militari fedeli a quest'ultimo.

Seiano prende posto in aula, comincia a leggere ad alta voce la missiva imperiale che dovrebbe conferirgli la nomina. È molto lontana da ciò che gli era stato annunciato e che sperava. La lettera è vaga, contraddittoria, contiene un finale avvelenato nel quale Tiberio, rovesciando le precedenti generiche espressioni di encomio, accusa Seiano di tradimento, lo dichiara decaduto dalle cariche, ne ordina l'arresto.

Seiano capisce di essere spacciato, ma prima che possa tentare una qualunque reazione o la fuga i *vigiles* di Macrone lo trascinano via. La sera stessa il Senato si riunisce in seduta straordinaria condannandolo alla pena capitale. Tempo poche ore viene strangolato in carcere. All'annuncio della sua morte seguono prolungati festeggiamenti anche se in realtà ci sarebbe poco di cui rallegrarsi. Scrive Tacito che per eliminare Seiano l'imperatore Tiberio aveva scelto Macrone perché «era peggiore di lui».

Alcune lame di luce cominciano a bagnare il cortile lastricato davanti alla residenza del procuratore. Tutti sanno che il prigioniero sta per affrontare l'interrogatorio previsto dalla procedura. Nikephoros chiede alle ancelle di essere ricevuto da Claudia Procula. L'attesa è insolitamente breve, è come se tutti avvertissero l'urgenza del momento. Claudia gli fa cenno di sedere, congeda le ancelle.

– C'è un'agitazione eccezionale stamani, consigliere.

– È curioso, eppure abbiamo affrontato prove cosí numerose in questi anni.

I convenevoli sembrano finiti, Claudia fissa Nikephoros invitandolo a proseguire.

– So che ti sei interessata alla sorte del prigioniero.

Claudia si irrigidisce, si chiede le ragioni di quell'esordio, teme l'astuzia dell'uomo.

– Non in modo particolare.

– Credo anch'io che sia vittima di una manovra organizzata dai sommi sacerdoti. Una congiura in nome dei riti religiosi, per noi inconcepibile, impensabile a Roma.

Scoprendolo alleato, Claudia si fa piú fiduciosa.

– Temo che ormai sia tardi, qualunque sia il tentativo.

– No, forse una strada c'è.

Cercando di usare un linguaggio piano, privo di tecnicismi giuridici, il consigliere le rivela che secondo un'antica usanza locale è possibile a chi detiene il comando, in questo caso al procuratore Pilato, graziare un prigioniero in occasione delle festività di Pesach. Date le circostanze si potrebbe proporre a un'assemblea di popolo di scegliere tra il profeta Joshua e un altro prigioniero.

– È una strada che può essere tentata, il profeta come sappiamo è molto amato, l'esito della scelta pare scontato, anche la scarsità di tempo potrebbe giocare a favore.

Claudia lo guarda interessata, si è addirittura sporta verso di lui, segue il ragionamento, avanza un'obiezione.

– L'esito dello scambio dipende immagino dagli uomini tra i quali si dovrà fare la scelta.

– Ho pensato anche a questo. Tra i prigionieri rinchiusi nei sotterranei c'è un assassino spietato. Se il procuratore proponesse di scegliere tra un uomo che ha ucciso e un profeta disarmato, non avrei dubbi sul possibile esito.

Capiremo tra poco per quale ragione il consigliere Nikephoros ha fatto a Claudia quella proposta.

Per poter meglio valutare la personalità di Joshua Ha-Nozri, dobbiamo prima riferire una testimonianza che, nel contesto della vicenda, assume un notevole significato. È una storia piú appassionante di qualunque finzione romanzesca o cinematografica, non esclusa la seducente vicenda narrata da Steven Spielberg nel film *I predatori dell'arca perduta*; un precedente che va richiamato, considerate le numerose analogie con il nostro racconto.

Si tratta della scoperta di antichi manoscritti noti come Rotoli di Qumràn: antico insediamento a una dozzina di chilometri da Gerico, sulla sponda del Mar Morto.

Accadde dunque che il pastorello beduino Muhammad Ahmed al-Hamed, nella primavera del 1947, scoprí in una grotta numerose giare che contenevano dei rotoli di pergamena o di papiro. Prese quelli che gli riusciva di portare e li consegnò agli anziani del villaggio. Dopo qualche tempo gli anziani portarono i rotoli a Betlemme dove li vendettero al mercante cristiano Khalil Iskandar Shahin. Il mercante portò i rotoli a Gerusalemme per venderli a sua volta al metropolita Athanasius Joshua Samuel. È il primo che comincia a rendersi conto dell'importanza dei documenti. In seguito l'intraprendente ecclesiastico parte addirittura per gli Stati Uniti, dove conta di piazzare una merce cosí preziosa. La voce intanto corre, verso la fine di quello stesso 1947 il professor Eliezer Sukenik dell'università ebraica di Gerusalemme riesce ad acquistare altri tre rotoli, li esamina e salta, possiamo dire, sulla sedia. Alla fine di novembre Sukenik va a Betlemme, prende contatto con le varie persone coinvolte e acquista in blocco tutti i manoscritti.

Si era, ripeto, nel 1947, prima cioè che lo Stato di Israele, scaduto il mandato britannico, dichiarasse la propria indipendenza.

Questo accadde il 14 maggio 1948, il giorno successivo gli eserciti di Egitto, Siria, Libano, Iraq e Transgiordania attaccano la neonata nazione. Seguí un breve conflitto che, per quanto interessa la nostra storia, impedí ulteriori ricerche.

Queste poterono riprendere, su base sistematica, solo nel 1949. Nei primi anni Cinquanta il noto archeologo Yigael Yadin, figlio del professor Sukenik, riesce a rintracciare il metropolita Athanasius al quale chiede di comprare tutto ciò che i beduini gli hanno a suo tempo consegnato. Athanasius però rifiuta di vendere a un ebreo, sicché si deve ricorrere a uno stratagemma. Yadin si fa sostituire da un intermediario e, soprattutto, innalza l'offerta d'acquisto fino a 250000 dollari. In breve: setacciando i vari siti, gli studiosi sono riusciti a recuperare gran parte di quel tesoro, oggi conservato nei musei d'Israele e Rockefeller a Gerusalemme, ad Amman e alla Biblioteca Nazionale a Parigi. Nel 2011 il museo di Gerusalemme, in collaborazione con Google, ha digitalizzato i documenti e li ha messi in rete.

Che cosa hanno di cosí prezioso questi Rotoli, al di là del loro evidente valore archeologico? Si tratta di letteratura di tipo religioso che la maggior parte degli studiosi ha attribuito alla setta ebraica degli Esseni. Questa almeno è la tesi dominante, anche se non mancano interpretazioni minoritarie di tipo diverso. Quale che ne sia l'attribuzione, i Rotoli contengono un messaggio arrivato a noi dall'antichità remota senza manipolazioni o censure di mano ebraica o cristiana.

Buona parte degli scritti riguarda o contiene testi biblici, mentre una parte di quelli che non fanno riferimento alla Bibbia ebraica espongono principî morali o di comportamento in qualche caso non lontani da quelli contenuti nel Nuovo Testamento. In base a queste somiglianze si è arrivati a supporre che i manoscritti di Qumràn e i vangeli cristiani appartengano a due fasi successive di un medesimo modello etico. Ipotesi, ovviamente. Quasi tutto ciò che riguarda quel periodo e quegli insegnamenti è basato su ipotesi la cui attendibilità in qualche caso è incerta.

Che cosa sappiamo degli Esseni, del loro modo di vivere e di pensare? Sappiamo, o crediamo di sapere, parecchie cose. Per esempio sulla loro religiosità mite, sulla prevalente dedizione alla vita spirituale, su una tale coesione di gruppo che, se fosse consentito l'anacronismo, potremmo definire di tipo monastico.

Vale la pena di ascoltare la testimonianza di uno di loro.

XVI

Testimonianza di un Esseno.

Noi Esseni vivevamo lontani dalle città, lontani dal Tempio, lontani dalla sua santità violata ogni giorno dai sacrifici all'imperatore di Roma. Sapevamo che si trattava di un compromesso politico, per evitare che il Tempio venisse distrutto. Ma era proprio quel compromesso che non potevamo accettare. Difficile dire se fosse peggiore la dominazione romana o la disponibilità di tanti di noi a collaborarvi: doganieri, esattori, anche i sacerdoti. Complici di Roma, delle divinità straniere, dell'ordine corrotto del mondo.

Noi lo contrastavamo immersi nello studio delle Scritture, della medicina, dell'astronomia. La giornata cominciava prima dell'alba; pasti frugali senza carne né vino; meditazione, preghiera, rispetto assoluto del sabato durante il quale non era consentito nemmeno defecare. Vivevamo in questo mondo ma non ne facevamo veramente parte, sentivamo di essere la comunità di Dio e mentre gli altri Ebrei cercavano la via piú facile noi volevamo essere i poveri e gli umili – ma anche gli eletti d'Israele, i Figli della Luce. Sognavamo la nostra Terra libera dall'oppressione romana, disprezzavamo chi collaborava con gli invasori: i sadducei, gli scribi, i farisei, i sommi sacerdoti. Volevamo la pace, una società fondata sull'amore; non avremmo mai impugnato le armi, aspettavamo il giorno in cui, insieme agli angeli di Dio, avremmo scacciato gli stranieri dal paese, i Figli delle Tenebre. Dice il precetto: «Non farò guerra agli uomini malvagi prima del giorno della vendetta, ma non svierò la mia collera dagli uomini malvagi». Eravamo vicini a Joshua – era, di tutti, il migliore fino a quando è rimasto con noi. Quando si è ritirato nel deserto di Giuda, in quello spettrale paesaggio di sabbia e di rocce, il diavolo lo ha tentato con la piú accattivante delle seduzioni. Non gli ha chiesto di fare qualcosa di male, al contrario gli ha chiesto il piú umano, il piú generoso dei miracoli. Trasforma questa pietra in pane, gli ha detto. Dopo quaranta giorni di digiuno sazia la tua fame perché ne hai diritto. Trasforma in pane tutte le pietre, sconfiggi la fame, nutri i disperati, sazia gli infelici, dai una speranza di sopravvivere a chi oggi non ne ha piú nessuna.

Joshua non ha ceduto, non per insensibilità di cuore ma perché, come Egli ha detto: «Non di solo pane vive l'uomo ma di ogni parola che esce dalla bocca di Dio». Lui voleva saziare i poveri e si sarebbe tolto di bocca il suo proprio pane per riuscirvi. Prima ancora però voleva che gli uomini imparassero a vivere con una piú alta coscienza, si liberassero dagli aspetti selvaggi della loro natura, che il loro vero pane fosse l'amore reciproco e verso Dio. Joshua applicava la nostra visione spirituale nel modo piú rigoroso, ci era di esempio, poneva ognuno di noi di fronte a immense responsabilità la piú ardua delle quali era quella di essere liberi; dalle convenzioni, dai riti, dalla stessa Torah quando la Torah sembrava fatta non per aiutare gli uomini a vivere meglio, ma per creare loro ulteriori impacci.

Un giorno, era di sabato, ci trovammo ad attraversare un campo di grano e, camminando, alcuni di noi cominciarono a strappare qualche spiga per mangiarne i chicchi. Ci videro alcuni farisei, ottusi guardiani della Legge, e presero a rimproverarci. Rimproveravano soprattutto lui che era la nostra guida per non averci impedito di violare il sabato. Un rimprovero del genere,

fatto a noi, era ridicolo. La sua risposta fu immediata.
Non avete mai letto, disse, le Scritture quando raccontano che un giorno David ebbe fame e allora entrò nel Tempio e cominciò a mangiare insieme ai suoi compagni i pani dell'offerta di cui possono nutrirsi solo i sacerdoti? Rimasero sbalorditi da quelle parole ma lui li fulminò con questa aggiunta: ricordatevi bene, disse, il sabato è fatto per l'uomo non l'uomo per il sabato.

Forse però la prova piú bella la dette il giorno in cui venne a farci visita un confratello che apparteneva a una corrente che obbediva a principî molto diversi dai nostri, si chiamavano Kannaim, zeloti. L'uomo era di corporatura robusta, una testa ben proporzionata poggiava su un collo che denotava da solo la sua forza anche se non ci fossero state l'ampiezza delle spalle, l'ampia apertura del torace, la robustezza delle braccia. Il suo nome era Bar Abbas, che in aramaico vuol dire «figlio del padre»; ma potrebbe anche essere Bar Rabban che allora sarebbe «figlio del maestro».
Barabba pensava come noi che il dominio romano fosse una sciagura, ma pensava anche che il rimedio stesse nel prendere le armi per scacciare i pagani pagando il necessario prezzo di sangue. Ci proponeva i grandi esempi di guerrieri, conquistatori, condottieri le cui gesta sono nella Bibbia, la venerabile comunità di eroi che avevano messo a repentaglio la vita per la fede dei padri. I giustizieri e le donne che hanno riparato le offese arrecate al nostro popolo. La gloriosa famiglia dei Maccabei che due secoli fa guidò la rivolta contro Antioco IV Epifane.
Era efficace nell'esporre le sue idee, collegava le azioni militari alla fiducia che, dando prova di una giusta determinazione, avremmo anche accelerato l'avvento del Messia. Diceva che anche i sommi sacerdoti avevano tradito il popolo, al prezzo di una pace senza onore, celebrando nel sacro Tempio sacrifici quotidiani per Roma.

Dopo aver alquanto parlato con grande fervore a noi che lo ascoltavamo, turbati, in silenzio, si rivolse direttamente a Lui. Gli disse: «Ti abbiamo visto e ti abbiamo ascoltato, sappiamo quanto il popolo delle campagne ti ami, tu che hai portato conforto, hai guarito molti dai mali, hai dato loro speranza. Abbiamo sentito quando hai detto che sei venuto a portare non la pace ma la spada. Nemmeno noi amiamo la pace dei vili, quelli che si rassegnano, che scendono a patti col nemico per mendicare un favore. Noi non tolleriamo piú un sistema corrotto e oppressivo, disprezziamo quelli di noi che si sono fatti servi dei pagani, hanno venduto la loro dignità e le speranze di tutti». Lo tentava, lo esortava, voleva che unissimo le forze perché cosí avremmo comunque segnato o la nostra vittoria o il nostro riscatto.

Lui fissò a lungo il nostro interlocutore quando ebbe finito di parlare e tutti aspettavano muti. Poi disse che puntare solo sulla lotta contro gli occupanti, in altre parole sulla politica, significava immiserire la nostra azione e, prima ancora, la nostra fede. Un popolo che ha scelto Dio e che è stato scelto da Dio, disse, non può ridursi a questo. Disse che bisognava restituire a Dio ciò che era di Dio e a Cesare ciò che era di Cesare. Disse che Dio ci aveva promesso questa terra, che sarà nostra quando il tempo sarà venuto. Parole che sul momento ci fecero trasalire ma che in seguito abbiamo meglio capito. Voleva dire che bisogna tenere separate le due cose perché il rapporto con Dio trascende ogni circostanza contingente, ignora i tempi e le impazienze degli uomini; il regno dei Cesari passa ma quello di Dio resta. Affrontò anche il tema della spada. Sí, disse, è vero ma quelle parole non vogliono dire ciò che con troppa fretta ne avete dedotto. Ciò che dobbiamo combattere è la finta pace, quella che nasce dalla rassegnazione, dai conflitti mal risolti, dai desideri che si nascondono segretamente nel cuore degli uomini. Non è pace quella ma ipocrisia, fonte di conflitto, occasione di una guerra che è solo rinviata nel tempo se non si eliminano prima le cause. Ecco perché è necessario tagliare con una lama affilata ma non fuori, dentro ognuno di noi, nel nostro stesso cuore, è quello il terreno dove il demonio combatte la sua prima battaglia. La vera pace si trova nell'amicizia con Dio perché Dio è il bene che racchiude tutti gli altri, Dio bisogna temere, non gli uomini.

Molte altre cose disse. A mano a mano che Lui parlava sentivamo rinascere la fiducia. Tenendoci lontani dal mondo, dalle sue tentazioni e dal peccato, avevamo fatto la giusta scelta di salvamento. Scortammo il nostro ospite fino all'uscita e lo congedammo con un segno di pace.

Amavamo Joshua come uomo, apprezzavamo il suo insegnamento, la mitezza, la lontananza dal potere. Poi ci fu quel lungo soggiorno nel deserto dal quale tornò profondamente cambiato. Al ritorno lo vedevamo spesso immobile e solo, immerso nelle sue riflessioni. Quel giorno aveva detto a Barabba che la vera battaglia tra il bene e il male si combatte nel cuore degli uomini. Era la scelta sulla quale stava meditando: se affrontare lo scontro insieme a noi nella solitudine collettiva del nostro ritiro o se uscire nel mondo, per affrontarla in campo aperto, in mezzo agli infelici, gli ammalati, i peccatori, le gerarchie corrotte, le tentazioni del demonio, quelle del potere e del denaro. Non voleva cambiare la religione ebraica, voleva purificarla, accendere le coscienze, spingere a pregare Dio con ogni fibra del proprio cuore. Un giorno ci ha lasciato per dare inizio a quel peregrinare per le strade della nostra terra, sotto il sole, nella polvere delle strade, nella miseria dei villaggi, tra le genti derelitte, amando i miseri, gli ammalati, i folli.

Quando Lucilio si presenta davanti alla sala di lavoro scorge Pilato intento a confabulare con Nikephoros. Detesta quell'uomo d'istinto, se ci sono delle ragioni non ha mai voluto indagarle. Un legionario gli sbarra la strada quasi oscurando con la sua mole il varco della porta. C'è l'ordine di non far entrare nessuno. Lucilio fa appena in tempo a intravedere che sulla parete di fondo, sotto il piccolo altare dedicato al dio-imperatore, sono stati accesi ben tre lumini. Chissà come giudicherebbe Tiberio quell'ostentazione di zelo.

Subito dopo riflette che il buffo altarino segna però anche l'enorme distanza tra la cultura romana, che arriva a divinizzare un capo politico, e quella ebraica, dove le persone sono disposte a morire per un dio che non può essere visto né toccato né percepito in alcun modo, una pura astrazione mentale.

Lucilio passeggia, s'avvicina al fiore velenoso di un oleandro che già annuncia nel rosso dei minuscoli petali un'imminente, violenta fioritura.

Il legionario lo fissa con viso immobile, la forte mascella scura di barba messa in risalto dal sottogola metallico, la lancia, in posizione di riposo, incrocia lo scudo convesso. Una cicatrice gli deturpa il setto nasale quasi tagliandolo in due, ricordo di chissà quale battaglia. Dura vita, dura disciplina, sperando sempre di sopravvivere senza restare mutilati o sconciati dalle ferite.

Un cancelliere che reca dei rotoli s'avvicina con passo frettoloso, la schiena già pronta all'inchino, il legionario si fa da parte. Pochi minuti e il cancelliere esce, senza piú rotoli ma con la schiena sempre flessa in avanti.

La sentinella fa cenno a Lucilio che ora può entrare. Bisogna attraversare per intero la vasta sala prima di arrivare a portata di voce.

– Procuratore, a te il buon giorno per il nuovo giorno.
– Come vanno i tuoi rilievi, Lucilio?

Formalità da sbrigare in fretta, parole prive di un vero significato, l'umore di Pilato è chiaramente pessimo. Lucilio scambia un approssimativo cenno di saluto con Nikephoros.

– Stavo riflettendo sul caso di questo profeta che attende il tuo giudizio, – dice.

Lo sguardo del procuratore è attraversato da un lampo di diffidenza. Lo fissa muto in attesa del seguito.

– Mi chiedevo se una sua liberazione non potrebbe essere un gesto vantaggioso. Per noi, ovviamente. Se consideriamo il seguito popolare che l'uomo sembra avere, in certi casi un gesto di clemenza...

– Ti fai portare da un temperamento generoso. Ma in faccende cosí gravi la generosità è cattiva consigliera.

– È un uomo popolare.

– Non sei stato tu a scrivere quanto sia mutevole il favore del popolo?

Pilato adesso è sarcastico, Lucilio ha l'impressione che quelle parole siano un congedo o nascondano un elemento che ignora. Deve cambiare tattica.

– Questo è un paese dove la fede in dio ha un radicamento sconosciuto da noi. Se la gente pensa che il profeta interpreti...

– La gente non pensa. Quelli che pensano, e decidono, sono già venuti a chiedermi la sua testa.

– Noi incarniamo la giustizia di Roma, il diritto come norma di governo.

– Lucilio, conserva questi bei pensieri per un poema, io devo garantire il mantenimento dell'ordine, la quiete sociale, la conservazione della provincia.

– Ma non possiamo inchinarci per opportunismo dinanzi a ogni stupida usanza locale.

– Hai detto opportunismo? Non ti sembra di esagerare?

– Crocifiggere quel profeta è facile ma farlo in base a idee che non condividiamo potrebbe diventare un delitto.

– Ti sento battagliero, Lucilio. Ma anche un po' ingenuo. La situazione è piú complicata di cosí.

Pilato si alza, gira intorno al tavolo, arriva fino al loggiato, getta un'occhiata nel cortile. I due ospiti attendono in silenzio. Nikephoros sta finendo di leggere in fretta i rotoli portati dal cancelliere.

Pilato gli dà la parola: – Conosci il quesito, illustra anche per il nostro amico una possibile risposta.

– Kyrillos mi ha accennato a un sospetto di lesa maestà.

– L'esatta natura dell'imputazione sarà precisata in seguito. Tu inquadra l'argomento in base alle leggi in vigore.

Pilato allunga una mano, il consigliere vi depone rispettosamente una pergamena. Portato sui temi di competenza Nikephoros acquista un'insospettabile scioltezza nei movimenti.

– La pretesa di proclamarsi re in una provincia romana può essere considerata atto sedizioso o addirittura alto tradimento. Tra le leggi che si adattano alla fattispecie ricordo la Lex Cornelia voluta da Lucio Cornelio Silla dopo la vittoria nella guerra sociale contro Mario...

– Vieni a tempi piú recenti.

– In anni piú vicini, – Nikephoros srotola e scorre una pergamena, – posso citare la Lex Julia maiestatis promulgata da Cesare, in seguito ripresa dal grande Ottaviano Augusto con particolare valore nelle province imperiali corrispondenti ai territori di confine, tra le quali rientra la Siria quindi noi...

– Ti chiedo di arrivare velocemente al punto evitando di farmi perdere tempo. Non ne abbiamo.

– Con ogni dovuto rispetto non posso toccare il punto se prima non espongo la base giuridica.

– Allora sii conciso.

Pilato detesta chiunque s'attardi in atti puramente formali. Li metterebbe volentieri alla sferza come si fa con i servi.

– Il delitto di lesa maestà si verifica quando si offenda in qualunque modo la maestà dell'imperatore. Rientrano nel caso il tradimento, le ribellioni, la diserzione

dall'esercito, le adunate sediziose, quei comportamenti
che pregiudichino la sicurezza di Roma e dell'imperatore
ma anche, e qui ci avviciniamo, l'usurpazione delle attri-
buzioni imperiali.

– Sei certo che questo abbia a che fare con il nostro caso? Non stai esagerando?

– La nomina di un re nelle province è una funzione
squisitamente imperiale.

Se Nikephoros aveva ragione, quel possibile delitto era
in pratica estensibile a piacere, il che lasciava un discreto
margine di manovra.

Erode il Grande era diventato re per decreto imperiale,
cosí suo figlio Erode Antipa, il tetrarca al quale era stata
affidata la Galilea. Dell'altro figlio, Erode Archelao, non
dava conto di parlare data la sua fine miseranda. Che un
profeta itinerante volesse proclamarsi re in una provincia
imperiale sembrava un progetto che solo un pazzo poteva coltivare.

Forse era quello il bandolo: l'ipotesi della pazzia; era
balenata all'improvviso nella mente, non era da scartare;
in mancanza di meglio poteva rappresentare una dignitosa via d'uscita obliqua. Dichiararlo ufficialmente insano,
legargli un campanaccio al collo togliendo ogni valore alle
sue parole. Anche se restava l'aspetto inquietante dell'accoglienza che il popolo gli aveva riservato. I ripetuti osanna aprivano a un'ipotesi sediziosa non facile da scartare.

Nikephoros continuava a srotolare pergamene e a parlare ma Pilato ormai non lo ascoltava piú. Aveva colto quello che c'era da cogliere, ma aveva anche cambiato opinione. L'elasticità del caso adesso gli sembrava non piú una
comodità bensí un pericolo: tutto restava affidato alla sua
capacità di scegliere una soluzione che salvaguardasse nello stesso tempo se stesso, il potere imperiale di Roma – e
il suo matrimonio.

Valutava con sempre maggior favore l'ipotesi della pazzia. Anche perché nel lungo e noiosissimo discorso del con-

sigliere, un'altra frase aveva attirato la sua attenzione: la delega imperiale all'esercizio della funzione giudiziaria, in caso di riconosciuta colpevolezza, rendeva obbligatoria in base allo *ius gladii* una sentenza di morte.

– Che ne pensi Lucilio? – chiede d'improvviso il procuratore riprendendo ad andare su e giú per la sala. Il tono della domanda è irridente, è chiaro che non vuole una vera risposta.

– Il consigliere ha illustrato una situazione difficile, non mi pare che ci siano molte vie d'uscita.

Lucilio è stato prudente, Pilato lo guarda con un sorriso canzonatorio.

– Roma ci chiede di non immischiarci nelle dispute dei locali però ci dà anche il monopolio delle sentenze, comprese quelle capitali.

– Ordini contraddittori, capisco che non è facile districarsi.

– Sbagli! – afferma d'improvviso, con forza. – Invece in questo caso una possibile via d'uscita esiste, anzi forse ne esistono due. Mia moglie Claudia Procula mi ha ricordato poco fa che secondo un'usanza locale, in occasione della loro festa, mi è concessa la facoltà di graziare un prigioniero. Consigliere sei in grado di illustrarmi i dettagli di questa usanza?

– Le fonti sono incerte, procuratore. C'è chi cita il precedente e chi invece nega che tale consuetudine sia mai esistita. Non posso quindi affermare che un possibile uso si sia consolidato al punto da poterlo considerare lunga consuetudine, ovvero una possibile fonte giuridica. Come dice la massima: «Longa consuetudo ut jus habemus».

– Nikephoros! – l'ennesimo richiamo è risuonato secco come un colpo di scudiscio.

– Contando sulla memoria è tutto quello che posso dire. Posso però valutare meglio i precedenti.

– Non ne abbiamo il tempo. Ti pongo la domanda in

termini diversi, vedi di dare una risposta concisa: se mi rifacessi a questa consuetudine, potrei essere smentito?

Nikephoros prende qualche attimo per riflettere. Lucilio che lo osserva attentamente ha la netta impressione che nel suo atteggiamento ci sia qualcosa di studiato, di insincero. Non capisce quale possa essere il gioco che si sta svolgendo sotto i suoi occhi, coglie solo uno sfuggente elemento inespresso ma è incapace d'interpretarlo. Alla fine il consigliere parla.

– Se ci richiameremo a questa consuetudine il massimo rischio sarà di vedere contrapposta alla nostra un'opinione giuridica di segno opposto. Una normale disputa legale.

– Dimentichi l'aspetto che riguarda l'ordine pubblico. Se lo condannassimo i suoi seguaci potrebbero sollevarsi.

– Lo escludo. Quando sono andati ad arrestarlo sono scappati come conigli.

– Per tornare all'aspetto giuridico, mi assicuri dunque che le due tesi sono entrambe sostenibili.

– Entrambe.

È Pilato che ora indugia, soppesando la possibilità. Si riscuote.

– C'è un'altra ipotesi che va approfondita. Mia moglie Claudia mi ha suggerito poco fa una possibile variante. Invece di concedere io la grazia, proporre una scelta a un'assemblea di cittadini avanzando diverse possibilità. Non era certa che si potesse fare. Personalmente l'idea non mi piace. Al punto in cui siamo però... Nikephoros!

Il consigliere evita d'incrociare lo sguardo di Lucilio.

– Puntare, se ho capito bene, su una scelta, dare alla folla che si sta radunando nel cortile la possibilità di decidere. Si tratterebbe di presentare due prigionieri per far dire a loro chi graziare e chi mandare a morte. Mi sembra interessante.

Nella sala è sceso un silenzio di ghiaccio. Nikephoros appare immerso nelle sue riflessioni, Pilato lo fissa, Lucilio è incuriosito dall'esito che l'incredibile discussione potrà avere.

– Vedo un vantaggio e uno svantaggio, – afferma il consigliere.

Un cenno di Pilato lo esorta a proseguire.

– Il vantaggio è che una scelta fatta dall'assemblea scaricherebbe Roma da ogni responsabilità. L'aspetto negativo è che un procuratore di Roma dovrebbe abbassarsi a chiedere il parere di una folla.

Adesso è Pilato ad apparire perplesso.

– Potrebbe però acquistarne in popolarità, – s'affretta ad aggiungere il consigliere. – Guadagnare la fiducia di gente riottosa.

– Questo è certamente vero. Ma se la folla sbaglia nella scelta?

– Sarà il loro errore, non il nostro. In ogni caso dipende da chi gli proponiamo. So che c'è un feroce assassino nelle nostre celle. Questo popolo ha orrore del sangue. Un assassino contro un mite profeta, non vedo margini di rischio.

Lucilio cerca invano di incrociare lo sguardo di Nikephoros che sembra aver superato molto rapidamente le perplessità iniziali, il consigliere però continua a sfuggirlo.

– Rifletterò anche su questa ipotesi. Potete ritirarvi. Adesso devo interrogare il prigioniero.

Pilato è contento dell'incontro, sa di avere almeno due carte da giocare: la pazzia e lo scambio. È contento anche Nikephoros: ha detto ciò che doveva dire e crede d'averlo fatto nel modo giusto.

Non è contento Lucilio; non ha capito perché il consigliere abbia trascurato un rischio che a lui sembra possibile. A qualcuno nella piazza potrebbe fare orrore, piú che un assassino, la dominazione romana. Nessun profeta ha niente da offrire a un popolo oppresso, solo esortazioni vaghe, remote speranze.

Un margine di rischio lui, francamente, lo vede.

XVII

Non ci si può avvicinare al processo nel quale Joshua Ha-Nozri è imputato, se non si considera prima di quale tipo di giudizio si tratti, quale ne sia stata la procedura, quali fossero i poteri del procuratore romano in Giudea. La competenza di Ponzio Pilato era limitata alla giurisdizione penale pubblica, per esprimersi in termini contemporanei i casi in cui fosse a repentaglio l'ordine pubblico o la sicurezza dello Stato. Queste competenze rientravano nelle funzioni di governo per cui le regole applicate nel procedimento non erano quelle ordinarie di un magistrato bensí quelle proprie di un governante in un territorio occupato.

Le norme ordinarie del diritto romano volevano che i procedimenti giudiziari si tenessero in un luogo pubblico (*Forum*); sfuggivano alla regola quelli che si tenevano a «porte chiuse», per esempio nel *Praetorium* di un governatore. La pubblicità di un processo era garanzia del suo equo svolgimento ed era prevista anche come mezzo di contrasto a possibili manovre corruttive. Nel caso però di processi tenuti da governanti romani in territorio occupato, questa regola era applicata solo di rado, o mai.

In Giudea, la sede abituale del *Praetorium* si trovava a Cesarea Marittima. Se però il procuratore si spostava a Gerusalemme, com'era il caso di Pilato in occasione della Pasqua, allora egli teneva udienza e sentenziava o dal palazzo di re Erode o dalla Fortezza Antonia. La discussione degli esperti su quale sia stata la sede nel nostro caso è destinata a restare aperta anche dopo alcune recenti scoperte archeologiche. Entrambe queste sedi disponevano di una sala d'udienza e di un cortile lastricato dove poteva radunarsi una piccola folla di curiosi o di persone per qualche ragione interessate al processo.

Nel testo attribuito a Giovanni (19, 13) si legge che Pilato, nel corso del giudizio, sedette nel luogo detto Lastrico (in greco: Litòstroto). Il parere di alcuni autorevoli giuristi è che, in base a ciò che si può dedurre dalle narrazioni evangeliche, Pilato condusse l'audizione dell'imputato in una sala riservata (ovvero: «a porte chiuse») salvo affacciarsi al cortile lastricato per annunciare la sentenza attesa dalla piccola folla che s'era radunata e che il cortile riusciva a contenere.

Questo modo di agire sembrerebbe verosimile. C'è però una variante che non può essere ignorata. Sempre secondo il testo detto di Giovanni, Pilato non si limitò a uscire per annunciare la sentenza. Si affacciò anzi piú volte, in un'occasione conducendo addirittura l'imputato con sé, per ascoltare le richieste della folla. Secondo l'autorevole giurista Chaim Cohn, già membro della corte suprema d'Israele, queste apparizioni pubbliche del procuratore appaiono inverosimili. Si chiede Cohn: «Quale orgoglioso procuratore romano si sarebbe continuamente alzato dal suo sovrano seggio di giudice per correre nel cortile a conferire con una marmaglia di indigeni?» Se ne deduce che, se proprio ci fosse stato bisogno di raccogliere informazioni o suggerimenti dettati dai sentimenti di quella folla, Pilato avrebbe mandato un funzionario o un cancelliere, oppure avrebbe accolto nel *Praetorium* una delegazione, mai insomma si sarebbe esposto di persona. Tanto piú se si considera che, sempre stando a Giovanni (18, 29), a un certo punto: «Pilato uscí fuori verso di loro, e domandò: "Quale accusa portate contro quest'uomo?"». Domanda che lascerebbe intendere come, fino a quel momento, il procuratore ignorasse perfino le accuse rivolte all'imputato.

I testi dei vangeli sono lacunosi e non hanno, come già detto, intenti biografici, ancora meno degli altri ne ha quello attribuito a Giovanni, il cui alto valore è essenzialmente teologico e intellettuale. Non esistono insomma fonti storiche che ci permettano di chiarire queste incongruenze.

Dove non arriva la storia possono però supplire, ancora una volta, le elaborazioni della fantasia e le intuizioni del sogno.

Non aveva chiuso occhio per l'intera notte e ora lo attendeva una giornata sfibrante che, di lí a poco, sarebbe cominciata con un processo le cui motivazioni erano ancora assai poco chiare. La visita del sommo sacerdote, accompagnato dal suocero Anna, era servita solo ad accrescere confusione e risentimento. Il colloquio con il consigliere era la sola nota che poteva considerare positiva nel tumulto di quelle ore.

Pilato richiama alla memoria le due carte che ha: la pazzia dell'imputato, la proposta di scambio. Fa chiamare il consigliere militare Kyrillos, che non ha nemmeno avuto il tempo di rasarsi. Lo interroga con un'occhiata.

– C'è già un piccolo assembramento all'esterno del *Praetorium*. Stavo esaminando con il capo della coorte l'opportunità di farlo disperdere.

– Pensi che possano darci fastidio?

– Il processo è delicato.

– Torbido, piú che altro. Nei consueti termini di diritto potremmo perfino definirlo incomprensibile.

– Infatti questo si somma alla sua delicatezza.

La sala di lavoro del procuratore di lí a poco sarebbe stata utilizzata come aula d'udienza per un processo da tenersi a porte chiuse. Pilato si avvicina nuovamente al loggiato, seminascosto dal velario, osserva il cortile cercando di riordinare le idee. Alla vista del piccolo gruppo di oziosi che ha cominciato ad affollare il lastricato è assalito dalla tentazione di farli disperdere a piattonate o a colpi

di bastone. Poi riflette che gli oziosi sono una delle poche
soluzioni di cui dispone e abbandona l'idea. Deve proces-
sare alla svelta quel disgraziato e farla finita con un affare
assurdo. Potrebbe addirittura blandirla, la folla, farle balenare un qualche beneficio, dare un messaggio di pacifi-
cazione, lasciarsi andare insomma. Passa in rassegna i pro
e i contro delle varie possibilità senza arrivare a risolversi.
Ha chiaro in mente che l'errore piú grave per un politico
è scambiare i propri desideri per realtà.

– A quali conclusioni siete arrivati con il comandante
della centuria? – chiede a Kyrillos lasciando il loggiato.

– Pensavamo di ignorarli fino a quando non dovessero
cominciare a tumultuare. Finché si limitano a vociare il
nostro interesse è lasciar correre. *Quieta non movere*, come giustamente si dice.

– Ma se dovessero agitarsi siamo in condizione di di-
sperderli velocemente?

– Il comandante pensava di schierare una fila di legionari armati sotto la balaustrata della loggia in modo da
rendere evidente il messaggio. Ha scelto quelli della coorte ausiliaria, adatti agli scontri di piazza.

Kyrillos fa una breve pausa prima di aggiungere con aria
sorniona: – Il loro comandante è molto vicino all'ancella
di Claudia Procula, vostra moglie.

Pilato lo fissa sovrappensiero prima di afferrare il significato di quella improvvisa confidenza.

– Ci mancava solo questo, – commenta infastidito.

Proprio in quel momento entra di nuovo, silenziosamente, Claudia. È pallida e senza trucco, i capelli in disordine,
una mantella gettata con negligenza sulle spalle. L'ignoto
prigioniero ha sconvolto le vite di tutti.

Senza dire una parola, Kyrillos chiede istruzioni, con
lo stesso muto linguaggio Pilato gli ordina di allontanarsi.

Anche Claudia s'avvicina al velario per sbirciare non
vista l'esterno.

– C'è già folla nel cortile.

– Li teniamo a bada.

– Ti ricordi i miei sogni? Quella strana caccia, quegli animali feriti? Tu stesso diventato bersaglio? Credo che il momento sia arrivato.

– È arrivato il momento di considerare la realtà, non i sogni.

– Non sottovalutare i presagi, ricorda il sogno di Calpurnia, moglie di Cesare, la notte prima del suo assassinio.

Claudia si avvicina a Pilato, gli mette una mano sulla spalla, cerca di fissarlo negli occhi; l'uomo reagisce con un moto involontario d'insofferenza, come se volesse sfuggire al contatto.

– Salva quell'uomo, ti prego. È un giusto.

– Al momento devo ancora valutare i capi d'accusa. Nel pieno della notte sono venuti i due volponi che comandano nel Tempio, hanno riferito confuse dicerie. Alla fine però hanno tirato in ballo il crimine di lesa maestà. Vogliono ricattarmi con l'ombra di Tiberio.

– Se queste sono le premesse che altro ti aspetti dall'atto d'accusa?

– Devo giudicare in base al diritto non alle superstizioni di gente primitiva.

– Anche nella faccenda dei medaglioni avevi detto cosí poi...

– Stavolta è diverso. Potrò interrogare l'imputato, sentire la sua versione, non ho dubbi che smentirà le accuse. Claudia perché non torni nelle tue stanze?

– E se quelli insistono con il delitto di lesa maestà?

– Devo consultare il consigliere giuridico. È un crimine che va ben definito.

– E che pensi della proposta che ti ho fatto? Un possibile scambio.

– Sto riflettendo, è un passo delicato. Un magistrato romano rischia di umiliarsi uscendo a chiedere il parere della marmaglia. Te lo ripeto: rientra nelle tue stanze.

– Non diventare brutale, è un segno di debolezza.

– Ci vuole il genio di un Menenio Agrippa per arringare la plebe e piegarla. Io ho altre qualità.

Claudia gioca l'ultima carta, gli si avvicina supplichevole e insieme sensuale, lo cinge ponendogli le braccia attorno alle spalle, premendo contro di lui, poggia il capo contro il suo petto.

– A volte le donne vedono piú lontano, intuiscono cose nascoste agli uomini. Tu pensi al tuo alto incarico, al diritto, a Tiberio il cui sguardo arriva fin qui da Roma, io vedo la possibilità di sconfiggere le trame di quelli che chiami volponi, di farlo con un atto di giustizia che rafforzerà la tua posizione facendo onore al nome di Roma...

La voce di Claudia è diventata un sussurro, si stringe a lui, lo bacia.

Pilato la respinge. – Vattene, ho detto!

Mentre la donna si allontana, si chiede perché abbia reagito in quel modo. Claudia gli ricordava una possibilità che lui stesso ha preso in considerazione. Non doveva perdere il controllo. La tensione, il dolore allo stomaco, l'inutile passare delle ore lo hanno indebolito.

Il disagio di Claudia, reso piú acuto dalla febbre improvvisa, è peggiorato dopo il litigio. La donna percorre con passo cosí concitato il portico tra i due edifici da non accorgersi nemmeno che la mantella è scivolata e la segue come la coda di uno strano animale. Quando sente una mano che le sfiora la spalla, sobbalza.

– Lucilio!

– Hai spazzato l'intero porticato con la tua mantella, l'ho sollevata.

Claudia continua a camminare senza alzare lo sguardo, non ha voglia di parlare, desidera solo chiudersi nella sua stanza e scacciare dalla mente quella città e quella terra, il profeta, suo marito e anche l'uomo che ora l'affianca.

Quando arrivano alla biforcazione del porticato, Lucilio però la ferma.

– Ascoltami, esco da un incontro che potrebbe essere importante. Sono state esaminate varie possibilità, c'è forse una soluzione.

Claudia alza finalmente gli occhi e lo fissa.

– Anch'io ho avuto un incontro, anche a me è stata avanzata una possibile soluzione. Me l'ha proposta il consigliere giuridico; ne ho già parlato al procuratore.

– Sarebbe?

– Uno scambio. Pilato potrebbe proporre alla folla di scegliere tra due prigionieri, se ben orchestrata è una manovra sicura.

Lucilio teme e spera di non aver capito bene, chiede chiarimenti. È esattamente quello che è successo. È stato Nikephoros a suggerire a Claudia la possibile scelta tra due prigionieri, lo ha fatto perché fosse lei a proporlo a suo marito. Quando però Pilato ne ha parlato, il consigliere ha finto di udire per la prima volta quella possibilità, ha simulato di dover riflettere, ha perfino avanzato una piccola obiezione sull'opportunità di adottare la proposta anche se era quella che lui stesso, poco prima, aveva suggerito.

L'esitazione era dunque una recita, un gioco sinistro: quell'uomo mentiva. Lucilio si sorprende a stringere inavvertitamente le braccia di Claudia che lo guarda stupita, non gli ha mai visto fare un gesto del genere.

– Scusami, – dice Lucilio. – Mi sono ricordato improvvisamente di una cosa che è necessario fare subito –. Si congeda in fretta.

È un pretesto, la sola cosa da fare sarebbe affrontare Nikephoros per chiedergli ragione della sua menzogna. Sa che è impossibile, non servirebbe a niente, non con il tempo che ormai li stringe tutti alla gola. Può solo tentare di sapere chi sia l'altro prigioniero che verrà proposto nella scelta. Un assassino, ha detto il consigliere. Possono esserci molte ragioni per commettere un assassinio.

XVIII

Ponzio Pilato sta per far convocare l'imputato ancora chiuso nella sua cella. Sa di avere le mani nello stesso tempo molto libere e molto legate, le due o tre possibilità che ha escogitato aumentano la sua angoscia e le penose trafitture allo stomaco. Le preoccupazioni degli ultimi giorni lo assaltano tutte insieme, teme di esserne sopraffatto. Deve accertare una colpevolezza in base a norme sfuggenti, sa di avere addosso gli occhi di tutti. Anna e Caifa potrebbero denunciarlo per la seconda volta a Roma. Lo stesso re Erode rappresenta un pericolo. È un abile politicante, gode di ampie conoscenze a corte come anche Erodiade, la moglie concubina. Sa che il suo ultimo soggiorno a Roma ha rappresentato un notevole successo. Nella corte di quel reuccio bisogna anche considerare il piccolo serpente della figlia di lei, la velenosa Salome dalle cui punture è bene guardarsi. Dopo un periodo molto difficile, il tetrarca ha ora accennato a qualche manifestazione di amicizia nei suoi confronti. Pilato sa di non poter compromettere questo cambio di atmosfera. Quando ha cercato di addossargli lo spinoso affare del profeta disceso dalla Galilea, quel re-fantoccio ha sentito l'uomo e glielo ha rimandato nel giro di un paio d'ore. È stato ingenuo pensare che se ne sarebbe occupato. Erode, figlio di un re che doveva la corona al favore di Roma, di discendenza idumea, non si sarebbe mai mescolato a una controversia giudaica dove un re di paglia come lui aveva tutto da perdere. C'è poi il suo matrimonio. Claudia prova una misteriosa simpatia per quell'uomo; ne ignora le ragioni e non vuole saperle, d'istinto la attribuisce al suo stato generale d'insoddisfazione. Se arriverà a dover pronunciare una condanna dovrà motivarla con ragioni ineccepibili. Se la situazione invece rimanesse ambigua, dovrà umiliarsi accettando il suggerimento di sua moglie, e di Nikephoros: chiedere l'opinione dei quattro pezzenti che rumoreggiano nel cortile. Al pensiero, non può reprimere un moto di collera. Tante volte ha finto di sentirsi ottimista soprattutto per orrore delle complicazioni, per meglio scansare difficoltà e noie. Questa volta non ci riesce.

Ora comunque gli indugi sono finiti. Fa cenno al centurione di far tradurre in aula il prigioniero.

Il lastricato del cortile comincia a riverberare il calore nonostante il sole sia ancora basso sull'orizzonte. La piccola folla appare agitata. Qua e là si sono formati capannelli dove si discute con animazione. Un vecchio, svelto di lingua, tiene banco arringando con petulanza gli altri nel tentativo di persuaderli del proprio punto di vista. Joseph si aggira smarrito. Ha indosso il mantello che non è solo troppo caldo per la stagione ma denuncia anche la sua provenienza dalla provincia, l'indigenza. Ha lasciato incustodito il piccolo laboratorio di carpentiere in cima alla collina. Vuole rendersi conto di persona di quale potrà essere la sorte di quel figlio cosí amato che di lí a poco potrebbe essere strappato a lui e alla vita.

Al di là di ogni dubbio sulla sua nascita, sente questa minaccia come una trafittura, l'acuto dolore di una mutilazione. In quel figlio ha visto genialità, dedizione, amore e adesso, arrivato a un momento cosí drammatico, scopre di non poter fare niente per lui. Non ha amicizie influenti, non ha alcun potere; vive con la sola compagnia dei suoi animali, i contatti umani limitati a quelli con i clienti: la richiesta di un lavoro, la breve contrattazione sul prezzo, addio.

L'imminenza della fine lo colma di rimorso. Joshua s'è

allontanato presto da casa ma lui avrebbe dovuto rincorrerlo, parlargli, stringerlo tra le braccia, non permettere che la vita e nemmeno l'amore di Dio li separasse in quel modo. Se si fosse comportato come un vero padre, adesso probabilmente Joshua non rischierebbe la vita nelle mani di quei pagani. Sa di illudersi eppure insiste in quel pensiero per provocare tutto il dolore che il suo comportamento merita, sentirsene invaso. Si sposta con affanno da un capannello all'altro, trattenendo a stento le lacrime, cercando di non farsi notare; ciò che riesce a udire in giro lo colma d'angoscia.

Un energumeno con una gran barba bianca che scende fino a metà del petto sta gridando a quelli che gli si affollano intorno i versetti di Isaia: «"Prenderà le giuste decisioni per i piú umili di noi. La sua parola sarà una verga che colpirà i violenti, col soffio delle sue labbra farà morire l'empio". Cosí ha detto il profeta, questo ci aspettiamo dall'invincibile re dei Giudei. Sotto quale sembiante si nasconde oggi questo re?»

Joseph trasalisce; quel forsennato osa pronunciare parole cosí accese sotto il naso dei legionari romani che montano la guardia al loggiato armati e pronti all'azione. La gente accoglie la sua invettiva con taciti segni di approvazione, qualcuno lancia un'occhiata in direzione delle truppe, ma è chiaro che sono tutti con lui. Joseph non è turbato solo dalle possibili reazioni dei soldati. Teme di capire che l'evidente delusione visibile nei presenti riguardi proprio suo figlio. Ha colto le parole di uno che diceva: «Aveva detto di essere l'invincibile re dei Giudei...» S'è allontanato in fretta per non ascoltare la fine della frase, che però immagina. Un altro grida beffardo: «Voleva ricostruire il Tempio!»

Qualcuno lo afferra per il braccio, Joseph sobbalza. È un uomo alto, di corporatura massiccia, piú giovane di lui anche se ha già perso quasi tutti i capelli; gli si rivolge a bassa voce, riconosce l'accento della Galilea.

– Ti conosco, sei Joseph, il padre di Joshua –. Sorride con amicizia.

– Tu chi sei?

– Sono Cefa.

Joseph lo fissa perplesso, prima di riconoscerlo.

– Sei Simone il pescatore di Cafarnao, figlio di Giona, ecco chi sei. Perché hai detto Cefa? – Lo abbraccia, sollevato.

– È il nome che m'ha dato tuo figlio: Cefa, Pietro.

Joseph lo prende a sua volta per un braccio portandolo verso un angolo meno esposto. Dal suo viso è scomparsa ogni traccia di sollievo per l'avvenuto riconoscimento. Adesso è tornata l'angoscia.

– Pietro, Pietro che sta succedendo? Che sta per accadere? Che sarà di lui? –, chiede Joseph con voce d'improvviso profonda e sorda.

Pietro è un uomo semplice, legato a Joshua da un sentimento di profonda devozione. Ma è un uomo del popolo, nemmeno lui ha amicizie influenti. Sa solo ciò che è successo sotto i suoi occhi, episodi slegati di cui è stato involontario protagonista, goffo alle volte.

– Sono venuti a prenderlo ieri sera al tramonto. Stavamo pregando. Erano in molti, non abbiamo potuto fare niente per difenderlo.

– Li ho visti, – mormora Joseph. – Neanch'io ho potuto fare niente.

Pietro, assorto nel suo ruolo di testimone e di cronista, non coglie il riferimento.

– Ho seguito il corteo fino alla dimora di Caifa cercando di non farmi riconoscere, sono rimasto nel cortile per vedere se avrei potuto essere d'aiuto.

Tace il resto, non dice di aver negato per tre volte di essere un seguace del rabbi. Sa che il movimento è in pericolo, che molti seguaci si sono dispersi per paura d'essere arrestati. La sorte terribile di Giovanni il Battista decapitato per ordine di Erode li ha riempiti d'angoscia, l'arresto del maestro ha fatto balenare, nel modo piú sinistro, una sorte che potrebbe coinvolgerli tutti.

– Tu Joseph che vuoi fare?

Joseph lo guarda, sorpreso dall'assurdità della domanda.

– Sono venuto per essergli vicino anche se lui nemmeno mi vedrà in mezzo a tutta questa gente. Li ho sentiti imprecare, ho udito altri che si dicevano delusi.

– Non dargli ascolto Joseph, tu hai un grande figlio. Non puoi immaginare quanto sollievo ha dato a tanta gente, quanta speranza, quale fede ha acceso. Hai visto che è successo quando è entrato in città?

– Non l'ho visto ma ho saputo. Allora come spieghi adesso tanta delusione?

– Aspettavano un eroe guerriero, non hanno capito che lui stava costruendo il regno dello spirito. Il vero riscatto per il nostro popolo non verrà dalle armi ma dalla fiducia nel Santo Benedetto. Se saremo capaci di meritarla. Amen.

Sono belle parole quelle di Pietro anche se le ha dette come se recitasse a memoria. A Joseph però non hanno dato consolazione. Avrebbe voluto ascoltare un progetto per liberare quel figlio prediletto, un colpo di mano che ponesse fine all'interminabile agonia. Invece dalla voce di Pietro trapelava una rassegnazione che contraddiceva l'apparente fiducia. Pietro sa meglio di ogni altro che il colpo è stato duro e che molti sono fuggiti per evitare di essere additati come suoi seguaci.

Joseph lo guarda deluso, l'altro coglie nel suo sguardo quella nota disperata.

– Andrà tutto per il meglio, conta su di me, su di noi. Niente è ancora perduto.

Joseph ha la sensazione opposta che tutto sia perduto e che Cefa abbia pronunciato solo parole di convenienza. Però non può dirlo, non si fida piú di lui; non si fida nemmeno di se stesso.

Lucilio vede passare il prigioniero, l'andatura è appesantita dalle catene che gli legano le caviglie e risuonano a ogni passo; il pallore cadaverico del volto fa maggiormente risaltare le lividure. L'uomo ha lo sguardo fisso a terra ma Lucilio cerca ugualmente riparo nella riseca di un muro, teme la vergogna, se dovesse incrociare il suo sguardo. Nella notte appena trascorsa hanno discusso da paro a paro, ora le loro condizioni sono diverse: lui nella sua condizione di libero cittadino romano, l'altro un morituro poiché è chiaro che Pilato finirà per condannarlo e in un caso come il suo la condanna significa il patibolo.

A meno che lo stratagemma proposto da Nikephoros non funzioni. Lasciare la scelta alla folla, proporre lo scambio tra un uomo mite e un uomo violento, un profeta e un assassino. Ma può funzionare una soluzione che è stata avanzata di sotterfugio, con una menzogna, rendendo Claudia complice inconsapevole?

Lucilio riesce ad avvicinare Kyrillos. Il centurione se ne sta appartato intento a guardarsi le unghie, tiene anche lui lo sguardo basso, indifferente alla scena. Lucilio è tentato di chiedergli che cosa pensi dell'imminente processo ma rinuncia a un approccio obliquo. La priorità è tentare di sapere chi sarà il candidato nel caso Pilato facesse suo il suggerimento d'uno scambio tra due prigionieri.

– Salve Kyrillos, questa faccenda prima finisce meglio è.

Il centurione lo fissa stupito.

– Non credevo che ti interessassi a questo tipo di faccende, toccherà a me assistere al processo.

Kyrillos è astuto, capace di leggere sotto le parole, sorride.

– Abbiamo un assassino giú nelle celle, prima ce ne liberiamo meglio è, a questo pensavo.

Il centurione ha smesso di guardarsi le unghie, tiene le mani sull'elsa della daga appesa alla cintura.

– Se fosse dipeso da me lo avrei già mandato alla croce.

– Chi ha ucciso?

– Un milite della terza coorte. Era senza armatura, lo ha attaccato alle spalle mentre stava comprando delle spezie e lo ha trafitto.

– Hai ragione, quel disgraziato profeta invece non ha fatto niente.

– Nemmeno questo è vero. Giorni fa sulla spianata del Tempio ha quasi provocato una sommossa. Quando gli animi si accendono prima o poi diventiamo noi il bersaglio.

Il legionario a questo punto vorrebbe continuare a discutere ma Lucilio ha già saputo ciò che voleva sapere, taglia corto perché il seguito non lo interessa. Ora sa che l'uomo in catene giú nei sotterranei ha ucciso un soldato romano. Lo ha fatto aggredendolo alle spalle. Kyrillos lo considera un marchio d'infamia, c'è da stupirsi che lo abbiano fatto arrivare vivo in carcere invece di giustiziarlo sul posto. Per la folla che freme sul piazzale sotto la sferza del sole potrebbe invece diventare un titolo di merito in piú.

Lucilio pensa che se davvero Pilato arriverà a proporre lo scambio, l'esito della scelta è scontato.

XIX

L'uomo ha un'aria stremata, la veste è sporca di sangue, gli occhi arrossati, un grumo di sangue secco gli segna l'angolo della bocca. Quando lo vede comparire, Pilato pensa che per un magistrato romano una cosí misera presenza è di per sé umiliante. Ha voluto che fossero presenti Kyrillos e Nikephoros con le sue pergamene, sono in piedi ai lati della «sella» da dove presiederà l'udienza. L'imputato ha ancora le mani legate dietro il dorso, fa segno che venga liberato. L'uomo lo guarda senza timidezza e senza tracotanza, conserva un'espressione impassibile. Anche quella fissità crea a Pilato un certo disagio. Lo colpisce una reazione umanissima dell'uomo; con un gesto forse inconsapevole si massaggia il polso segnato dalle funi, la mano paonazza e tumefatta.

Le due porte della sala sono sorvegliate da guardie armate, il brusio della folla sembra essersi attenuato. Prende la parola.

– Sei tu il re dei Giudei?

L'uomo abbassa leggermente il capo prima di rispondere.

– Tu lo dici.

Non può fare a meno di volgersi verso Nikephoros. Anche il suo gesto, come quello dell'imputato, è in parte automatico. Non è sicuro di saper interpretare la risposta che non è stata solo laconica ma ambigua. Ha voluto dire: tu lo dici dunque è cosí? Oppure: lo stai dicendo tu ma non io? Il consigliere giuridico interpreta correttamente l'occhiata come una richiesta di aiuto. Gli fa cenno di proseguire. Pilato decide di ripetere la domanda.

– Tu sei il re dei Giudei?

– Dici questo perché ne sei convinto o perché altri te l'hanno detto di me?

Ancora una volta la risposta non è una risposta. Il procuratore comincia a sentirsi irritato. Sospetta che quello straccio d'uomo si stia prendendo gioco di lui.

– Sono forse io un giudeo? Sono stati i tuoi sacerdoti, la tua gente, a consegnarti alla mia autorità. Sei accusato di molte colpe: sollevi il popolo, inciti a non pagare il tributo a Cesare perché saresti tu il re. Che hai fatto?

L'uomo lo fissa a lungo prima di rispondere, il suo sguardo s'è acceso. Nel volto scarno, esangue, segnato dalle percosse, gli occhi saettano intorno prima di tornare su Pilato.

– Il mio regno non è di questo mondo, non è parte di questo sistema.

– Questo non ci interessa. Comunque sei tu re?

– Dici bene, sono re. Sono venuto al mondo per questo. Rendo testimonianza di verità. Chiunque ama la verità ascolta la mia voce.

Pilato non può trattenersi di fronte a un'affermazione cosí chiaramente allucinata. O si è trattato di una provocazione? Quel miserabile oserebbe sfidare il potere di Roma che lui rappresenta? Quasi con un sospiro esclama: – La verità. Chissà che cos'è la verità?

Il figlio di un oscuro artigiano nato in un villaggio sperduto non può conoscere le difficoltà che presenta un concetto complicato come la verità. Fatica lui stesso a orientarsi, ha lanciato quella domanda quasi a caso.

Ordina che si sgomberi l'aula e che la seduta venga interrotta. La prima fase dell'interrogatorio lo ha sorpreso, l'uomo si è rivelato sfuggente, troppo ingenuo o troppo abile; ha bisogno di riordinare le idee. Torna a pensare alla soluzione di dichiararlo pazzo e farla finita: una povera mente confusa che ha fatto definitivo naufragio.

Il processo a Gesú presenta una serie di notevoli problemi interpretativi sui quali i giuristi si sono a lungo esercitati. I quattro vangeli canonici presentano versioni che coincidono solo in parte. Gesú è condotto al *Praetorium*, dove Pilato amministra la giustizia, da un drappello di polizia del Tempio, gli stessi che al tramonto della sera precedente lo hanno arrestato nell'orto detto degli ulivi. Non bisogna dimenticare che l'udienza si tiene alla vigilia di Pesach in una città affollata di pellegrini e che dunque tutti, polizia e sacerdoti del Tempio, oltre alla guarnigione romana, hanno parecchie ragioni d'affanno e di preoccupazione.

Secondo i vangeli, comunque, i capi dei sacerdoti e gli anziani sarebbero stati presenti al processo e anzi sarebbero intervenuti, come vedremo, durante il suo svolgimento. Ma che cosa vuol dire in concreto che «erano presenti»? Una nutrita corrente di studiosi esclude che fossero presenti all'interno dell'aula. In termini contemporanei si potrebbe dire che il processo si celebra «a porte chiuse»; tant'è vero che quando il procuratore sente il bisogno di interpellare la folla radunata, deve «uscire» sul loggiato e affacciarsi alla balaustra, come mostra anche l'abbondante iconografia sull'evento.

Qualcuno si è anche chiesto se la riservatezza dell'udienza non sia in contrasto con il principio della pubblicità dei giudizi, tipico del diritto romano. Nel caso di Gesú non fu cosí. Secondo un'attendibile ipotesi degli studiosi, l'apparente contraddizione si risolve considerando che le competenze di un procuratore in una provincia occupata erano limitate alla giurisdizione penale, ovvero ai casi in cui erano messi a repentaglio l'ordine pubblico, la sicurezza dello Stato, l'incolumità dei governanti. In tali condizioni diventa comprensibile un processo a porte chiuse che in ogni caso doveva però concludersi con l'annuncio pubblico della sentenza.

Il procuratore è solo con i due consiglieri. Nemmeno ai legionari è stato consentito di rimanere.

– Che impressione hai Nikephoros, a tuo giudizio ha ammesso la colpa?

– È abile. O completamente pazzo. L'ha ammessa e non l'ha ammessa.

– Si tratta di tattica a tuo parere?

Il consigliere giuridico assapora la gioia del momento, il procuratore e Kyrillos lo ascoltano con la massima attenzione.

– A parte le vanterie sulla verità che qualunque imbonitore di fiera è capace di fare, il punto centrale, come il procuratore ha giustamente sottolineato, resta la pretesa di essere un re.

Kyrillos obietta: – Ha detto che non si tratta di un regno come noi lo intendiamo, cioè di un'entità politica, lo ha definito qualcosa di estraneo ai sistemi di questo mondo.

– È proprio questo che può far pensare a una tattica. Che cosa intendiamo noi per un regno? Nella nostra concezione non esiste distinzione tra regno terreno e regno divino. L'imperatore romano, gli dèi lo proteggano, è Divus Augustus. Nel momento in cui assume la carica è dio egli stesso. La sua persona è sacra, cosí come lo sono la sua residenza, le sue proprietà. Gli atti diretti a ledere il totale di questa sacralità sono non solo crimini ma sacrilegi.

– Questo non vale per gli Ebrei, – obietta Kyrillos. – Le aspirazioni dell'imputato a un regno fuori da questo mondo sono legittime dal punto di vista ebraico.

– Si tratta di vedere se ha parlato come ebreo o se, in un tribunale romano, davanti al procuratore, ha inteso sfidare l'autorità di Roma.

– Mi pare chiaro che nel momento in cui parla di un regno estraneo a ogni sistema esistente, ogni riferimento territoriale scompare.

– Per loro! Ma si può dire la stessa cosa per noi?

– I regni di tipo spirituale sono imprecisati dal punto di vista territoriale.

– Nemmeno il potere dell'imperatore ha confini. Possiamo tollerare che il profeta di una lontana provincia pre-

tenda di possedere un titolo concorrente con quello imperiale? Per di piú in nome della verità?

– Hai detto tu stesso che il riferimento alla verità è una
vanteria a buon mercato.

– In sé. Ma se lo inseriamo nel contesto di una pretesa
regalità cambia aspetto.

– Non cambia se nemmeno lui è stato in grado di precisare meglio che cosa intendeva dire.

– Non ha potuto o non ha voluto? Spaventato dalla sua
imprudenza?

Piú andava avanti la discussione tra i due consiglieri piú diventava difficile discernere dove fosse quella
«verità» sulla quale stavano dibattendo con toni sempre piú accesi.

Anche Pilato ripensava alla domanda che s'era lasciato sfuggire e che ora si ripresentava: che cos'è la verità?
È mai possibile rispondere a un tale quesito? In nome di
che? Della ragione? Di una fede? Di un'ideologia?

– L'autorità imperiale divina esclude quella di chiunque altro! – stava gridando Nikephoros. La sola cosa chiara
erano le posizioni dei due: propenso all'indulgenza Kyrillos, deciso per la condanna Nikephoros. Entrambi con
motivazioni che parevano sorrette da buoni argomenti; il
che voleva dire che la decisione, quale che fosse, tornava
a essere politica, cioè, pensava Pilato, cadeva di nuovo per
intero sulle sue spalle.

Si sente invadere da un sentimento d'ira, gli pare che
l'interminabile disputa tra quei due si sia trasformata in
una derisione nei suoi confronti. Alza la voce.

– Questa discussione non porta a niente, siete due incapaci, dovrei farvi frustare –. Kyrillos reagisce con prontezza militare, scioglie la cintura e con un gesto che intende essere solenne porge a Pilato la sua daga quasi a dirgli:
fa' di me ciò che vuoi.

– Teatro! – esclama con sprezzo il procuratore rigettan-
do con un gesto l'offerta.

L'altro, Nikephoros, scorre in fretta una delle sue pergamene.

– È effettivamente difficile valutare, insisto sull'ipotesi di far decidere a quelli là fuori. Laviamocene le mani, che se la sbrighino loro.

Pilato finge di voler riflettere, appoggia la testa nell'incavo della mano, in un gesto volutamente nobile. In cuor suo ha già deciso.

XX

Joshua è stato ricondotto nella sua cella. Siede sul pancaccio stringendo il capo tra le mani tormentato da un acuto dolore alle tempie. Preme le dita contro le palpebre per avere un po' di sollievo. Il procuratore gli è sembrato uno di quegli uomini deboli, che cercano di nascondere la loro insipienza. La sua intermittente brutalità era il segno che nei deboli fa le veci dell'energia.

Proprio in questi termini glielo avevano descritto. Sa che lo attendono lunghe ore di tormenti alternate a pause colme d'angoscia in attesa di ulteriori sofferenze. Conosce la ferocia dei soldati romani, si sentono padroni del paese, trattano come schiavi i suoi abitanti. Ha anche colto il senso della tattica adottata da Pilato: il procuratore intende implicarlo in un delitto di natura politica; si potrà facilmente disfare di lui con il vantaggio supplementare che l'accusa, esposta con cura nel rapporto da inviare a Roma, lo illustrerà come un solerte guardiano delle prerogative imperiali.

Esiste una via d'uscita? In teoria sí. Dovrebbe dilungarsi a spiegare a quel barbaro che il Regno di Dio non ha niente a che vedere con uno dei regni della terra, tanto meno con quello del potente imperatore romano; dovrebbe parlare delle conquiste dello spirito, d'una rinascita delle umane creature in nome dell'amore, del riconoscimento d'una fraternità nutrita, per tutti, dalla stessa luce. Il solo pensiero di tutto ciò che dovrebbe dire, probabilmente invano, gli fa scartare l'ipotesi. Pilato è un uomo rozzo, un pagano perso nelle sue superstizioni, non capirebbe e comunque non gli darebbe il tempo di spiegarsi. Il procuratore vuole evidentemente chiudere prima che compaia la stella ad annunciare il riposo dello *shabat*, tutto si concluderà entro la luce di quella giornata. Lo hanno relegato nella parte dell'ostaggio: il pegno dell'alleanza tra due poteri, quello romano e quello del Tempio, sarà suggellato dalla sua fine.

Le fitte alle tempie sono diventate un ritmico battito lancinante, una serie di deboli urti dolorosi che fanno scoccare piccole scintille dietro le palpebre chiuse. Si abbandona sfinito col dorso contro la parete. Ha molta sete ma sa che nessuno gli darà da bere perché in un certo senso è già morto. Gli urti contro le tempie non vengono solo dalla sua testa. Qualcuno sta cautamente battendo dall'altra parte del muro. Ne ode anche la voce, resa fioca dallo spessore della parete.

– Sei tu? Ci sei?

Joshua si riscuote, volge il capo per poggiare l'orecchio, lo sconosciuto ripete la domanda. Risponde.

– Tu chi sei?

– Sono Barabba, ricordi? Ci siamo visti...

Lo interrompe: – Ricordo.

– Ti hanno preso, non pensavo che l'avrebbero fatto.

– Hanno preso anche te.

– Ho ucciso un soldato. Stava battendo un venditore di spezie il vigliacco, un vecchio già caduto a terra. Un colpo di pugnale, poi ho cercato di fuggire. Tu che hai fatto?

– Quello che credevo giusto, Barabba.

– Volevo dire: non hai fatto niente per meritare questo.

Rimangono in silenzio, si ode solo il monotono passo scandito dell'uomo di guardia nel corridoio: venti passi avanti, venti indietro. Il dolore alle tempie si è attenuato. Barabba riprende, la voce ridotta a un sottilissimo filo.

– Ho saputo che stanno per suggerire uno scambio al procuratore. La tua vita contro la mia.

Barabba dunque riesce ad avere degli informatori anche nel fondo del carcere. È una notizia orribile.

– I Romani lo fanno anche nei giochi del circo. Due vite in gioco, una contro l'altra.

– Non hai nulla da temere, Joshua.

– Se temessi qualcosa avrei agito diversamente. È spaventoso non per noi ma per chi dovrà scegliere: due vite in ballo, salvarne una.

– Salveranno te. Non hai ucciso nessuno.

– No, Barabba, salveranno te. Tu hai commesso un delitto orribile davanti agli occhi di Dio, però pensavi di compiere un atto di giustizia. Davanti a un popolo oppresso hai dimostrato coraggio, questo ti salverà.

– Tu non hai colpe e davanti al procuratore hai dimostrato uguale coraggio. Potevi negare tutto, non l'hai fatto.

– Io ho compromesso il loro potere, Barabba. Tu credi nella forza delle armi, chiedi il riscatto immediato del nostro popolo. Io prometto un regno lontano, difficile da raggiungere; anch'io voglio che il nostro popolo sia libero dall'oppressione; ma prima ancora voglio che siano libere le loro anime, voglio dar loro la possibilità di scegliere. Ho attraversato la terra d'Israele con le mani vuote, ma le mie parole annunciavano una speranza inaudita di libertà – piú pericolosa di un colpo di pugnale; molti l'hanno trovata intollerabile tale è la paura di essere davvero liberi. Volevo insegnare che non basta vivere, che bisogna anche sapere e capire perché si vive. Pensavo di offrire una dimensione piú alta, invece molti hanno preferito rifugiarsi nella tranquillità dell'obbedienza perché l'idea di una libertà che dia senso ai nostri poveri gesti quotidiani supera le forze di cui molti dispongono, li sgomenta. La salda fede antica, i riti che si ripetono uguali anno dopo anno sono molto piú rassicuranti. Ho offerto ogni giorno della mia vita come esempio, evidentemente non è bastato.

Joshua tace esausto. In compenso il dolore alle tempie

è scomparso. Si aspettava la replica di Barabba, che però tarda ad arrivare. Chiama piano, grattando il muro «Barabba... Barabba». Non c'è risposta. O lo hanno portato via o sta pregando con tale intensità da non udire il suo debole richiamo.

Quando glielo riportano davanti, Pilato prova lo stesso moto di repulsione e di pietà della prima volta. Avrebbe voluto che scomparisse dalla sua vista. La veste sudicia, l'aspetto cadaverico, l'odore di morte che si leva da quel corpo e da quei cenci gli danno il voltastomaco. L'astuto Nikephoros coglie la sua reazione, per compiacerlo fa il gesto di turarsi il naso.

– Allora, profeta, che cosa devo fare di te? – gli chiede il procuratore.

Dal prigioniero non viene alcuna risposta, guarda in basso, immobile.

– Ti parlerò apertamente Joshua Ha-Nozri. Delle tue chiacchiere sul Regno che non è di qua e chissà di dov'è, importa poco a Roma. Se mi giuri che non cercherai di turbare l'ordine di questa città, di non attentare ai poteri di Cesare né alla pace di chi qui lo rappresenta, proporrò alla tua gente là fuori la tua liberazione. Che rispondi?

Questa volta il prigioniero alza il volto; si limita però a fissare per qualche istante il procuratore senza dire parola. Pilato vuole giocare d'astuzia. È anticipato da Nikephoros: – *Qui tacet consentire videtur*, – bisbiglia.

– Vedo dal tuo silenzio che sei d'accordo con la mia proposta.

Pilato si alza dalla scranna, s'avvia verso il loggiato, spalanca con un solo gesto deciso il tendaggio, un fiotto di luce abbagliante irrompe nella stanza, la sua figura sfuma nel bianco incandescente mentre si sporge verso la folla, di colpo ammutolita. Parla in latino per poter meglio modulare il suo pensiero. Due banditori traducono frase per frase in aramaico.

– C'è in questo paese un antico costume per il quale chi governa può, in occasione di Pesach, liberare un prigioniero. Rientra nei miei poteri farlo, e potrei farlo da solo. Invece desidero chiedere il vostro parere...

Mentre pronuncia queste parole Pilato si rende conto che Claudia, nascosta in una rientranza del loggiato, lo sta fissando. Crede di scorgere un'espressione sgomenta nel suo sguardo. Rafforza il tono della voce.

– ... Intendo rinsaldare i legami che uniscono questo popolo al trono imperiale, la vostra umanità alla nostra. Mi rifaccio all'antica usanza dei *Concilia Plebis* ai quali, nella tradizione della nostra repubblica, erano affidate funzioni elettorali e giudiziarie.

Si schiarisce la gola, gridare in quel modo sotto un sole di piombo gli ha provocato una grande arsura. Claudia continua a fissarlo, immobile. Vede anche, poco discosto, Lucilio, leggermente sporto in avanti come per ansia.

– Vi chiamo a una scelta. Abbiamo in custodia due prigionieri che consideriamo meritevoli della vostra attenzione e del vostro giudizio. Un assassino e un profeta.

Dalla folla si leva un intenso brusio sovrastato da qualche grido.

– Un assassino di nome Bar Abbas; e un profeta di nome Joshua Ha-Nozri. Chi volete che io liberi?

Sulla spianata del cortile è sceso un silenzio pesante come un mantello. L'isolata voce di Pilato riverbera contro i muri. Anche i banditori adesso tacciono. Poi dal fondo si leva un grido indistinto, un altro, un altro ancora, le voci e le grida si moltiplicano, diventano un coro assordante, caotico. È come se quella gente non avesse aspettato altro, come se avesse saputo da sempre che sarebbe arrivato il momento liberatorio; non c'è più bisogno che i provocatori inviati dai sommi sacerdoti seguitino ad accendere gli animi; sono stati sobillati per ore, ogni possibile insinuazione è stata martellata nelle teste. «Vogliamo Bar Abbas, – gridano cento bocche. – Libera Bar Abbas». Quelle cento bocche prendono a scandire il nome «Bar Abbas, Bar Abbas, Bar Abbas…»

Pilato approfitta del tumulto per bere in fretta qualche sorso d'acqua. Nel volgersi si rende conto che Claudia è sparita. Tenta di riprendere la parola. Intanto Kyrillos gli sussurra all'orecchio: – In guardia procuratore, chiudi in fretta. L'eccitazione della folla potrebbe sfociare in un tumulto.

Sempre a mezza voce Pilato risponde: – Fa' sentire le armi.

Kyrillos fa' segno al centurione di far percuotere gli scudi con le lance, è un avvertimento che conoscono. Nel silenzio finalmente ristabilito, la voce di Pilato, anche se indebolita, diventa udibile.

– Che devo fare dunque del vostro profeta?

Non c'è alcuna esitazione questa volta. Alla domanda risponde un boato, le parole non si distinguono piú, Pilato riesce solo a vedere, nelle prime file di gente in tumulto, le espressioni stravolte, i visi accesi dall'ira, i pugni che percuotono l'aria, gridano piú forte possibile: «Crocifiggi, crocifiggi!» Quando l'onda d'urto delle voci s'attenua, sente anche che qualcuno grida: «S'è fatto figlio di Dio», altri riprendono veementi l'accusa. Il procuratore pensa che sarà meglio non inserire nel rapporto a Roma quell'accusa insensata. Ma a un tratto, cogliendo con sapienza di tribuno una breve pausa di silenzio, una voce piú tonante delle altre grida parole che lo raggiungono come un colpo: «Se liberi il profeta non sei amico di Cesare».

È quello che temeva, il suggello. La vecchia insinuazione udita per la prima volta sulle labbra dei due volponi Anna e Caifa è tornata. Sicuramente l'ha lanciata, con voce di bronzo, un uomo da loro istruito. Tutti l'hanno udita, molti la riprendono. Adesso la folla scandisce «Cesare, Cesare, Cesare» come se spettasse a loro doverlo difendere contro chi ufficialmente lo rappresenta. Le parti si sono rovesciate, il ricatto non è piú una minaccia subdola mormorata a bassa voce in un luogo chiuso; è diventato un cappio pronto a chiudersi attorno alla sua gola. Se facesse giustiziare Barabba quelli ne farebbero un martire della loro lotta di resistenza. Meglio un'ingiustizia di un disordine, è una delle prime regole della politica. Lo sanno tutti che chi esercita il potere non può avere le mani pulite.

Lo sguardo che ha letto poco prima negli occhi di Claudia, quel misto di dolore e di sconcerto, lo spinge a violare ogni logica di governo in un ultimo disperato tentativo. Spera che lei, anche se non riesce piú a vederla, possa almeno udirlo. Si sporge, grida anche lui con tutto il fiato che ha.

– Devo crocifiggere il vostro re?

– Cesare è il nostro re!

Non c'è altro che possa fare. Rientra nella sala, accaldato, roco. Un servo si affretta a tergergli il sudore dal volto con delle bende tiepide, imbevute di essenze.

Kyrillos sembra inquieto, sta confabulando con il centurione. Nikephoros gli si avvicina battendo silenziosamente le mani con un'espressione raggiante.

– Giocata magnificamente, procuratore. Magistrale!

Lo guarda incerto nella confusione del momento, gli sembra che la gioia smodata di Nikephoros sia fuori luogo; gli erano sembrate diverse le sue intenzioni, aveva garantito un esito diverso. La proposta di scambio non doveva salvare il profeta?

Se per una volta potesse fare a meno degli adulatori che lo circondano.

Ma forse Nikephoros ha ragione, è comunque riuscito a scansare un dardo che stava per trafiggerlo. In gioco non c'erano solo le vite di Bar Abbas o di Joshua; anche la sua entrava nella partita.

Il prigioniero è rimasto immobile accanto a una colonna. Nella concitazione ci si è quasi dimenticati di lui. Guarda verso Pilato, ma è come se non lo vedesse, sembra terrorizzato, è solo.

– Vado a stendere la sentenza, – sussurra Nikephoros.

– Fatelo crocifiggere insieme a qualche condannato di diritto comune, – suggerisce Pilato sempre a bassa voce. – Meglio che non sia troppo evidente il significato politico dell'esecuzione.

XXI

Joseph s'aggira tra la folla accaldata, ancora in tumulto, gli odori pesanti sotto i caffetani sono intollerabili ma non se ne cura; ha perso di vista Pietro che forse è fuggito, nell'ansia di ritrovarlo non ha nemmeno udito ciò che il procuratore gridava dal loggiato malamente tradotto in aramaico. Sa solo che in quella folla molti vogliono che suo figlio sia ucciso. Trattiene le lacrime, non sa se fuggire anche lui o restare, intorno a sé vede solo volti alterati; sono quasi tutti uomini, non vede nemmeno una donna. Invece proprio la voce di una donna risuona nella sua mente, la forte figura di Rachele, moglie di Giacobbe, quando Geremia (31, 15-16) fa udire il suo lamento: «Pianto amaro, Rachele piange i suoi figli, rifiuta di essere consolata perché essi non ci sono piú». Il Santo Benedetto in realtà la consola: «Trattieni la voce dal pianto, i tuoi occhi dal versare lacrime, c'è un compenso per le tue pene». Fortunata Rachele morta dando alla luce Beniamino, fortunato è il genitore, pensa Joseph, che muore prima di veder morire suo figlio. Per lui fino all'ultimo giorno non ci sarà piú consolazione. Si sposta, passa da un capannello all'altro scontrandosi con i venditori d'acqua e di fichi che approfittano dell'assembramento per guadagnare qualcosa, anche se in quel giorno di vigilia non potrebbero farlo. Non cerca nemmeno piú Pietro, ha perso ogni speranza di trovarlo, non sarebbe di alcun aiuto.

Il procuratore si è ritirato, il velario è stato chiuso, sono rimasti solo i soldati con le loro lunghe lance, protetti dallo scudo, gli elmi colpiti dal sole mandano bagliori.

Piange quel figlio santo che ha tanto operato per il bene degli altri. Perché quegli oziosi non sono a casa a preparare la festa? Che Ebrei sono mai? Si sono radunati per mandare a morte un giusto. Perché sono lí? Chi li ha spinti, chi li ha pagati? Quale castigo meriterebbe lui per essere stato un cosí cattivo padre, smarrito nei suoi cupi, inutili dubbi. Avrebbe dovuto insistere fino a convincerlo, rimproverare Joshua dicendogli: «Segui il mestiere di tuo padre, non ti esporre in questo modo, non contare sulla gratitudine, nessuno ti sarà riconoscente per il bene che fai, ascolta tuo padre, chinati sull'opera». La gola gli si chiude al pensiero delle parole che non ha mai detto; sale il pianto al ricordo della dolce invocazione infantile: *abba*, padre, detta da quel figlio che lo guardava con una cosí accorata tenerezza, indaffarato intorno ai suoi strumenti; una volta aveva baciato la sua testa china sulla pialla e aveva detto: «Non ti affaticare troppo, padre. Non ti sono di molto aiuto, lo so. Cammino per il paese, c'è tanto da fare, cerco di lenire tante infelicità. Ma tu conta sui miei fratelli, fatti aiutare da loro, prenditi un po' di riposo». Gli aveva risposto: «Sei tu che fai troppo, non io che ho fatto questo tutta la vita». Joshua aveva sorriso cosí teneramente che il solo ricordo accresce il suo strazio.

Ora invece ha il sospetto che il suo povero figlio perduto abbia fatto non troppo ma troppo poco, tutte le parole dette e il bene profuso non sono serviti a niente. Bar Abbas ha combattuto e ucciso, la folla ha chiesto che torni libero. Ci sarà un verdetto, Joseph presagisce quale potrà essere, cento voci lo hanno reclamato, molti lo danno già per certo. Il suo vecchio cuore non regge, non vuole morire davanti a tutti, schiantato dalla sentenza, sulle pietre roventi di quel cortile. Lentamente retrocede verso il muro esterno. Qualcuno aveva cominciato a guardarlo con sospetto, osservando i suoi movimenti erratici, gli occhi gonfi di un pianto trattenuto. Meglio abbandonare lentamente la scena, non conosce nessuno e non vuole dover gridare la sua pena davanti a degli sconosciuti. Si appoggia allo stipite dell'arco che dà sulla strada, lentamente, con estrema cautela, scivola fuori. La notizia ugualmente lo raggiungerà, non lí però, meglio saperla quando sarà solo, sulla sua collina, libero di reagire come il cuore in quel momento gli detterà.

– Se lo condanniamo in base alla Lex Julia maiestatis, la procedura prevede che l'esecuzione sia preceduta dalla flagellazione.

Nikephoros indica il capoverso esatto del testo. Pilato annuisce svogliatamente, sa già come sarà il seguito. Staffili particolarmente dolorosi, muniti di palline di piombo all'estremità. Un trattamento rude che aiuti il condannato ad assaporare il peso della colpa.

È rientrato nella sala di lavoro, Claudia sta per raggiungerlo.

– Lasciatemi solo, – ordina.

– Ti sei coperto di ridicolo, – sibila lei entrando. Non è piú sgomenta, è furente.

Pilato le va incontro, si sente anche lui preda di una collera che non riesce a controllare. Fronteggia sua moglie, la sopravanza in statura di una buona spanna, è tentato di picchiarla.

– Osi dire una cosa del genere! Dopo che mi hai spinto tu a trattare con la folla, blandirla, cercare il suo consenso, far scegliere a loro, decidere!

– L'hai fatto cosí goffamente, vanno guidate le folle non si può diventare un bersaglio delle loro vendette, non dovevi proporre Barabba.

– Mi hai detto tu che il tuo sant'uomo gode di grande popolarità.

– Ma è la popolarità di un profeta. L'altro è un combattente, lo sai che non ci possono sopportare.

– Ecco dov'è finito il tuo intuito, sono bastati quattro scalmanati per farlo sparire.

– Un procuratore di Roma, il rappresentante di Cesare, che si fa marionetta in mano a un gruppo di straccioni.

Pilato la percuote, due volte, colpisce sul viso a piena
mano, il cerchio dell'anello le lascia una striatura rossa sulla guancia. Claudia si tocca il volto, gli occhi si riempiono
di lacrime e di collera, s'affretta verso la porta barcollando sulle calzature troppo alte.
    – Sei tu la responsabile di questo errore! – le grida die-
tro Pilato.

Sulla fustigazione, le versioni dei vangeli sono contrastanti anche se il consigliere giuridico Nikephoros per una
volta ha detto la verità: la Lex Julia maiestatis prevedeva
che il condannato fosse frustato prima di essere crocifisso.
    Dei quattro testi canonici, due – Matteo e Marco – si limi-
tano a registrare l'episodio senza particolari notazioni anche
se il testo di Matteo ha alcuni versetti piú degli altri – signi-
ficativi e controversi – di cui ci dovremo occupare. Piú inte-
ressanti gli altri due testi, Luca e Giovanni, per la diversità
delle motivazioni che danno. Luca scrive (23, 22): «Ed Egli
[Pilato] per la terza volta disse loro "Ma che male ha fatto costui? Non ho trovato nulla in lui che meriti la morte. Lo ca-
stigherò severamente e poi lo rilascerò"». Secondo Luca dunque, Pilato annuncia la fustigazione quasi volesse, con quel
castigo, accontentare entro certi limiti la folla. È come se la
flagellazione fosse tutta la pena che Pilato è disposto a infliggere allo sventurato Joshua. In realtà non accade nemmeno
quello, la pena della frusta, alternativa a quella capitale, non
viene applicata; di fronte alla folla che continua a gridare, il
procuratore decide «che la loro richiesta sia eseguita», per cui
«abbandona Gesú alla loro volontà» (23, 25).
    Per Luca dunque Gesú non viene frustato ma mandato
direttamente al patibolo.
    Significato e andamento dell'episodio sono molto diver-
si nel testo di Giovanni. Pilato, dopo aver fatto flagellare
Gesú, esce di nuovo sul loggiato e dice (19, 4 sgg.): «"Ecco, io ve lo conduco fuori perché sappiate che non trovo
in lui alcuna colpa". Allora Gesú uscí, portando la corona

di spine e il mantello di porpora. E Pilato disse loro "Ecco l'uomo!"». In questa versione il procuratore romano mostra il corpo martoriato dai colpi di staffile per impietosire la folla, vuole saziarla con lo spettacolo di quelle povere membra e che nessuno reclami piú la pena capitale poiché colpe tali da meritare la morte non ne ha trovate.

Al di là dei diversi significati, i testi canonici sono però uniti da un'ispirazione di fondo in base alla quale il procuratore romano è sempre descritto come colui che fa di tutto per salvare la vita del prigioniero e alla fine deve cedere per l'ostinazione della folla in tumulto.

La critica storica contesta la veridicità di questo episodio. I pochi testi che si occupano di Pilato lo descrivono come un uomo rozzo e collerico, avido e irresoluto, certo però non disposto a cedere alle richieste della piazza; ha mandato al supplizio della croce centinaia di persone senza averle nemmeno viste. Ammesso che si sia dovuto occupare di quel profeta, certamente lo ha fatto per ragioni gravissime che però i testi non precisano. Una possibile ipotesi è che sia rimasto impressionato dalla calda accoglienza popolare che Joshua ha avuto al momento del suo ingresso a Gerusalemme. Il desiderio di conoscere un uomo capace di sollevare un tale entusiasmo, unito alle accuse del capo del Sinedrio, potrebbe essere un ragionevole motivo per l'incontro e per il successivo processo.

Un altro motivo possibile sono i banchi rovesciati nel piazzale del Tempio, un gesto che cosí com'è raccontato ha poco senso tanto piú che la collocazione dell'episodio cambia. Giovanni lo cita all'inizio della vita pubblica del profeta, i tre sinottici alla sua conclusione, dunque possibile causa dell'arresto.

Nessuno sostiene che i redattori dei vangeli abbiano volutamente falsificato i fatti, è verosimile però che li abbiano riferiti basandosi sulle proprie convinzioni nonché sulle opportunità dettate dal momento.

Gesú ha vissuto e interpretato la sua morte alla luce d'una fede e d'una mentalità religiose. Egli si sentiva inviato da Dio, vedeva il suo tragico destino come un evento rilevante nella storia del popolo ebraico, un atto della volontà divina. I vangeli invece sono stati scritti parecchi decenni dopo lo svolgimento dei fatti che narrano. Il testo attribuito a Giovanni viene fatto risalire addirittura ai primi anni del II secolo. Dopo la distruzione del Tempio e della città di Gerusalemme operata dalle truppe di Tito (70 e.v.), dopo l'inizio di una massiccia diaspora, i redattori dei vangeli avevano tutto l'interesse a nobilitare la figura di Pilato facendone un protagonista benevolo che solo la ferocia della folla aveva costretto a prendere un'ingiusta decisione. I testi evangelici sono concepiti soprattutto per l'*intellighenzia* diremmo oggi «occidentale» divenuta destinataria del messaggio di una religione che, staccatasi dal ceppo ebraico, sta per acquisire una personalità sua propria con il nome di cristianesimo.

Gli autori dei testi, non potendo negare che era stato Pilato a mettere a morte Gesú, cercarono di dire che in realtà il procuratore era stato costretto a emettere quella sentenza dalla pressione di alcune autorità religiose giudaiche e di alcuni gruppi di fanatici da loro manovrati.

Quando portano nuovamente l'imputato alla sua presenza, Pilato non può reprimere un moto di ribrezzo. Il tormento dello staffile gli ha segnato il dorso cosí profondamente che in alcuni punti sembra di scorgere al fondo dei solchi le ossa sottostanti. Anche il viso è striato di sangue, l'occhio sinistro quasi completamente chiuso dai colpi. Pilato ha una lunga esperienza della sofferenza fisica; da soldato ha visto lo scempio dei corpi lasciati sul terreno dopo una battaglia, le mutilazioni, i rantoli dei feriti con il ventre squarciato che sorreggendo le proprie viscere implorano di essere finiti. Come procuratore ha firmato decine di sentenze di morte, non si contano i ribelli da lui inviati al supplizio della croce. In un lampo d'ira contro se stesso pensa che avrebbe dovuto rifiutare fin dall'inizio di occuparsi del caso di questo enigmatico profeta e taumaturgo. Se avesse delegato l'intera faccenda a Nikephoros la cosa sarebbe già stata risolta. Quei due volponi lo hanno attirato nel tranello. Si corregge: no, Claudia è stata determinante. Ha ceduto al capriccio di sua moglie col risultato di una seria rottura con lei e di trovarsi ora davanti questo rottame sanguinante che dovrà necessariamente far uccidere.

Kyrillos lo avvicina: – Quali sono gli ordini? –. Ha rivolto la domanda con secchezza militare ma Pilato conosce il suo uomo, sa che la vera domanda sarebbe: adesso che facciamo?

Deve simulare una chiarezza di idee, una fermezza che non ha.

– Mostriamolo alla folla cosí com'è. Ci penserò io stesso.

Quasi nudo, straziato dai flagelli, il volto tumefatto e irriconoscibile, l'uomo offre uno spettacolo raccapricciante, una vista peggiore di quella di un cadavere perché quest'uomo già morto continua a muoversi; solo lo sguardo, ciò che trapela dalle palpebre gonfie, conserva la lucidità che aveva prima che lo strazio avesse inizio.

– Agli ordini, – si limita a mormorare Kyrillos.

Pilato fa aprire nuovamente il velario, s'avvia verso il loggiato, con un movimento imperioso varca la soglia ed esce nella luce.

– Portate l'imputato, – ordina.

Il profeta ha di nuovo le mani legate dietro la schiena, le guardie lo afferrano per le braccia e lo trascinano all'aperto. Un boato saluta la sua apparizione, molti lo indicano a dito. Sembra muoverli piú la curiosità che la pena. Pilato con ampi gesti ordina di tacere; riesce alla fine ad avere un certo silenzio. Si appoggia alla balaustra sporgendosi.

– Ecco l'uomo! – grida.

Si aspetta un moto di compassione davanti a quella povera figura; si aspetta che chiunque lo abbia temuto come un possibile pericolo si ricreda. A chi potrà mai far paura un uomo cosí ridotto, cosí umiliato? Quella reazione non c'è. Passato un breve momento di sorpresa, la folla riprende a rumoreggiare, risuonano nuovamente le grida già udite «Crocifiggi! Crocifiggi!» E poi ancora quelle piú insidiose «Non è il nostro re»; e infine quella che teme piú di ogni altra: «Se lo liberi non sei amico di Cesare».

Pilato si volge e fa un brusco cenno al servo: che porti acqua. Quello fraintende; pensa che voglia tergersi il sudore e si precipita con delle bende umide e profumate.

– Acqua, imbecille! – sibila Pilato.

L'equivoco è presto sciolto. In due portano sul loggiato un bacile d'argento colmo d'acqua, lo poggiano cauti sulla balaustra. Pilato solleva fino al gomito i lembi della toga, alza teatralmente le mani mostrandole alla folla, poi le immerge nell'acqua come se intendesse lavarle. La folla s'è zittita, lo guarda stupefatta. Se intendeva colpire la loro immaginazione questa volta c'è riuscito, tutti hanno capito il significato della mossa.

Un servo gli porge un panno; mentre si asciuga le mani aggiunge alcune parole, la sua voce è molto alta, suona rotta e stridula

– Non sono responsabile di questo sangue, – urla.

Pensa di avere vinto. Dalla folla però si leva un'altra voce, quella dell'uomo che prima guidava i cori. È la voce di bronzo di un agitatore abituale

– Il suo sangue ricada su di noi e sui nostri figli! –. Molti applaudono, e gridano.

Lucilio si allontana lentamente invaso da un forte senso di nausea. Tutto è chiaro: Claudia è stata usata come un inconsapevole strumento di morte. Per ragioni che ignora, Nikephoros voleva che il profeta fosse ucciso e ha approfittato dell'ingenuità di lei, ha sfruttato la simpatia che la donna aveva nei confronti di Joshua; quanto a Pilato, ha solo confermato la sua inadeguata statura per l'incarico.

Il Senato gli ha dato da amministrare la provincia piú difficile dell'impero in obbedienza all'eterna legge che rende spesso cieche le scelte degli uomini. È accaduto a Roma dieci anni prima, ora si è ripetuto a Gerusalemme.

Spetterebbe a lui, probabilmente il solo ad aver intuito la manovra, tentare di scoprire le ragioni del comportamento di Nikephoros. Non ne ha alcuna voglia.

Ancora una volta gli è toccato in sorte il ruolo dello spettatore avvertito e impotente, era l'uomo che aveva visto piú lontano degli altri ma non ha potuto o saputo fare niente per evitare un'ingiustizia.

La vita e la morte lo hanno nuovamente rasentato senza che fosse in grado di muovere un dito. Quel povero profeta tra poche ore avrà cessato di vivere. Moriranno con lui le speranze che ha acceso, il messaggio che ha predicato, il bene che ha cercato di fare. Vinto dall'insensatezza di quanto è accaduto, gli torna in mente il tema di una possibile sopravvivenza dopo la morte capace, almeno nell'aldilà, di rimettere in pari i conti. Perché non si dovrebbe considerare una vita come un risultato completo in sé, il cui solo valore sta nell'arte di averla saputa vivere? Si potrebbe considerare questa riuscita come una sorta di immortalità, forse l'unica che sia davvero possibile immaginare. Si potrebbe cosí andare incontro alla morte nella fiducia di aver fatto qualcosa di buono, come sicuramente accadrà a quel povero profeta.

Quanto a lui, la scena ripugnante che s'è appena svolta sotto i suoi occhi lo ha convinto a rompere gli indugi: tornerà a Roma, affronterà il destino quale che sia, portando con sé un'amarezza dalla quale gli sarà difficile liberarsi.

Le ultime parole che abbiamo udito dalla folla, «Il suo sangue ricada su di noi e sui nostri figli!», si trovano nel vangelo di Matteo (27, 25). La maggior parte degli storici le considera scritte dal redattore del testo in odio verso gli Ebrei e per compiacere i Romani vincitori liberando Pilato da ogni colpa. Il redattore ha comunque esagerato scrivendo: «E tutto il popolo disse: "Il suo sangue sia sopra noi e sopra i nostri figliuoli"». Le parole «Tutto il popolo» rivelano l'intento propagandistico. Lo spazio davanti al *Praetorium* poteva contenere al massimo qualche decina di persone. Definire quel piccolo assembramento «tutto il popolo» non è legittimo nemmeno se l'estensore avesse voluto sottintendere «il popolo che poteva essere presente in quel luogo». Inverosimile anche la scena di Pilato che si lava teatralmente le mani. Un procuratore romano non si sarebbe abbandonato a un gesto rituale previsto dalla Bibbia nel caso di particolari omicidi commessi fuori della città, come spiega la Mishnah; un gesto estraneo alla procedura, inconcepibile per un romano.

Quelle parole inverosimili sono state uno dei fondamenti che hanno giustificato secoli di antisemitismo cattolico.

La maledizione che contengono è venuta meno solo nel XX secolo, vi hanno contribuito due papi: Giovanni Paolo II e Giovanni XXIII. Papa Roncalli con la Dichiarazione *Nostra Aetate* elaborata all'interno del Concilio Vaticano II ha aperto a un cammino di riconciliazione. In quel documento si legge: «E se le autorità ebraiche con i propri seguaci si sono adoperate per la morte di Cristo, tuttavia quanto è stato commesso durante la sua passione non può essere imputato né indistintamente a tutti gli Ebrei allora viventi, né agli Ebrei del nostro tempo». Nel 1985 è stato pubblicato il *Sussidio per una corretta interpretazione dell'ebraismo*, firmato dal cardinale Johannes Gerardus Maria Willebrands nel quale si legge l'affermazione definitiva: «Gesú è ebreo e lo è per sempre». Papa Wojtyla ha completato la revisione quando, visitando la sinagoga di Roma (13 aprile 1986), ha chiamato gli Ebrei «nostri fratelli maggiori».

XXII

Pilato si strappa di dosso il mantello gettandolo a terra, è oppresso dal caldo, dalla luce, dal rumore infernale della folla; in realtà è disgustato da se stesso. Ordina che tutti i tendaggi vengano tirati, anela al buio. Lo stomaco è in fiamme, le fitte gli tolgono quasi il respiro, si passa inutilmente la mano sul ventre. Quando gli portano un bacile colmo d'acqua gelata vi immerge le braccia fin quasi ai gomiti, avverte con sollievo che la temperatura del sangue lentamente scende, le vene, turgide, vanno perdendo rilievo. Nello stesso tempo cerca di recuperare lucidità. La sentenza di morte è stata pronunciata, Nikephoros è intento a stendere il verbale che dovrà essere inviato a Roma. Dovrà rivederlo con attenzione, in un rapporto del genere si possono nascondere cento trabocchetti. Sentenze di morte ne ha firmate molte, questa però è particolare, vi sono implicati il sommo sacerdote e quella vecchia canaglia di suo suocero. Pilato non dimentica con quanta astuzia lo hanno giocato nella storia dei medaglioni: voleva rendere omaggio all'imperatore e sono riusciti a farlo biasimare dall'imperatore. A raccontarlo non ci si crederebbe. Non deve succedere mai piú.

Si sente meglio, ha recuperato un po' di equilibrio, anche per questo sente aumentare la sua collera.

– Convocate il sommo sacerdote! – grida.

– Con la prima stella comincerà la loro festa, – obietta l'egiziano Ofir.

– La prima stella è lontana, comunque lo voglio qui. Mandatelo a prendere con la forza se serve. Subito!

Le urla gli hanno giovato, si sente meglio, gli parlerà duramente, forse ordinerà anche il suo arresto. Il suo mandato gli dà un potere discrezionale su un gran numero di esseri umani, quando pensa al potere di cui dispone si sente invadere da un sentimento di esaltazione.

Capisce di aver perso il controllo, è dalla notte precedente che non ha un attimo di tregua, adesso il sole è alto, la giornata è ancora lunga. Claudia è sparita, sicuramente risentita nei suoi confronti, ci sarà tempesta ma ora non ha tempo di occuparsene. S'impone la calma.

– Intanto fate venire Nikephoros, – ordina.

Dal cortile sale un trapestio, si levano voci, qualcuno grida degli ordini, rumore di ferri trascinati al suolo, zoccoli che battono il lastricato, un nitrito. Pilato indovina che cosa sta accadendo: si organizza il corteo che scorterà il condannato al supplizio. Kyrillos ha pensato di chiedere l'appoggio di un drappello di cavalleria. Non era previsto, segno che teme qualcosa. I seguaci del profeta potrebbero attaccare lungo il percorso.

È arrivato Nikephoros, scivola in silenzio col suo passo da cortigiano. Ha con sé la pergamena. Solo ora Pilato s'accorge di una cupa lividura sulla tempia e parte della guancia.

– Che è accaduto lí? – chiede.

Il consigliere scansa la domanda.

– Ho urtato contro lo stipite della porta.

Un'evidente menzogna. Decide di lasciar correre.

– Leggi! – ordina.

Il consigliere Nikephoros schiarisce la voce, attacca con una sgradevole cantilena per dare maggiore solennità alle parole.

– In data odierna, venerdí 14 del mese di Nisan, vigilia della festività di Pesach, in accordo con le usanze di questa provincia di Giudea governata dall'eminente Ponzio Pilato in nome dell'augusto imperatore...

– Salta, vai al punto.

– ... Il carpentiere Joshua Ha-Nozri, originario della Galilea, riconosciuto colpevole di lesa maestà in base alla Lex Julia, è stato condannato al supplizio da eseguirsi in località Monte del teschio popolarmente conosciuta come Calvario, dove sarà inchiodato alla croce finché morte non sopraggiunga.

Pilato rimane sovrappensiero. C'è una falla nel dispositivo che al momento gli sfugge. Ofir entra ad annunciare l'arrivo del sommo sacerdote.

– Che aspetti! – grida irritato. Il soprassalto gli ha chiarito la mente. Dovrebbe gridare piú spesso.

– Hai saltato il punto principale, consigliere. Abbiamo liberato un omicida, in base a una consuetudine malcerta e mandato a morte un povero pazzo con la mente visitata dai fantasmi. Siamo esposti. Devi motivare meglio. Devi ricordare la sua pretesa, renderla esplicita, il richiamo alla legge non basta: si è proclamato re. Quello è il punto. Voleva farsi re, questo devi scrivere. Quale *titulus* hai fatto mettere sopra la croce?

Nikephoros lo guarda perplesso. Al *titulus* non ha pensato, è un'omissione grave, si rende conto di aver sbagliato.

– Chiedo perdono, la giornata...

– Lascia perdere. Nel *titulus* fai menzionare la sua pretesa, era ridicola ma dobbiamo ricordarla: voleva farsi re.

Pilato detta l'iscrizione in latino poi la ripete in greco:
– Ἰησοῦς ὁ Ναζωραῖος ὁ Βασιλεὺς τῶν Ἰουδαίων. Gesú nazareno re dei Giudei. All'ebraico pensaci tu, – conclude.

Nikephoros, uscendo, incrocia sulla porta il sommo sacerdote. Si fa da parte e s'inchina, Caifa arriva fino alla sella curule dove siede Pilato drappeggiato nella toga, in atteggiamento maestoso; fissa a lungo il nuovo arrivato senza aprire bocca, intende fargli sentire il peso della sua autorità. L'espressione di Caifa resta impassibile ma il procuratore crede di leggervi una malcelata soddisfazione che accresce la sua sorda collera. ·

– Caifa, tuo suocero Anna è partito avviandosi verso settentrione. Sono stato informato solo a cose fatte. Questo viola i nostri patti. Dovrò prendere provvedimenti.

– È stato convocato d'urgenza ad Antiochia dal governatore di Siria.

Lascia cadere la frase in tono umile, sicuro che i sottintesi parleranno da soli. Se Lucio Vitellio voleva chiarimenti avrebbe dovuto chiedere a Pilato non al vecchio sommo sacerdote che non è nemmeno piú in carica. Che vuol dire quella novità? Non era stato magari Anna a sollecitare l'incontro?

– Al suo rientro dovrà darmi delle spiegazioni.

Pilato abbandona la sella, percorre lentamente la sala, torna indietro e si ferma davanti a Caifa, fronteggiandolo. Una lama di sole insinuatasi in una fenditura delle tende arriva a lambire i calzari dorati del sommo sacerdote facendoli risplendere.

– Ho un'accusa da muovere nei vostri confronti. Avete mandato dei sobillatori nel cortile pretorio per agitare i presenti, favorire la liberazione di un rivoltoso assassino. Questo comporterà una pena.

– Se fosse vero senz'altro, procuratore. Se fosse vero sarebbe infatti gravissimo. Falsare l'esito di un giudizio, inconcepibile. Però non è vero.

– Oseresti...?

– Non mi permetterei mai di osare, procuratore. Affermo con serena certezza che non ho, non abbiamo, mandato nessun agitatore; la piccola folla che sostava nel pretorio ha manifestato liberamente i suoi sentimenti. Li hai chiamati tu a scegliere, loro hanno scelto.

Pilato vorrebbe strozzare quell'impudente, sa di essere preda della piú terribile delle collere, quella dell'impotenza. Lo stomaco pare aver preso fuoco. L'espressione del volto è minacciosa, lo sguardo inquieto, dove però si insinua una nota di debolezza che non sfugge al suo interlocutore.

– Non mentire Caifa, sta' attento. Il tuo seggio, la tua

vita, è nelle mie mani. Ho il potere di trascinarti nella polvere.

L'altro accentua se possibile il tono accomodante della voce.

– M'inchino al diritto di Roma maestra del mondo, prima che al suo potere –. L'insolente mentre pronuncia quelle parole accenna un inchino portando una mano al cuore.

– Avete voluto mandare a morte un povero pazzo che stava insidiando il vostro potere, parlava ai fedeli come voi non avete mai saputo fare, aveva un seguito enorme. L'accoglienza al suo ingresso in città parla chiaro. Avete perfino rinsaldato la vostra alleanza con Erode felici d'aver trovato un progetto e un nemico comuni.

– Ciò che dici mi addolora profondamente. Eppure hai visto con i tuoi occhi a chi s'indirizzava il consenso del popolo.

– Non era il popolo! Tu sragioni! – Pilato adesso grida – Non riempirti la bocca con questa parola. Il popolo era quello che l'ha accolto a Porta Susa agitando rami di palma e di ulivo. Lí fuori c'erano quattro pezzenti manovrati.

– Noi interpretiamo il sentimento religioso della nostra gente, procuratore. Lo esprimiamo attraverso i santi riti che i padri ci hanno trasmesso. Mi scuote fin nel profondo delle ossa il pensiero che non si veda quale pietà popolare circondi il Tempio e i sacerdoti che vi operano.

Qui si ferma assumendo un'espressione di grande infelicità.

– Se avevi l'impressione che quelle persone fossero manovrate – che il Santo Benedetto ne scampi – forse non avresti dovuto chiedere il loro parere, – aggiunge chinando il capo.

Il colpo arriva dritto al bersaglio. Aveva imparato bene il mestiere quel manigoldo. Del resto era riuscito a mettere in un angolo perfino suo suocero, molto piú esperto di lui.

– Allora ti informo di una cosa. Anzi, faccio una profezia come dite voi: non avrai vita facile Caifa. Né tu né tuo suocero. Ti comunico la mia profonda irritazione. Da questo momento consideratevi esclusi dalla mia benevolenza, ogni vostro atto sarà pesato con la piú scrupolosa severità.

– Mi stai minacciando perché ho fatto il mio dovere? Dobbiamo contare sulla benevolenza di Tiberio contro la tua procuratore?

– Non osare tirare in ballo la figura dell'imperatore. Ti dico solo sta' in guardia, *kohèn gadòl* –. Gli urla il titolo in ebraico perché capisca meglio.

– Comunicherò queste tristi notizie ad Anna quando rientrerà da Antiochia con le ultime novità dettate dal governatore di Siria. Ne sarà rattristato quanto lo sono io. Posso ritirarmi?

Pilato si limita a un cenno di congedo indicando la porta. Caifa retrocede di due o tre passi in quella direzione ma sembra svogliato, infatti s'arresta.

– Procuratore, la riconoscenza che devo m'impone d'informarti di una notizia al momento riservata. I samaritani stanno organizzando un insolito raduno al loro Tempio sul monte Garizim. Quest'anno saranno molto numerosi e sembrano agitati. No so interpretare il sintomo ma sento il dovere di avvertirti.

S'inchina ancora profondamente e, sempre retrocedendo, raggiunge la porta.

Pilato scosta leggermente i lembi dei tendaggi. Il corteo s'è avviato, il cortile è vuoto, cosparso di escrementi di cavallo sui quali ronzano grosse mosche verdi dorate. In un angolo sono rimasti un rotolo di funi e dei bastoni. Si ode in lontananza un lugubre segnale di tromba. Nessuno s'azzarda a esporsi alla vampa che sembra poter sciogliere perfino le pietre. Alzando lo sguardo, al di là di una cortina di cipressi scorge la nube di polvere che il corteo sta sollevando lungo il sentiero che sale alla sommità del Calvario.

Si chiede ancora una volta perché mai debba darsi tanto pensiero per una condanna alla croce che tante volte ha autorizzato senza esitazione. I sogni di Claudia? Pensa che forse non erano soltanto sogni. Claudia è una donna di molte e consumate esperienze. Lui sa meglio di ogni altro attraverso quali prove è passata. Quei sogni erano presagi, avrebbe dovuto capirlo. Ora s'è aggiunta l'umiliazione subita da parte della folla, la soddisfazione di quel lestofante malamente dissimulata sotto un ossequio strisciante. È stata sua moglie a convincerlo, s'è lasciato andare commettendo un errore di cui a lungo si pentirà; poi c'è stato l'incontro con quella coppia di serpi, deve ammettere che con loro non è mai riuscito a controllare il dialogo. Avrebbe dovuto imitare il loro tono, giocare la stessa partita ma non gli è riuscito.

Infine c'è l'informazione che Caifa ha lasciato cadere quando era già sulla porta: la riunione dei samaritani. Nella notizia si nasconde certamente un ulteriore tranello, spera di avere l'accortezza e, soprattutto, sufficienti informazioni per scansarlo.

Percorre piú volte la sala, la solitudine gli pesa ma una qualunque compagnia gli sarebbe insopportabile. Riflette con tristezza che da quando, quasi un secolo prima, il grande Pompeo ha calpestato le pietre di quella città con calzari di ferro, mai un procuratore romano è venuto a trovarsi in una tale situazione.

– Chiama Nikephoros e Kyrillos, – ordina con voce alterata allo schiavo che segue muto i suoi andirivieni.

La polvere è ancora piú alta adesso, il corteo dev'essere arrivato in prossimità della cima dove sono già piantati i pali; i condannati hanno caricato sulle spalle il braccio trasversale della croce alla quale saranno inchiodati. Lo chiamano *patibulum*. Trascinare il proprio strumento di morte fa parte della condanna.

Lo storico delle religioni Martin Hengel (1926-2009), che ha lungamente studiato l'argomento, scrive che la crocifissione era una pena in vigore presso numerosi popoli,

compresi i greci. Una punizione politica e militare. Tra i
persiani era inflitta principalmente agli alti ufficiali e ai ribelli, tra i Romani invece prevalentemente alle classi basse, cioè agli schiavi, ai violenti e agli elementi ingoverna-
bili nelle province ribelli, tra queste la Giudea. La ragione
principale della sua larga applicazione era l'efficacia come
deterrente. Veniva in genere associata ad altre forme di
tortura, compresa la flagellazione. L'esposizione pubblica
della vittima nuda in un luogo in vista – incrocio di una
strada, località elevata – rappresentava per il condannato
anche una forma di umiliazione. I cadaveri venivano lasciati appesi, preda delle bestie feroci e dei rapaci che ne
facevano scempio.

A conferma di questa analisi c'è il modo in cui il governatore di Siria Caio Quintilio Vario domò le rivolte dopo
la morte di Erode il Grande nel 4 a.e.v.

A operazione conclusa vennero crocifissi duemila ribelli. *La guerra giudaica* di Flavio Giuseppe è disseminata di
episodi altrettanto crudeli. Il governatore Quadrato ordinò una crocifissione in massa di zeloti. Tito ordinò che i
prigionieri catturati durante l'assedio di Gerusalemme (70
e.v.) fossero crocifissi lungo le mura cittadine. Tale il loro
numero che (*La guerra giudaica*, V, 11, 1): «Ogni giorno
erano cinquecento e anche piú quelli che venivano catturati [...] non faceva cessare le crocifissioni nella speranza
che a quello spettacolo i Giudei si decidessero ad arren-
dersi [...]. Spinti dal furore e dall'odio i soldati si diver-
tivano a crocifiggere i prigionieri in varie posizioni, tale
era il loro numero che mancavano lo spazio per le croci e
le croci per le vittime».

Crocifissioni di massa seguirono anche la rivolta di
Spartaco; Nerone, in seguito al disastroso incendio del 64,
fece crocifiggere molti cristiani per allontanare da sé i sospetti. Scrive Tacito negli *Annali* (XV, 45) che il popolo li
considerava portatori di una «nefasta superstizione». Agli
sventurati attaccati alle croci aggiunse lo scherno perché

«quando veniva meno la luce del giorno bruciavano come torce notturne. Nerone aveva offerto i suoi giardini per un simile spettacolo».

Il supplizio della croce comportava un patimento terribile anche per la lunghissima agonia. Le trafitture dei chiodi provocavano lacerazioni e fratture ma non erano di per sé mortali; nemmeno l'emorragia portava a una morte immediata. In certi casi i condannati morivano sbranati dalle fiere o dai rapaci. Nella maggior parte dei casi si moriva per soffocamento, piú di rado per dissanguamento. La posizione orribile dell'uomo crocefisso comportava una forte e crescente difficoltà respiratoria. La debolezza conseguente alla flagellazione e al parziale dissanguamento faceva mancare le forze, il morituro tendeva quindi ad accasciarsi sui piedi. Questa posizione comprimeva torace e polmoni rendendo il respiro difficile e corto. Per alleviare la progressiva asfissia, il condannato era portato a un movimento sussultorio; reagiva all'accasciamento cercando di tornare in posizione eretta, ma per farlo doveva spingere sulle ferite dei piedi aggiungendo al dolore altro dolore. Quando per pietà si voleva abbreviarne l'agonia, gli si spezzavano i femori a colpi di mazza in modo che non gli fosse piú possibile tirarsi su e che la morte per asfissia sopraggiungesse piú rapidamente. Questo spiega il gesto di spezzare le gambe ai due ladroni crocifissi insieme a Gesú. Il colpo di lancia inferto al suo costato potrebbe invece essere stato un sostitutivo pietoso per abbreviarne l'agonia.

Un «colpo di grazia», diremmo oggi.

XXIII

Dalle colline di Moab, a oriente, soffia il torrido vento del deserto. La sommità del Golgota è affollata. Due condannati sono già inchiodati al loro patibolo, le membra contorte dagli spasimi, la bocca spalancata dall'arsura. I legionari tengono stancamente lontani quelli che vorrebbero guardare da vicino, assaporare lo spettacolo spaventoso e affascinante della morte. Il terzo condannato, un ladro, aspetta in piedi con le mani legate dietro il dorso, tremando all'idea dei tormenti che lo aspettano. I suoi guardiani parlano del piú e del meno. Sono giovani come l'uomo che custodiscono, il peso delle armature li fa sudare copiosamente.

– Se penso che un anno fa tremavo di freddo nelle selve di Teutoburgo, – confida uno dei due, – ho quasi nostalgia.

– Adesso ti rifai del freddo patito.

– Mi basteranno per tutta la vita sia il freddo sia il caldo.

Parlano il basso latino del popolo, il prigioniero li guarda senza capire, vorrebbe leggere nei loro pensieri, sapere se almeno lo stanno commiserando. Trema per il terrore che l'ha invaso, uno dei due gli allunga un calcio.

– E smettila! – L'altro ride.

Si avvicinano i carnefici, il piú giovane è quasi un ragazzo. Membra tozze, una corta barba rossastra gli incornicia le guance e scende fino alla parte superiore del collo. Scuotono il prigioniero, dalla folla sale un mormorio difficile da interpretare, sgomento o forse curiosità. Con un gesto deciso il piú giovane gli strappa di dosso la veste che cade già a pezzi per suo conto. I legacci ai polsi impediscono però ai cenci di cadere, il ragazzo chiede la daga a uno dei legionari, taglia le corde ma è maldestro e quasi amputa anche la mano. Il prigioniero urla, si porta il braccio ormai libero davanti al viso, la mano è pendula, dalla ferita scorre il sangue; s'avvicina un cane giallo, attirato dal suo odore caldo, il legionario lo punge con la punta della lancia, quello corre via con la coda tra le gambe, ululando. Il piú esperto dei due carnefici mostra al giovane dove dovrà piantare il chiodo ora che il polso è inutilizzabile. Tasta il braccio del prigioniero, indica l'avambraccio poco sotto il gomito.

Quando lo stendono sul legno il condannato continua a urlare e si dimena; in due non riescono a trattenerlo, l'anziano chiama gli operai che stanno finendo di piantare a colpi di mazza delle grosse zeppe di legno al piede delle altre due croci. Ora sono in tre a tenerlo, uno gli si è quasi sdraiato sul petto, gli altri tirano il braccio ferito, il giovane punta il chiodo e comincia a martellare. Le sue grida salgono ancora di tono, poi cessano di colpo: l'uomo sembra fulminato, il chiodo affonda velocemente sotto i colpi vigorosi. L'altro braccio è piú facile, il corpo sussulta, dalla bocca esce un rigurgito di vomito nero ma le urla sono cessate. I piedi vengono inchiodati sovrapposti assicurandoli a un supporto di legno per sostenere il peso del corpo evitando che le braccia si strappino. A fatica, sudando e imprecando, i quattro alzano il legno aiutandosi con delle funi, lo calano a piombo nella buca già pronta, dove gli operai sono lesti a rincalzarlo. Si tergono il sudore, bevono da un secchio d'acqua che qualcuno ha lasciato poco distante.

Ora che nessuno gli bada, il cane giallo è tornato, lecca il poco sangue che la terra non ha ancora assorbito. Un asino che è servito a trasportare alcuni attrezzi bruca la sterpaglia riarsa e nello stesso tempo defeca. Un ufficiale ordina al drappello di cavalleria di rientrare negli alloggiamenti. Il temuto attacco da parte dei seguaci del profeta non c'è stato; l'uomo sembra già morente, il corpo ha assunto una coloritura bruna, dalla bocca scorre un esile filo di bava mista a sangue, di tanto in tanto apre la bocca come se volesse dire qualcosa ma non si ode alcun suono.

I cinque o sei cavalieri danno di sprone, facendo nitrire le cavalcature e s'avviano giú per il sentiero sassoso attenti ad assecondare col corpo il passo incerto delle bestie.

Un gran silenzio è sceso sulla sommità della collina, il sole, passato lo zenit, già inclina verso occidente; si odono soltanto il frinire delle cicale e i gemiti intermittenti dei moribondi inchiodati alle croci, sempre piú fievoli. Uno stormo di corvi vola in cerchi uguali, lentamente, aspettando il momento. Il profeta apre la bocca ma nemmeno lui riesce a emettere un suono percepibile, solo il movimento delle labbra diventate nere dice che non riesce ancora a morire. Le mosche indugiano sul sangue rappreso delle ferite, sulla bava sanguigna del labbro, si affollano intorno all'occhio, tormentandolo.

Un uomo s'avvicina all'ufficiale, indica in direzione delle croci, parlotta. Poi si volta, fa cenno a un piccolo gruppo di donne, ferme al margine della radura, che possono avvicinarsi. Le donne avanzano fino ai piedi della croce centrale. Tergono le lacrime, una di loro abbraccia singhiozzando il legno del patibolo, l'ufficiale va su e giú attento piú all'atteggiamento delle altre persone presenti che non ai loro lamenti. Gli operai e i carnefici si sono seduti a terra, estraggono del cibo dalle bisacce, mangiano; fanno il gesto di offrirne ai legionari che però rifiutano. Nessuno parla, non c'è altro da fare, i curiosi si vanno disperdendo, bisogna solo aspettare la morte, il compito spetta ai militari che dovranno farne rapporto al procuratore.

È interessante notare con quanta diversità i vangeli riferiscano gli ultimi istanti di vita di Gesú. Il testo piú antico, attribuito a Marco, è anche il piú drammatico (15, 34 e 37). Gesú muore con il verso straziante e disperato del salmo 21: «Dio, Dio perché mi hai abbandonato?»; «Emesso un grande grido, spirò». Marco racconta un Gesú tragico che muore urlando, ed è solo. In che cosa il «dio» invocato lo ha deluso? Che cosa si aspettava da lui? Luca (23, 46) si limita a fargli mormorare le blande parole del Salmo 31, 6: «Padre, nelle tue mani raccomando il mio spirito». Giovanni, il testo piú recente, è ancora piú elusivo, Gesú si limita a dire (19, 30): «Tutto è compiuto» dopo di che «chinato il capo rese lo spirito». Con il passare degli anni la morte viene resa piú aderente al disegno provvidenziale, una fine cercata e voluta. Il grido è stato cancellato.

Testimonianza di Miryam.

Diceva cose bellissime, guardavo gli occhi di chi lo stava ascoltando, vedevo sguardi buoni e spenti – non lo capivano. Parlava della vite e del gregge, della mietitura e della vendemmia, distillava per loro, perché ne facessero tesoro, il frutto della solitudine, del sonno mancato, del digiuno, della riflessione lunga sui testi sacri. Dava loro delle figure perché le facessero diventare strumenti di vita. Molti però si fermavano alle figure, incapaci di afferrarne il senso profondo.

Un gruppo di spostati, pazzi e onesti, ingenui analfabeti pieni di fiducia ha preso a seguirlo chiamandolo rabbi, maestro. Alla fine però lo hanno abbandonato. Avrebbero dovuto aiutarlo a salvarsi, non hanno fatto nulla e sono fuggiti.

Lo ricordo bambino quando ha imparato a sorridere, quando correva saltandomi sulle ginocchia per abbracciarmi. Si rifugiava sul seno che l'aveva nutrito, mi guardava ridendo mentre gli pizzicavo le guance, mi faceva ascoltare le parole nuove che aveva imparato. Ricordo quando nelle quiete mattine di *shabat* lui e Joseph s'avviavano insieme alla sinagoga. Li vedevo allontanarsi,

Joseph lo teneva per mano, lui gli saltellava accanto, Joseph gli parlava come un vero padre, affettuoso maestro. Quando anch'io raggiungevo il Tempio, li osservavo dal matronco, padre e figlio cantilenavano insieme le lodi del Signore, invocando la sua benedizione. Tante volte lo spettacolo mi ha spinto alle lacrime, c'era una tale pace nelle mattine del riposo e della preghiera, lasciava immaginare il destino di una famiglia come tante altre; in cuor mio sentivo però che non sarebbe stato cosí, su quel cielo chiaro incombeva l'ombra della tragedia. Non sapevo da dove sarebbe arrivata ma la sentivo arrivare.

Poi ci sono stati gli anni inquieti dell'adolescenza, le insicurezze e le piccole crudeltà, i litigi con i compagni, le sassate e le preoccupazioni che s'allontanasse da noi come era successo il giorno che eravamo a Gerusalemme ed era sparito per mettersi a discutere con i rabbini nel Tempio. In fretta era diventato un uomo, sicuro di sé, consapevole delle tante persone che lo seguivano e credevano in lui. A volte mi guardava e pareva non avermi nemmeno riconosciuto – bello, forte, ma per me già perduto. Alle nozze di certi cugini a Cana, quando gli feci notare preoccupata che il vino stava finendo e che la nostra famiglia avrebbe fatto una brutta figura, mi rispose quasi con stizza. «Donna, – mi disse, – che ho a che fare io con te?» L'ho subito perdonato, avevo sbagliato io distraendolo dalla missione che s'era dato. Comunque alla fine il vino in qualche modo è arrivato.

Lo seguivano i poveri, gli ammalati, gli infelici, un enorme silenzio si creava tra quelle turbe vociferanti quando si vedeva un paralitico alzarsi dal suo lurido giaciglio e gettare via le bende, un cieco che d'improvviso gridava: «La luce, la luce!» con gli occhi colmi di stupore e di pianto. Venivano a riferirmi cose meravigliose sul suo conto ma piú crescevano la meraviglia e la fama piú mi sentivo certa che per lui aumentavano anche i pericoli. Avrei preferito la vita oscura, onesta e buona di suo padre, al quale non riesco a pensare senza rimorso. Se solo avessimo trovato il modo, il coraggio, di parlarci davvero... So che cosa avrebbe voluto chiedermi, mi sono accorta delle tante volte in cui è stato sul punto di farlo e poi non ha osato, temendo la risposta che avrei potuto dargli. Invece non avrei detto nulla. Ci sono segreti che ogni donna custodisce nel profondo di sé.

Sono certa d'averlo rivisto il giorno in cui, stanco di anni e malato, Joseph era arrivato alla fine della vita. Quando sono entrata nella stanza cosí povera e solitaria, piena per metà dei suoi attrezzi, lui era lí, lo so, e mi ha sorriso. Sembrava che non potesse piú parlare perché la morte si stava impadronendo di lui. Joseph fece cenno che m'avvicinassi. Mi sono inginocchiata accanto al giaciglio accostando il mio viso al suo. Bisbigliando a fatica mi ha sussurrato: «Non permettere che mi portino via». Che cosa significava un tale desiderio? Come avrei potuto esaudirlo? Erano presenti tutti i suoi figli, i volti rigati di lacrime. Lo abbiamo seppellito come la Legge prescrive per le persone amate che si accompagnano all'ultimo riposo.

Dopo la morte di suo padre, sono addirittura cresciute su Joshua le voci piú diverse e inquietanti; dicevano che gli zeloti stavano preparando una sommossa contro i Romani e che lui ne era a capo; altri riferivano invece che i sommi sacerdoti sarebbero stati deposti e che i Romani si sarebbero serviti di lui per farlo. L'ambiente era avvelenato dalle dicerie e dai tranelli; doveva stare attento, rischiava di essere schiacciato tra due poteri senza pietà. Ho cercato di esortarlo alla prudenza; ma quando mai le premure di una madre sono state ascoltate. Mi rispondeva brusco, non mi chiamava mamma ma «donna», diceva che sapeva benissimo che cosa dovesse fare.

Un giorno è sparito davvero. Seppi che s'era ritirato nel deserto, da solo. Tanti anni fa lo aveva fatto anche mio padre Gioacchino, s'era isolato a pregare nel deserto di Giuda per il dolore di non aver avuto figli da sua moglie Anna. Gioacchino tornò trasformato ed ebbe figli, anche Joshua era trasformato, il viso come circondato di luce. Cominciò a seguire un profeta di nome Giovanni che battezzava con acqua; sapevo che per me era perduto, sembrava che la sua famiglia non fossimo piú noi ma le folle che lo attorniavano, il sogno che stava inseguendo.

Non ho voluto vederlo morto, ho lasciato ad altri il compito pietoso di lavare il corpo e dargli sepoltura. Mi sono ritirata in compagnia delle donne, il cuore spezzato dal dolore. Qualcuno m'ha detto che è stato visto in giro perché sarebbe risorto come Lazzaro. Avrei potuto chiedere, a Lazzaro, com'era il mondo di là; se hanno ragione i sadducei che negano ogni possibilità di vita dopo l'ultimo respiro o se invece bisogna credere ai farisei che garantiscono la resurrezione.

Non so se devo crederlo vivo; io non l'ho visto; se fosse vero e non è venuto a vedermi, sapendo quanto dolore ho ingoiato, vuol dire che ha cose piú importanti, piú urgenti da fare. Da quando è partito ho lasciato intatto il suo letto, nessuno può metter piede nell'angolo che era suo. Un giorno verrà, ne sono certa. Io intanto l'aspetto, zappo l'orto, do da mangiare agli animali, spazzo il pavimento, so che prima o poi aprirà quella porta, metterà dentro la testa con il suo sorriso di ragazzo per dirmi: «Mamma, sono tornato».

XXIV

Oggi i cristiani parlano poco della resurrezione dalla morte, a parte i giorni delle celebrazioni pasquali. Nel cristianesimo delle origini, invece, era un tema importante quanto quello del Cristo, l'Unto del Signore. È lecito pensare che oggi non siano piú molti quelli disposti a credere alla resurrezione dei morti. Tutti continuano a morire come sempre, il mondo nuovo, il famoso Regno, non pare che sia in arrivo. Sono passati piú di duemila anni da quando quella fede illuminava il volto dei credenti e non è mai accaduto nulla. Ragioni per dubitarne non mancano.

Anche allora la storia della resurrezione cominciò a sembrare una difficile promessa. L'uomo che si batté piú di ogni altro per tenere in vita quella speranza è un fariseo della tribú di Beniamino nato a Tarso, in Cilicia (oggi Turchia) di nome Saulo. Per i cristiani: san Paolo.

È lui che scrive (1Cor 15, 14) parole che non ammettono replica: «Se Cristo non è resuscitato vana è la nostra fede». È lui che nella stessa lettera ai Corinzi aggiunge: «Questo vi dico, fratelli. Il tempo ormai si è fatto breve. D'ora innanzi quelli che hanno moglie vivano come se non l'avessero, coloro che piangono come se non piangessero e quelli che godono come se non godessero, quelli che comprano come se non possedessero, quelli che usano del mondo come se non l'usassero, perché si sta ammainando la vela di questo mondo».

Manda a dire: vivete pure nel mondo ma sappiate che il tempo rimasto prima che il Regno si manifesti ormai s'è fatto breve. È ancora lui che affronta le beffe degli ateniesi quando si reca a predicare in quella città e anche lí comincia a parlare di resurrezione. Quelli sulle prime non afferrano, quando poi capiscono che sta dicendo proprio che i morti risorgono lo deridono: «Questo magari ce lo vieni a raccontare un'altra volta», gli gridano dietro.

Con queste citazioni irrompe nella nostra storia un personaggio di alto e inquietante intelletto, di volontà ferrea, l'uomo che si incaricherà di portare il messaggio di Joshua fuori del mondo ebraico. Di lui dovremo parlare. Non subito. Prima bisogna capire meglio la storia della Resurrezione che è Pasqua per i cristiani, Pesach per gli Ebrei, due festività molto vicine anche perché ricorrono, per motivi diversi, nello stesso periodo dell'anno.

Nella Bibbia leggiamo: «Il primo mese, il quattordici del mese sarà la Pasqua del Signore. Il quindici di quel mese sarà giorno di festa. Per sette giorni si mangerà pane non lievitato» (Numeri, 28, 16-17). Le radici della Pasqua cristiana sono lí, poi fissate al primo plenilunio dopo l'equinozio di marzo facendo comunque coincidere sempre il giorno con una domenica.

È il tempo dell'anno che coincide con il risveglio di primavera; già le antiche comunità pastorali e agricole lo celebravano come festa di resurrezione. In quei giorni venne fissata la liberazione del popolo ebraico dalla schiavitú del faraone. In quei giorni i cristiani celebrano il ritorno in vita del Dio fatto uomo tre giorni dopo il suo martirio. Due ritorni alla vita che si rifanno entrambi alla generale resurrezione della natura; infatti la Pasqua viene festeggiata con i simboli della fecondità e della vita a cominciare dal salame e dalle uova, lampanti simboli fallici, se mai altri.

Nelle lingue anglosassoni il riferimento è ancora piú trasparente. I termini *Easter* (inglese), *Ostern* (tedesco) richiamano direttamente la dea pagana della fecondità, Ostara. Molte tradizioni popolari, che oggi giudicheremmo oscene, accompagnavano lo spuntare delle nuove gemme sugli alberi, nei cespugli, nei prati. Cantare l'accoppiamento, o metterlo in pratica, su quegli stessi prati, o tra i solchi, rendeva concreto l'auspicio di un buon raccolto nei mesi a venire – che ci fosse pane per tutti.

Cosí stavano le cose nella semplicità dei primitivi riti agropastorali. La teologia ha molto complicato la situazione, tutto elevando a un piano piú alto, spirituale e metaforico. La resurrezione dei morti – antica fantasia apocalittica giudaica – altro non era, all'inizio, che un'ulteriore declinazione della generale ri-nascita della natura trasformata in un'aspettativa, un mito che si sarebbe realizzato nel tempo finale. La risposta evangelica rovescia la prospettiva. Come scrive Luca (20, 24 sgg.), Dio è Dio dei vivi non dei morti, il mito allora diventa realtà, la resurrezione avviene ora, consiste nel «rinunciare a se stessi», nel ri-nascere non dal ventre materno ma dallo spirito.

La resurrezione ha dunque due diverse, contrapposte letture: una esteriore, relativa al corpo, alla permanenza in un futuro senza fine, e una spirituale, fuori dal tempo, in un presente già eterno.

La Chiesa cattolica non insegna piú che il sacrificio della croce è il prezzo da pagare per essere riscattati dal peccato delle origini. Cristo è il novello Adamo e l'agnello che gli Ebrei mangiavano a Pesach si trasforma nell'agnello di Dio sacrificato per redimere il genere umano.

La primitiva comunità cristiana si costituí sul fondamento del messianismo e delle attese apocalittiche, per cui le apparizioni di Cristo dopo la morte furono interpretate nel senso proprio di una resurrezione, prova e pegno della resurrezione finale. Eppure i vangeli non descrivono una resurrezione ma solo l'apparizione di un defunto, una delle tante di cui è piena la storia. La resurrezione di Cristo non ha avuto testimoni, ha un carattere segreto. Tutto avviene prima che faccia giorno, senza che alcuno possa testimoniarne. Egli compare alle donne e agli apostoli già «risorto». È un evento spirituale, non uno spettacolo dimostrativo: *Noli me tangere*, non mi toccare, dice alla Maddalena, quasi a prendere le distanze da ogni fisicità.

Si comprende allora quanto sia fuorviante l'idea della resurrezione di Cristo come conferma della sua divinità, della verità esclusiva della fede cristiana e, insieme, come garanzia della finale resurrezione dei morti. Questo è il prodotto di Paolo, quel «funesto cervellaccio», come lo chiamò Nietzsche. Nel suo geniale furore Paolo non comprese il messaggio evangelico della morte dell'anima e della rinascita nello spirito; costruí una «cattiva novella», ispirandosi all'apocalittica giudaica che a lui fariseo era familiare.

Quanto preferibile la resurrezione spirituale di Cristo a quella di un corpo che esce di colpo risanato dalla tomba. Perché se di questo si fosse trattato, di una resurrezione anche umana, come spiegare che non sia subito corso da sua madre rimasta sotto la croce, schiantata dal dolore?

«Egli è qui tra noi», questo è il messaggio. Tale l'importanza di ciò che ha detto e fatto che chiunque lo invocherà, nel momento dell'afflizione e del bisogno, potrà avvertire accanto a sé la sua presenza – in questo senso Risorto, per sempre.

Testimonianza di Mariàm detta Maddalena.

Mi chiamo Mariàm, sono nata a Magdala, lassú, sulle rive del Mar di Galilea. Le acque azzurre, nelle giornate d'inverno, sfumano contro il bianco delle montagne del Golan. Ho portato per tutta la vita quei colori dentro di me, i colori di Israele. Ho molto vissuto, molto peccato ma molto amato, quando il male mi ha assalito facendo di me un'ossessa, sono caduta nella disperazione. Un giorno che ero scesa in Giudea l'ho incontrato; fu a

Betania, non lontano da Gerusalemme. Ho incrociato il suo sguardo e ho capito che potevo essere salva. Quando mi ha stretto a sé, sussurrando il mio nome, ho sentito i demoni che uscivano e sono stata guarita. In ginocchio ho baciato l'orlo della sua veste, ma lui m'ha sollevato, chiamandomi «sorella». Non l'ho piú abbandonato. Ero una donna ricca, ho preferito la sua vita randagia. Lui sapeva che il corpo di una donna è piú vicino al mondo delle forze vitali, capace di assorbire grandi quantità di energie, liberandosi ogni mese delle loro ceneri. C'è in noi il divino e il corporeo, la terra e il cielo, la spinta del sesso e la follia dell'ascesi, la piú alta dimensione del sacro. Attribuiva molta importanza alle donne.

Spesso mi baciava sulla bocca perché da lí viene il Verbo, e il Santo Benedetto concepisce e genera per mezzo di un bacio. Ma con il bacio esprimeva anche la comunione, la fratellanza e la certezza della redenzione per gli eletti. Ci baciavamo dunque, fecondi della grazia che era in noi. Quelli che avrebbero dovuto capire però non capivano. Alcuni protestavano col maestro e Pietro chiedeva con ira: «Perché il rabbi ha parlato di queste cose a una donna? Preferisce lei a noi?» Ero spaventata da quella furia, Pietro era un uomo pronto alla collera, io ero solo una donna e avevo osato molto. Anche Andrea obiettò: «Che cosa pensate di quanto lei ha detto? Io non credo che il Salvatore abbia detto questo. Queste dottrine rappresentano sicuramente delle opinioni diverse».

La verità è che si accanivano contro il mio corpo di donna. Cercai di rispondere ma fu Levi a porre fine al litigio. Disse: «Se il Signore l'ha conosciuta bene, l'ha amata piú di noi». Allora Pietro aggiunse: «Sorella, sappiamo che il Salvatore ti amava piú delle altre donne. Comunicaci le parole che tu ricordi, quelle che conosci tu, ma non noi, quelle che noi non abbiamo neppure udito». Cosí cominciai a parlare.

Pieno di bontà com'era, Lui aveva detto di me: «La sua mente è ricolma di spirito luminoso». Finalmente si convinsero ad accettare il mio insegnamento. Fu uno dei suoi miracoli. In luoghi in cui una donna valeva meno della piú misera moneta, Egli mi fece apostola tra gli apostoli, mediatrice della sua parola. Spesso loro erano tristi e piangevano forte. Dicevano: «Come possiamo andare dai gentili e predicare il vangelo del regno del figlio dell'uomo? Là non è mai stato dispensato, come possiamo dispensarlo noi?» Allora mi sono alzata, li ho salutati tutti e ho detto: «Non piangete, fratelli, non siate cosí malinconici. La sua grazia sarà con voi e vi proteggerà. Lodiamo piuttosto la sua grandezza, avendoci egli preparati e mandati tra gli uomini». Allora uscirono a predicare.

Nel giorno del martirio toccò alle mie mani, che aveva reso pure, sorreggere lo strazio di sua madre mentre lo inchiodavano al patibolo. Passato il sabato, sono andata al sepolcro per ungere il suo corpo e ho trovato la tomba vuota. Ho avuto paura, a terra c'erano solo il sudario che l'aveva avvolto, mi chiedevo dove l'avevano portato. D'improvviso ho visto un uomo; sulle prime non l'ho riconosciuto poi però ho udito la sua voce: «Mariàm!», ha detto. Volevo gettarmi tra le sue braccia, mi ha fermato con un gesto sussurrando con malinconia e grazia: «Non mi toccare».
Ho pianto, invasa da una dolcezza infinita, ho saputo che sarebbe rimasto con me. Risorto, nel mio cuore! Per sempre.

XXV

Le ombre si vanno allungando sul pavimento di marmo della sala; quando un colpo di vento solleva i pesanti tendaggi verdi facendoli ondeggiare, si vede l'oscura ombra del cipresso toccare quasi la parete opposta; il sole sta finalmente declinando verso l'orizzonte. La notte porterà un po' di refrigerio, pensa Pilato.

Ha appena finito di dettare alcune lettere al segretario, vorrebbe chiamare l'ancella Didia Clara per avere notizie di sua moglie ma non osa farlo; pensa che piú tardi salirà direttamente negli appartamenti per tentare una riconciliazione. Non è tollerabile che la vicenda di un povero pazzo turbi la loro unione. Come fa abitualmente, percorre nervosamente su e già la sala, progetta di riconquistare Claudia facendo leva sulla sua sensualità. Apre un tendaggio, gli schiavi stanno finendo di ripulire il cortile lastricato, tra poche ore il sole scomparirà e comincerà il riposo del sabato, una delle poche usanze locali che il procuratore apprezzi, una ventina d'ore di silenzio e di calma.

L'egiziano Ofir si avvicina silenziosamente sulle sue babbucce, s'inchina, fa cenno di voler parlare a bassa voce. Pilato malvolentieri si piega avvicinandosi con un piccolo moto di ripugnanza alla sua bocca.

– Un autorevole fariseo chiede di conferire.

– Che vuole?

– Ha detto solo che si tratta di cosa importante e molto urgente.

– Il nome?

– Joseph Ha-Ramati. Noi diremmo Giuseppe di Arimatea, dell'altopiano.

Pilato ne sapeva quanto prima, la tentazione è di rispedire Ofir con l'ordine di cacciare l'importuno.

– Ha detto che la notizia porterà pace a tutti, – aggiunge l'egiziano.

– È persona di riguardo?

– È un distinto consigliere, veste con eleganza, ha modi urbani.

– Fallo entrare, – concede mentre s'avvia a sedere sul seggio curule.

Joseph è un uomo di bell'aspetto nel pieno della maturità, entra con passo rapido, riesce a porgere un saluto rispettoso mentre avanza verso il fondo della sala. Fa le due cose insieme e questo dispone benevolmente Pilato. Tanto piú che arrivato a tre passi dalla pedana l'uomo s'inchina profondamente e in un greco perfetto ringrazia.

– Avermi ricevuto è un segno di cortesia di cui conserverò a lungo memoria, procuratore.

– Di che si tratta?

– Chiedo di poter dare sepoltura a uno dei condannati al supplizio della croce.

Pilato sobbalza, ancora quel profeta; non s'aspettava una richiesta del genere, ultima coda di una vicenda che lo sta travagliando ormai da quasi ventiquattr'ore.

La prima reazione è di rifiuto.

– Non è semplice. Ci sono delle procedure da rispettare, tempi, modi –. Odia parlare in greco, si sente a disagio. Fa cenno a Ofir, gli ordina di convocare Nikephoros.

– Sicché lei è un fariseo. Che vuol dire esattamente?

Adesso è Joseph a essere stupito dalla richiesta.

– Intende il nostro modo…

– Sí, di vedere la vita, gli uomini, dio. La vostra filosofia insomma, si parla molto di voi, non sempre bene.

Joseph resta alquanto sovrappensiero prima di parlare.

– Devo riassumere in poche frasi il succo di una dottrina lungamente maturata. Non facciamo alcuna concessione alla mollezza. Seguiamo i precetti della nostra fede dando la piú grande importanza alla Legge. Nutriamo deferenza verso gli anziani. Riteniamo che ogni cosa sia governata dal destino che però non vieta alla volontà umana di fare quanto la volontà e le circostanze consentono , essendo piaciuto a Dio che il volere degli uomini, con le sue virtú e i suoi vizi, sia ammesso alla camera di consiglio del destino. Crediamo nella resurrezione perché come dice Isaia, 26, 19: «Di nuovo vivranno i tuoi morti, risorgeranno i loro cadaveri. Si sveglieranno ed esulteranno quelli che giacciono nella polvere». Crediamo all'immortalità delle anime...

Pilato, che aveva ascoltato con indifferenza quella sfilza di giaculatorie, a questo punto ha una reazione.

– Se credete all'immortalità delle anime che importanza ha la sepoltura di un corpo divenuto ormai una vuota carcassa? Tanto vale abbandonarlo ai corvi.

– La Legge lo impone, e la pietà. Non possiamo tollerare che il corpo di un essere umano finisca in pasto alle belve che si aggirano la notte e ai rapaci che scendono dal cielo avidi di carogne.

Nikephoros, appena entrato, prende posizione sul lato sinistro del seggio in attesa di disposizioni.

– Il nostro ospite chiede di poter dare sepoltura a uno dei condannati di oggi.

– Quel condannato? – chiede allusivamente il consigliere.

– Joshua Ha-Nozri, – replica immediatamente Joseph.

– Il nostro diritto prevede che al condannato non si dia sepoltura dopo la crocifissione, – risponde Nikephoros. Prende fiato, aggiunge: – La sepoltura non autorizzata di un uomo crocifisso è un delitto.

– Se non è autorizzata. Ma chi può autorizzarla?

– A Roma l'imperatore o i suoi funzionari; nelle province il governatore.

Pilato s'aspettava che aggiungesse o un suo funzionario, per esempio il procuratore; questo però il consigliere non l'ha detto; comunque lo si può intendere sottinteso. È una concessione che forse potrebbe addolcire Claudia, smorzandone il risentimento.

Quasi che abbia letto nel suo pensiero, Nikephoros si affretta a precisare:

– In ogni caso dev'essere constatato senza incertezze o dubbi l'avvenuto decesso del condannato per ragioni che non devo certo chiarire.

– La morte è stata accertata, – dice Joseph. – Posso testimoniarne.

– Dobbiamo farlo secondo le leggi di Roma, chiama il centurione che ha guidato il drappello.

Altre attese, altra noia; Pilato fa aprire del tutto le tende, s'è levata una lieve brezza e già veder muovere le fronde dei cipressi, ondeggiare le rose alte sulla spalliera, dà un certo sollievo, il seggio curule è imponente ma duro e rigido, molto scomodo.

Il centurione arriva trafelato, il viso profondamente segnato dalla stanchezza, abbozza con una certa approssimazione il saluto regolamentare. È chiaro che vorrebbe solo togliersi di dosso quella ferraglia e distendersi su un qualunque giaciglio. Nikephoros gli rivolge la parola.

– Comandavi il drappello sulla collina del teschio detta Calvario durante l'esecuzione dei condannati?

Il militare annuisce.

– Ne hai potuto constatare la morte?

Altro cenno d'assenso.

– Come fai a esserne certo?

Finalmente il centurione apre bocca.

– Ai due ladri sono state spezzate come prescritto le ossa dei femori, non hanno reagito. All'altro è stato inferto un profondo colpo di lancia all'altezza del costato, non ha reagito nemmeno lui.

– C'è stata emorragia?

– Un po' di sangue, un po' di liquido incolore e basta.

Nikephoros guarda il procuratore per chiedere come

valuti il rapporto. Pilato fa cenno che il militare può essere congedato.

– Può seppellire il suo amico, se vuole, – concede.

– Dev'essere fatto prima che spunti la prima stella dello *shabat*, era questa l'urgenza. La mia riconoscenza è grande. Posso andare?

– Aspetti. Lei è un membro del Sinedrio. Era presente alla riunione di ieri notte?

– Sí, ero presente.

– Dimostri la sua riconoscenza dicendomi la verità. Era una convocazione informale, una sorta di discussione preliminare o c'è stato un vero processo?

Joseph Ha Ramati s'irrigidisce, cerca la via diplomatica.

– C'è stata una discussione. Alcuni volevano incolpare il profeta per aver bestemmiato, altri non erano d'accordo.

– Lei?

– Io e altri siamo rimasti in minoranza. Il resto lo sa.

– Minoranza significa dissenso. Ma non lo avete espresso. Perché?

– Per dare una risposta breve perché era inutile. Per essere piú articolato perché non siamo stati capaci di organizzarlo, il dissenso.

Pilato accenna un gesto di congedo.

Ecco un'altra menzogna che quella coppia di lestofanti gli ha raccontato. L'ira, che deve dissimulare, gli sale al viso imporporandolo.

Nel momento in cui Joseph Ha-Ramati lascia la sala accompagnato da Nikephoros, entra Kyrillos, reduce a sua volta da un'ispezione sul luogo dell'esecuzione. Conferma che i tre condannati sono morti, sa già della richiesta di tumulazione.

– È un uomo ricco, – dice. – Possiede un sepolcro mai usato a poca distanza dal patibolo, credo che vogliano deporvi il corpo del condannato.

– Mi dicevi che quell'uomo aveva molti seguaci. È strano che sia venuto qui un estraneo invece di qualcuno dei suoi discepoli.

– Sono nascosti procuratore. Hanno paura di fare la stessa fine del loro maestro, se vuoi possiamo arrestarli, le spie ci hanno già indicato alcune case dove si sono rifugiati.

– Non vale la pena, Kyrillos. Con la morte del maestro se ne torneranno ai loro mestieri, spariranno dalla circolazione. La loro avventura con oggi è finita, di questa brutta storia nessuno sentirà piú parlare. Resterà solo il nostro verbale, sepolto negli archivi imperiali, come in una tomba.

Kyrillos si ritira. Pilato, rimasto solo, ricomincia ad andare su e giú per la sala massaggiandosi il ventre. Alcuni raggi di sole fendono come lame gli alti tendaggi rivelando nella loro traiettoria uno spento tremolio di polvere.

Si sente meglio e sta cominciando a delineare un possibile disegno. Deporre il sommo sacerdote, accusarlo di ruberie e malversazioni, sottoporlo a giudizio, condannarlo alla croce o all'esilio; quale pena si vedrà. Al suo posto mettere quel fariseo, Joseph, che gli ha fatto un'ottima impressione.

Una notte ovattata di silenzio è scesa su Gerusalemme dopo gli assordanti clamori, la polvere, le grida, il sangue, il dolore. Caio Lucilio è sceso nei giardini della residenza, insegue con lo sguardo la danza smeraldina delle lucciole. Siede come fa spesso accanto alla fontanella ai piedi della statuetta di Mercurio. Ama quella divinità cosí cordiale, gli piace la sua disinvolta velocità negli scambi, l'abilità nei commerci, l'astuta attitudine al sotterfugio raramente malevola. Si tende sempre ad apprezzare ciò che non si ha, pensa. Piacerebbe anche a lui essere abile nella contrattazione e nei commerci come vede fare nei mercati; non gli è mai riuscito. Il fruscio prodotto dallo zampillo è il suono piú vicino; tra le fronde piú alte si leva di tanto in tanto il verso modulato al basso di un uccello notturno cosí diverso dai trilli festosi che si odono allo spuntare del giorno. Le lucciole continuano a vagare errabonde presso le siepi, aggirano i cipressi dall'odore asprigno.

Caio Lucilio compone mentalmente la cornice di un notturno per collocarvi i versi di un poeta greco che il maestro, quand'era ragazzo, gli ha fatto tradurre metricamente in latino. Li mormora tra sé: – Dormono le cime dei monti e i baratri, le balze e le selve e le creature della terra bruna; le fiere, gli sciami e i mostri nel cupo fondo del mare; dormono gli uccelli dalle lunghe ali.

Lo sorprende Claudia, che gli è arrivata silenziosamente vicino.

– Ti ho sentito parlottare da solo, non è un buon segno.

Le sorride invitandola a sedere: – Era Alcmane, l'ho studiato da ragazzo.

Rimangono in silenzio. La donna è turbata, ha coperto il capo con un velo che nell'oscurità sembra violaceo. Non parla. Lucilio le indica il cielo sopra di loro nell'ampio squarcio che li sovrasta.

– A Roma il cielo non è cosí luminoso.

Claudia risponde mormorando anche lei dei versi.

– È sparita la luna, e le Pleiadi. La notte è alta, anche la giovinezza già dilegua. Io dormo sola.

– Saffo? – chiede Lucilio. Claudia annuisce.

Restano di nuovo in silenzio.

– Non vogliamo continuare con le citazioni, vero? Tanto lo sanno tutti quel che è successo.

Claudia gli stringe il braccio, la sua mano trema leggermente.

– Claudia, questa è una minuscola corte. Tutti sanno tutto. Sapevamo quando Pilato veniva a trovarti quasi ogni notte, poi quando le sue visite sono diventate rare. Di cosa credi che parlino i servi? Sono queste le confidenze delle ancelle. Noi sediamo qui ma anche ora ci sono certamente occhi che ci osservano.

– Oggi è successo qualcosa di diverso, piú grave.

– So anche questo.

Claudia esita poi abbassa ancora di piú la voce, sussurra.

– Voglio lasciare Pilato. La giornata di oggi è stata un

supplizio non solo per l'uomo mandato a morte, anche per me.

– Non puoi farlo, Claudia. Le leggi non te lo consentono.

– Dimentichi che sono di stirpe imperiale, anche se bastarda. Questo mi dà dei privilegi. Per di piú il cielo ha voluto che non avessimo figli. Sia lode agli dèi.

– È una decisione grave la tua. Nemmeno per le persone di stirpe imperiale, bastarde o no, è prevista la felicità.

– Domani scendo a Cesarea, m'imbarco sul postale che partirà tra otto giorni.

– Ci sarà uno scandalo.

– Lo scandalo c'è già stato oggi. E poi gli scandali di questa sperduta provincia annegano sulla riva del Mediterraneo.

La frase sembra conclusiva; non è cosí. Claudia si avvicina ancora di piú. Lucilio sente il seno che preme contro il suo braccio.

– Non sei stanco anche tu di una terra cosí difficile?

Claudia ignora che lui ha già preso in cuor suo la stessa decisione. Partire insieme però sarebbe inopportuno, anzi pericoloso, darebbe adito a dicerie e sospetti. È l'ultima cosa da fare.

Lucilio è tentato di rivelarle il retroscena di quanto è accaduto, il torbido gioco in cui l'ha trascinata il consigliere Nikephoros, trasformandola in un inconsapevole strumento. Sa che cosa è accaduto ma ne ignora le ragioni. Gelosia? Vendetta? Potere? Elenca i possibili motivi, salta solo quello che piú s'avvicina alla realtà: ricatto.

Sente comunque di avere nuovamente tradito il suo dovere: andare fino in fondo, capire, esigere una punizione. Avrebbe dovuto smascherare Nikephoros, denunciare il raggiro. Le cose però sarebbero diventate ancora piú complicate, Pilato l'avrebbe odiato perché a nessuno piace che si riveli l'inganno di cui è stato vittima. Claudia è stanca di Pilato, lui lo è di se stesso. Sotto i loro occhi si è consumato non un processo ma un crimine.

Allora inventa un'altra storia, che è anch'essa solo in parte una menzogna. Le dice che non è stanco di quella terra proprio perché la sente cosí lontana e difficile; non cataloga piú le piante né rileva il profilo delle coste e dei rilievi, da qualche mese si è concentrato sulla misteriosa religione di quel popolo, vuole penetrare il mistero della loro fede, vi si legge un'intensità, una dedizione di cui ha raramente visto l'eguale. Da ragazzo ha partecipato ai riti romani, ha corso nudo ai Lupercali contendendo la palma ai piú veloci, le membra unte d'olio, madidi e ansanti; ha ammirato in estasi le vergini vestali sfilare nelle loro vesti immacolate, inavvicinabili; ha pianto commosso al passaggio dei cortei trionfali dove la volontà del cielo sembrava congiungersi al destino della città, per sorreggerlo. Accadeva nell'età beata dell'adolescenza, crescendo ha assistito al declino di quella religione civile che è stata una delle cause della grandezza di Roma; ha visto i riti ridotti a stanche formalità, la delusione e l'indifferenza sostituire la fede. In questa terra invece ha avvertito di nuovo la scintilla che deve animare una religione, il bagliore cieco che non s'interroga sulle cause dei fenomeni e trascura le assurdità di cui le religioni vivono, il suggello che sorregge la fede impedendole di ridursi a ridicola superstizione.

Proprio perché ha scelto per educazione e per istinto di considerare razionalmente la natura delle cose, intende esplorare il confine dove i fenomeni naturali sfumano in un'oscurità indistinta nella quale in un solo groviglio tutto si mescola: i fantasmi della mente, i sogni, le illusioni, le speranze ultime. Le religioni dicono molte piú cose sulla natura umana di una qualunque ipotesi filosofica.

Risponde finalmente alla domanda di lei, ma risponde a metà.

– Non sono ancora stanco, Claudia.

– Ma come fai, tu che hai sempre inseguito la saggezza e la ragione. Se ne vede cosí poca qui intorno.

– Basta la saggezza da sola per cambiare il mondo? La

ragione ha bisogno di qualche grano di follia per poter davvero funzionare.

Ride, per sdrammatizzare le sue parole. Restano in silenzio a osservare le scie delle lucciole tra i cipressi.

– Chi era davvero l'uomo che oggi Pilato ha fatto uccidere? – domanda Claudia.

– Un profeta. Un uomo che voleva trasformare la religione in una fede di cui ogni essere umano fosse custode e interprete presso la divinità. Un pazzo.

– Un ingenuo. Non ha calcolato che anche una religione stimola le ambizioni, suscita grandi rivalità. È meno rischioso ostacolare la volontà imperiale che contrastare un tale coacervo d'interessi.

– Tanto è finita Claudia. Saremo tra i pochi che hanno sentito parlare di lui. *Requiescat.*

XXVI

Testimonianza di Pilato.

Solo molto tempo dopo ho scoperto quale tranello Caifa mi avesse teso parlandomi del raduno di samaritani al monte Garizim. Per questo mi trovo ora su questo vascello che molto lentamente mi porta da qualche giorno verso le coste dell'Italia. È una vecchia bireme appartenuta alla flotta della regina Cleopatra, dicono che abbia combattuto ad Azio. Il capitano mi ha avvisato che, quando abbiamo il sole alle spalle, forzando la vista, s'intravedono le coste della Sicilia, dunque tra una settimana sbarcherò a Ostia, mi recherò a corte, spiegherò le mie ragioni, saprò quale sorte m'attende. Un ordine dell'imperatore ci ha rimossi quasi simultaneamente dalla carica, Caifa dopo diciotto anni, io dopo dieci. Il manigoldo voleva farmi cadere, siamo caduti insieme: *simul stabunt, simul cadent* – come spesso accade. Se però devo valutare il tempo trascorso non per la sua durata effettiva ma per le sofferenze che ha causato, i miei dieci anni sono stati cento volte piú lunghi dei suoi diciotto.

La faccenda dei samaritani è andata cosí: Caifa era venuto a sapere che uno di quei venditori di parole capaci solo di imbrogliare il popolo aveva invitato i samaritani a radunarsi in massa sul monte Garizim, che è la loro montagna sacra. Erano stati invogliati a partecipare assicurandogli che sarebbe stato mostrato il sacro vasellame e le vesti là deposte da Mosè. Si era dunque radunata una folla enorme, molti armati. Che avrebbero fatto alla vista di quelle venerate memorie? Avrebbero forse marciato su Gerusalemme scontrandosi con i tradizionali nemici ebrei? Per evitare una strage diedi immediatamente ordine alle truppe e alla cavalleria di occupare la sommità della montagna; quando la folla, nonostante gli avvertimenti, cominciò a salire ordinai la carica. Nella mischia molti purtroppo vennero uccisi, altri fuggirono. Una loro delegazione fece allora ricorso al governatore Vitellio accusandomi di aver causato con ordini improvvidi l'eccidio. Omisero, naturalmente, di riferire l'intento sedizioso dell'adunata e che i miei ordini avevano voluto evitare una strage peggiore.

Il governatore non aspettava altro, mi ha deposto ordinandomi di recarmi a Roma per essere ascoltato presso la corte imperiale – in pratica per essere giudicato. Per il momento ha assunto su di sé il governo della Giudea.

La domanda che mi pongo, nelle lunghe ore ritmate dal battito regolare dei remi mossi dagli schiavi o dal leggero fruscio del vento nella vela, è però piú importante del giudizio che avrò a Roma. Come giudico io me stesso? Come valuto questo periodo in cui ho consumato gli ultimi anni della maturità per riconsegnarmi vecchio alla patria? In cui ho bruciato buona parte della mia vita, compreso il matrimonio con Claudia?

Sono stato deluso da mia moglie, considero questo sentimento peggiore che se fossi stato tradito. Non ha avuto fiducia in me, non mi è stata vicina in un momento arduo, mi ha spinto ad assumere una decisione pericolosa, l'ho presa per amor suo. Lei invece l'ha rinnegata dopo l'esito infelice. È praticamente fuggita imbarcandosi sola, come una prostituta, su una nave con a bordo solo uomini. Avrei potuto fermarla, ripudiarla, costringerla a tornare, la forza e il diritto erano dalla mia parte. Nulla di tutto questo, l'ho lasciata libera, certo che prima o poi capirà l'errore commesso. È possibile che a Roma ci incontreremo.

Ho sempre agito per il bene della patria, leale sempre all'imperatore. Ho amministrato una provincia difficile, forse la piú difficile dell'impero, lacerata da mille contese fin dai tempi piú antichi. Fu Pompeo, dopo aver sottomesso l'intera Siria, ad assicurare alla regione, dovrei dire a imporle, i benefici dell'ordine e della pace. Ha certo piú valore la pace imposta dalla legge che non la libertà del disordine.

Ho dovuto amministrare genti che adorano un Dio senza nome né figura, che nulla sanno delle generose divinità che abitano il nostro cielo: il sommo Giove, Apollo, Marte, Venere, Minerva, Giunone, Nettuno alla cui benevolenza sono ora affidato. Genti che si dilaniano nell'interpretazione delle loro stesse scritture dividendosi continuamente in correnti e in sette nemiche tra loro. Anche in quella sperduta provincia abbiamo offerto il quieto vantaggio della tolleranza. Ma ci siamo imbattuti in un popolo pronto ad accendersi alle parole di ogni pazzo profeta invasato da Dio, uomini che percorrono i deserti nutrendosi di locuste invocando l'avvento imminente di un Regno di Giustizia che nessuno vedrà mai.

Ho cercato d'imporre, prima ancora della civiltà, la razionalità di Roma, la luce dei nostri costumi, la benevolenza dello scetticismo, l'organizzazione dello Stato, la cura delle strade e dei giardini, dei teatri e del circo, delle acque e del fuoco.

Ho punito quando dovevo punire, avvalendomi della procedura che definiamo *cognitio extra ordinem*, giudizi rapidi affidati all'autorità che mi veniva dalla delega imperiale. Posso avere sbagliato. Ma bisogna tenere presente che sulle mie decisioni hanno avuto spesso gran peso le circostanze, il tempo, i luoghi.

Prendiamo quel Nazareno, di cui qualcuno si ostina ancora a parlare dopo due o tre anni dalla morte. Se il caso mi fosse stato presentato in un altro periodo dell'anno le cose sarebbero andate probabilmente in modo di-

verso. Erano i giorni che precedono Pesach, una lunga
festività, Gerusalemme era piena di pellegrini, alcuni
avevano portato dai villaggi gli animali da sacrificare,
la maggior parte però li avrebbe comprati dai mercanti
sotto i portici del Tempio.

Avevo dovuto lasciare la residenza di Cesarea in riva al mare, salire fino a Gerusalemme a controllare di
persona una situazione potenzialmente pericolosa per
tutti. Anche per me. Quando si raduna una grande folla
si crea sempre tensione. La guarnigione era pronta ma
dovevo tenere i soldati lontani dal Tempio per evitare
che la loro presenza sembrasse provocatoria. Forse avrei
dovuto disporre diversamente le truppe o rafforzare la
guarnigione, o ammansire con piú cura le autorità locali.

Se solo avessi immaginato quello che stava per succedere.

Ho interrogato quell'uomo. In assenza di prove sufficienti sarebbe stato preferibile sentenziare secondo il
principio *In dubio pro reo*? Forse sí, ma non è stato possibile. Si temevano disordini, avevo consegnato la guarnigione nella Torre Antonia. Al Tempio sono scoppiati
gli incidenti di cui mi hanno subito riferito le spie. Quel
pazzo aveva tentato di impadronirsene con i suoi seguaci.
Lo arrestano. Vengono a riferirmi che il sommo sacerdote
Caifa ha chiesto la sua condanna temendo un nostro intervento. In assemblea lo hanno sentito dire: «Meglio che
muoia un solo uomo per il popolo e non perisca la nazione
intera». L'accusato veniva dalla Galilea. Ho suggerito di
mandarlo per competenza territoriale da Erode Antipa,
tetrarca di quella regione. Quel fantoccio, che aveva fatto decapitare un altro profeta per soddisfare il capriccio
libidinoso di una ragazzina, non gli sa cavare una parola
di bocca, gli regala addirittura una veste e me lo rimanda.
Non mi sono certo fatto impressionare da quattro straccioni che urlavano sotto il mio loggiato chiaramente sobillati, come tutte le plebi. La guarnigione però non avrebbe

retto a un vero assalto, le legioni le aveva Vitellio, lassú in Siria. Ho dovuto anteporre la sicurezza dello Stato al diritto. C'erano altri due ribelli insieme a lui, li mando tutti e tre al supplizio della croce. Potevo compromettere la presenza di Roma in quella provincia? Ho dovuto decidere da solo. Anche se ho commesso un'ingiustizia ho evitato guai peggiori, e garantito la pace. Ho buone carte da giocare, le farò valere.

Il capitano è venuto a dirmi che al tramonto di domani faremo scalo in Sicilia, dopo dieci anni calpesterò nuovamente il benedetto suolo dell'Italia. Prendo come un buon auspicio che l'annuncio mi giunga mentre scrivo queste note.

Pilato si sbagliava ancora una volta, purtroppo. Aveva già saputo che il suo protettore Seiano, dopo essere caduto in disgrazia, era finito strangolato in una cella, contava però sulla benevolenza dell'imperatore, certo d'averlo ben servito in un difficile incarico. È poco probabile che quella benevolenza ci sarebbe davvero stata; certo è che non poté provarla. Di lí a pochi mesi Tiberio moriva soffocato tra le coperte del suo letto per ordine di Macrone. Si aprivano con un omicidio gli anni di Caligola. Prima ancora che ciò avvenisse, però, di Ponzio Pilato s'era persa ogni traccia.

Sappiamo che sbarca a Ostia, nessuno lo attende, qualcuno lo vede allontanarsi dal molo d'attracco, incamminarsi vero l'interno mescolato all'eterna folla dei marinai e dei partenti. Da quel momento su di lui corrono solo incerte leggende. Sparí dalla circolazione cosí come ora sparisce il suo nome dalle pagine di questo racconto.

Hic finem narrandi faciam. La storia si chiude dunque qui. Joshua è stato barbaramente ucciso, i suoi genitori Miryam e Joseph sono scomparsi nel nulla. Le Scritture tacciono su di loro, nulla dicono su Joseph, che in tutti i vangeli non pronuncia mai una parola; nulla su Miryam di cui non sappiamo nemmeno quando e dove sia morta. Ammesso che sia morta. Anche su di loro solo leggende, qualche brandello di frase, una breve scena. Come suo marito Pilato, scompare anche Claudia Procula, scompare Caifa travolto dagli avvenimenti; tempo poche settimane morirà anche Tiberio, la cui memoria resta soprattutto affidata alla terribile aneddotica di Svetonio o a quella piú sobria ma non meno severa di Tacito che, negli *Annali* (VI, 51), lo descrive nell'ultima fase della vita quando, «abbandonato il pudore assieme a ogni paura, si lasciò andare a delitti e atti infamanti». Svaniscono nel nulla dal quale li hanno estratti la fantasia e il sogno gli altri protagonisti come Kyrillos e Shimon. Scompare Nikephoros, con la speranza che il rimorso per il suo delitto lo abbia accompagnato fino alla tomba.

Di lí a pochi anni scomparirà anche Gerusalemme con il secondo Tempio raso al suolo, l'Arca e la Menorah depredate.

L'intera vicenda narrata in queste pagine s'inabissa. Gesú di Nazareth muore sulla croce gridando le parole di Isaia, «Dio, Dio perché mi hai abbandonato?» Nell'estremo dolore si rifugia nel grande cuore del suo popolo, invoca il suo Dio, nessuno è venuto a soccorrerlo, si scopre solo davanti alla morte. I suoi discepoli lo hanno abbandonato, Pietro lo ha tradito, non come Giuda che aveva forse una motivazione – quale che fosse. L'uomo che aveva scelto come capo lo ha tradito per viltà.

Una folla inferocita, fosse o no manovrata, ha preteso per Gesú il patibolo.

È stato abbandonato dagli uomini, molti dei quali aveva beneficato; si chiede con strazio perché anche Dio lo abbia abbandonato. In quelle ultime ore spaventose lo trafigge un dolore piú forte delle sofferenze che gli hanno inflitto, povero profeta disarmato in un mondo di lupi; pensa con sgomento che anni di cammino e di fatica, di parole, di azioni, di gesti esemplari, il bene profuso, l'amore invocato non sono serviti a niente.

Negli ultimi istanti pensa che tutto finirà nella tomba dove sta per scendere. Sbaglia, noi lo sappiamo. Ma le ragioni che smentiranno la sua angoscia sono in quel momento assolutamente imprevedibili.

Prima di chiudere devo dare per l'ultima volta la parola a Caio Quinto Lucilio. Molti anni sono passati, lui, che era coetaneo di Gesú, si trova durante l'impero di Nerone ad aver passato i sessant'anni e incline dunque alle riflessioni. In una epistola scritta all'amico Publio Labieno confida i ricordi, le delusioni, ma anche la serenità finalmente trovata con l'avanzare degli anni.

Lasciamo che sia lui stesso a dircelo.

L'ultima epistola di Lucilio.

Caio Quinto Lucilio a Publio Labieno, salute.

Gentile amico, lodi, nella tua ultima lettera, il mio atteggiamento con gli schiavi e i servi affermando di trovarlo saggio. Mi hai scritto infatti: «"Sono schiavi". Sí, dunque sono uomini. "Sono schiavi". Sí, dunque vivono nella tua stessa casa. "Sono schiavi". Sí, dunque sono umili amici. "Sono schiavi". Sí, dunque compagni di schiavitú, se pensi che il destino ha lo stesso potere su di noi e su di loro». Hai riassunto bene ciò che penso e che cerco di fare; ti ringrazio di tutto cuore per averlo interpretato con tale fedeltà. Negli anni lontani e infelici in cui ho vissuto nella lontana provincia della Giudea, conobbi un profeta che predicava comportamenti simili a questi. Parlava di fratellanza tra gli esseri umani, di condivisione dello stesso destino, dell'uguaglianza di tutti davanti agli dèi. Lui però non diceva gli dèi, accennava a un solo unico Dio senza nome, invisibile e misterioso. Il richiamo religioso, ti confesso, m'interessava poco. Molto invece la possibile applicazione di quei principî alla vita di tutti i giorni. Dopo il ritorno in patria ho cercato infatti di applicarli alle persone che mi sono vicine. Non è facile, capita di essere mal giudicati se ci si mostra troppo indulgenti con gli umili. Del resto quello stesso profeta incontrò tali ostacoli nella sua predicazione, suscitò tali rivalità e inimicizie, da finire condannato alla croce per ordine del nostro procuratore che reggeva allora quella remota provincia.

A seguito di quei drammatici eventi, i pochi seguaci del profeta hanno cercato di diffondere oscure leggende sulla sua fine. Dissero che al momento della morte il cielo, percorso da lampi, s'era improvvisamente abbuiato, che il velario del tempio s'era squarciato da cima a fondo. Questi spaventosi fenomeni non li ho visti, li attribuisco al desiderio di quei seguaci di darsi coraggio dopo il trauma tremendo: avevano assistito terrorizzati all'esecuzione del loro maestro, crocifisso come un criminale.

Mi dicono che alcuni di quei seguaci adesso sono arrivati a Roma e contendono ai fedeli del dio Mitra il predominio spirituale sulle classi degli operai, dei servi e dei soldati. Pare che l'imperatore Nerone ne sia molto irritato e che stia progettando una dura repressione. È gente pericolosa, portatrice di una nefasta superstizione: si rifiutano di sacrificare all'imperatore, negano obbedienza alle autorità proclamandosi cittadini del cielo, non vogliono prestare servizio militare dicendosi soldati di Cristo.

In generale non do grande importanza a queste infatuazioni religiose: sono figlie della necessità, aumentano con il crescere dei bisogni, diminuiscono e scompaiono quando vengono meno le ragioni che le hanno fatte nascere. In questo caso, però, temo che se queste idee si diffondessero ulteriormente, potrebbero compromettere l'ordine, la stabilità e lo stesso futuro di Roma.

Avevo intrapreso quel soggiorno in posti lontani al solo scopo di liberarmi dei miei affanni, e anche – se devo essere sincero fino in fondo – per sottrarmi a certi fastidi che il mio comportamento mi aveva procurato. Dopo molti mesi di penosa permanenza ho scoperto però che cambiare cielo aiuta poco. Ora che sono vecchio e credo di vedere con piú chiarezza, so che bisogna cambiare dentro, non fuori, che è necessario gettare via le scorie, le illusioni, i facili entusiasmi che ci animano negli anni giovanili. Ti sembrerà che esorti me stesso, e tu che mi leggi, a rinunciare a una parte della vita, la piú brillante, la piú vitale. Non è cosí. Dico solo che la vita va cercata nel profondo di noi stessi come del resto esorta a fare l'oracolo col motto: Γνῶθι σεαυτόν, conosci te stesso. Parole immortali che vengono dalla voce stessa di Apollo, iscritte nel frontone del suo tempio a Delfi. Come interpretarle? Alcuni sostengono che il dio della musica e della profezia abbia cosí invitato ad ammettere l'angustia delle umane capacità, l'opaca limitatezza del nostro intelletto quasi avesse detto «rassegnati, sei quello che sei». Io gli attribuisco un diverso significato: conosci te stesso vuol dire indaga dentro di te, arriva piú vicino che puoi a quel grumo oscuro che si nasconde dentro ognuno di noi, di cui spesso non siamo consapevoli, che ci spinge ad azioni o sentimenti riprovevoli.

Voglio dedicare gli anni che mi restano prima che Atropo tagli il filo della mia vita alla filosofia e alla riflessione. A Roma ormai resto poco. Il chiasso e la sporcizia delle strade mi sgomentano, il traffico è spaventoso, le osterie coi loro tavoli fin sulla strada sono affollate non appena aperte; tremolano le voci dei mendicanti, ricordando le loro disgrazie cercano d'intenerire i passanti, tutto un mondo, all'ombra o al sole, va, viene, grida, s'accalca, si spinge, si urta.

Taccio degli esempi che vengono dalla corte: sono oltraggiosi. Che devo pensare di un imperatore che invece di badare alla salute del popolo si atteggia a mimo e citareda, che circondato di bagasce spende le notti in bagordi?

Preferisco la quiete e qualche volta la noia della campagna. Davanti alla mia casa ci sono, colme di fronde e di trilli, una dozzina di querce, alberi magnifici. Erano qui quando non ero ancora nato, saranno ancora qui quando non ci sarò piú. Un giorno lontano però anche loro cesseranno di vivere e torneranno al nulla da cui, come ogni cosa, sono sorte. Credo amico caro di aver risolto i miei dubbi giovanili, oggi sono certo che al di là dell'ultima soglia che dobbiamo varcare non ci sia altro che il ritorno al grembo perennemente fecondo della natura, che tutto dà e tutto toglie e non si cura della sorte degli individui come non se ne curano le stelle che in questo momento vedo fiammeggiare sopra di me. È questa ormai la mia religione – credere negli dèi è solo una delle forme possibili della vita spirituale. Io m'incanto a guardare i campi che l'aratro non ha mai violato, né sono mai stati manomessi da mano umana. Amo la profonda quiete del bosco, le odorate ginestre, talvolta il mio pensiero s'annega in questa immensità e naufragare in questo mare mi è dolce.

Procura di stare in salute e voglimi bene come io te ne voglio.

                                        Caio Quinto Lucilio

Riconoscimenti, fonti, curiosità

Per la stesura di questa vicenda mi sono state preziose, nel corso degli anni, numerose letture sull'argomento. Tra queste:

Sh. Asch, *Il Nazareno*, Castelvecchi, Roma 2012.

R. Aslan, *Gesú il ribelle*, Rizzoli, Milano 2013.

M. Bulgakov, *Il Maestro e Margherita*, Einaudi, Torino 1967.

Ch. Cohn, *Processo e morte di Gesú. Un punto di vista ebraico*, a cura di G. Zagrebelsky, Einaudi, Torino 2000.

H. Daniel-Rops, *La vita quotidiana in Palestina ai tempi di Gesú* Mondadori, Milano 1986.

Flavio Giuseppe, *Antichità giudaiche*, Utet, Torino 1998.

Flavio Giuseppe, *La guerra giudaica*, Mondadori, Milano 1982.

A. France, *Le Procurateur de Judée*, in *Œuvres complètes*, Calmann-Lévy, Paris 1925.

Ch. Guignebert, *Jésus*, Albin Michel, Paris 1947.

G. W. F. Hegel, *Vita di Gesú*, Laterza, Roma-Bari 1994.

M. Hengel, *Crucifixion in the Ancient World and the Folly of the Message of the Cross*, Abingdon, Nashville 1973.

J. Jeremias, *Jérusalem au temps de Jésus*, Cerf, Paris 1967.

F. La Gioia, *Comprendere il Nuovo Testamento*, AdP, Roma 2007.

E. Lohse, *Le milieu du Nouveau Testament*, Cerf, Paris 1973.

R. Penna, *L'ambiente storico-culturale delle origini cristiane*, Edb, Bologna 1991.

A. Prinz, *Gesú. Il piú grande ribelle della storia*, Feltrinelli, Milano 2014.

E. Renan, *Vita di Gesú*, Dall'Oglio, Milano 1962.

J. M. Ribas Alba, *Proceso a Jesús*, Almuzara, Córdoba 2013.

J. Saramago, *Il vangelo secondo Gesú*, Bompiani, Milano 1996.

C. Tóibín, *The Testament of Mary*, Penguin Books, London 2013.

Ch. Türcke, *Il sogno di Gesú*, Rosenberg & Sellier, Torino 2013.

Molto devo alle conversazioni avute con il professor Remo Cacitti sulla nascita del cristianesimo; il professor Vito Mancuso su una visione aperta e piú umana della teologia cristiana; il professor Mauro Pesce sulla vita «storica» di Gesú; il professor Marco Vannini sull'idea mistica, in particolare sull'interpretazione mistica della Pasqua.

A loro la mia piú sentita riconoscenza.

Qualche chiarimento per chi volesse approfondire certi aspetti.

La traduzione dei versi di Lucrezio è di Luca Canali, da *La natura delle cose*, Rizzoli, Milano 1990.

Il dialogo in carcere tra Gesú e Barabba, nonché quello tra Claudia e Lucilio, sono parzialmente ispirati al tema della libertà di cui al sermone del Grande Inquisitore ne *I fratelli Karamazov*, di Fëdor Dostoevskij.

Alcuni monologhi dei vari protagonisti sono stati ripresi, anche se ampliati e in forma diversa, dal mio dramma *Nel nome di Gesú*, andato in scena nel 2010 per il teatro Stabile di Genova (regia di Andrea Liberovici, protagonisti Paolo Bonacelli e Stefania Pascali).

Il «credo» dei farisei di cui al dialogo tra Giuseppe d'Arimatea e Pilato è tratto da Flavio Giuseppe, *Antichità giudaiche*, XVIII, 12.

Nella stessa opera (XVIII, 85) si trova il resoconto dell'eccidio dei samaritani radunati al monte Garizim.

I sogni citati da Lucilio nel dialogo con Claudia provengono da *L'interpretazione dei sogni* di Artemidoro, Adelphi, Milano 1975.

L'esemplificazione dei sogni nello stesso dialogo parafrasa invece *De rerum natura* di Lucrezio (IV-962 sgg.).

Le citazioni del vangelo di Tommaso sono tratte da *I vangeli apocrifi*, a cura di M. Craveri, Einaudi, Torino 2014.

La lettera che Lucilio scrive all'amico sul tema della morte (cap. IV) è ispirata al finale dell'epistola 65 indirizzata da Lucio Anneo Seneca al suo corrispondente Lucilio. Nulla a che vedere col nostro personaggio, casuale omonimia.

La scena postribolare tra Nikephoros e Fillide è ispirata alla leggenda che anche il sommo Aristotele si facesse cosí cavalcare da una cortigiana di nome Fillide.

Nella mitologia greca Fillide, figlia del re di Tracia, a seguito dell'infelice amore con Demofonte si uccise e venne mutata in un mandorlo.

I versi intonati dalla giovane donna sono tratti da *I canti di Bilitis*, di P. Louÿs, Novecento, Palermo 1984.

Le riflessioni di Lucilio su Quinto Orazio Flacco prendono spunto dalla famosa sentenza del poeta: «Caelum, non animum mutant, qui trans mare currunt», chi attraversa i mari cambia di cielo non di animo. Orazio muore il 27 novembre dell'anno 8 a.e.v.; le sue parole si trovano in una lettera a Bullazio. Lucilio ovviamente non poteva conoscerle ma la forza della *fictio* – e del sogno – supera certi vincoli.

Lo scritto di Gandhi al quale si fa riferimento è: *Buddismo, Cristianesimo, Islamismo, le mie considerazioni*, Newton Compton, Milano 1993.

L'esempio che Lucilio propone a Joshua su come saranno le mogli e i mariti dopo la resurrezione parafrasa Luca 20, 34-36.

L'episodio della donna che in casa del fariseo Simone lava i piedi di Gesú per asciugarli poi con le sue lacrime è tratto da Luca 7, 36-50.

La frase pronunciata da Gesú nel corso del colloquio con Caio Lucilio – «Se io non sono per me, chi è per me? E se io sono solo per me stesso, cosa sono? E se non ora, quando?» – appartiene in realtà al famoso e sapientissimo rabbino Hillel il Vecchio (circa 60 a.e.v. - 7 e.v.), vissuto a Gerusalemme al tempo di Erode il Grande.

Celebre anche la sua risposta a uno studente che era ansioso di conoscere l'intera Torah. Disse: «Ciò che non è buono per te non farlo al prossimo tuo. Questa è tutta la Torah, il resto è commento».

Questo precetto morale compare già nel libro di Tobia (4, 15): «Non fare a nessuno ciò che non piace a te». Ma anche altrove nella Bibbia. «Ama il tuo prossimo come te stesso» sta in Levitico 19, 18; «Ama lo straniero perché anche voi foste stranieri», Deuteronomio 10, 19. Gesú perfeziona il precetto, volgendolo in positivo: «Tutto quanto volete che gli uomini facciano a voi, anche voi fatelo a loro. Questa è la Legge» (Mt. 7, 12).

La storia delle grandi «prostitute» d'Israele può essere approfondita nei seguenti libri della Bibbia: storia di Tamara, in Genesi 38; storia di Raab, in Giosuè, 2, 1; storia di Ruth, in Ruth 3, 3 sgg.; storia di Betsabea, in Samuele II, 11, 2 sgg.; storia di Dalila, in Giudici, 16; storia di Giuditta, in Giuditta 13. Sono racconti mirabili, seducenti e molto crudeli.

L'attacco dell'ultima epistola di Lucilio all'amico Publio Labieno è ispirata a quella di Seneca del Libro V, numero 47. Contiene però anche altri rimandi, compresa l'evidente conclusione leopardiana. Ne indico alcuni. La frase su una religiosità che prescinda dalla fede in un dio è influenzata da quanto scrive Ronald Dworkin in *Religione senza Dio*, il Mulino, Bologna 2014; l'incanto dei campi lasciati vergini richiama, alterandolo leggermente, Virgilio che nelle *Georgiche* (II, vv. 438-9) scrive: «Iuvat arva videre non rastris, hominum non ulli obnoxia curae» («È bello vedere i campi non soggetti al rastrello né ad alcun lavoro dell'uomo»). Lo spettacolo del disordine e del chiasso di Roma riprende un passo da *La vita quotidiana a Roma all'apogeo dell'impero*, di J. Carcopino, Laterza, Bari 1967.

Il giudizio fortemente negativo sui seguaci di Gesú è riferito da Tacito negli *Annali* (XLIV, 2, 3). Lo storico racconta che a seguito dell'incendio fatto appiccare, forse, da Nerone, fu facile scaricare la colpa sui cristiani data la pessima fama che li circondava: «Per troncare le dicerie, Nerone spacciò come colpevoli e sottopose a pene raffinatissime quelli che il popolo chiamava cristiani, odiati per le loro nefandezze. Tale nome veniva da Cristo che sotto il regno di Tiberio era stato suppliziato per ordine del procuratore Ponzio Pilato. Momentaneamente repressa, la nefasta superstizione dilagò di nuovo non solo in Giudea, dove questo malanno aveva avuto origine, ma anche a Roma dove da ogni parte ogni cosa atroce o vergognosa confluisce e viene praticata».

Stampato per conto della Casa editrice Einaudi
presso ELCOGRAF S.p.A. - Stabilimento di Cles (Tn)
nel mese di settembre 2016

C.L. 23165

Edizione   Anno

1   2   3   4   5   6   7   2016   2017   2018   2019